U0585607

对不起，我操控了你的大脑

MINDF*CK

CAMBRIDGE ANALYTICA AND THE PLOT TO BREAK AMERICA

[加] 克里斯托弗 · 怀利　著
（Christopher Wylie）
吴晓真　译

民主与建设出版社　博集天卷 CS-BOOKY
· 北京 ·

谨以此书献给

我的父母，凯文和琼，

谢谢你们教会我英勇无畏、坚守本心、为所应为。

我们可以抵御军队的入侵，却不能抗拒思想的来袭。

—— 维克多 • 雨果 ——

主要人物表

克里斯托弗·怀利（Christopher Wylie）

剑桥分析公司联合创始人，本书作者，加拿大人。他全程参与了剑桥分析与史蒂夫·班农以及默瑟家族的谈判，继而创建公司，参与公司核心项目的设计和实现。2014 年他退出剑桥分析，2017 年开始与《卫报》接触，一年后走到聚光灯下，举报剑桥分析利用数据干扰政治，用其开发的心理战工具操控数百万民众的意见。

亚历山大·尼克斯（Alexander Nix）

剑桥分析公司首席执行官，英国人，保守党。2003 年加入 SCL（战略通信实验室）集团，2014 年正式担任由罗伯特·默瑟注资成立的 SCL 分部剑桥分析的首席执行官，全程参与并负责该公司的核心项目。该公司为全球范围内包括 2016 年特朗普选举总统以及英国脱欧公投等大量活动提供数据分析服务，从而影响民意。

史蒂夫·班农（Steve Bannon）

战略专家，剑桥分析公司副总裁，美国人，共和党，曾在高盛担任投资银行家。20 世纪 90 年代开始在好莱坞担任执行制片人，并涉足媒体投资。2013 年加入了另类右翼网站布赖特巴特新闻网（Breitbart News）并担任执行主席。剑桥分析创建后，他利用这家公司开展文化战。特朗普竞选成功后，他被任命为白宫首席战略师兼美国总统高级顾问，2017 年 8 月从白宫辞职。

罗伯特·默瑟（Robert Mercer）

剑桥分析公司和布赖特巴特新闻网投资人，美国人，共和党。他是利用算法进行投资决策的对冲基金公司“文艺复兴科技公司”（Renaissance Technologies）的联合首席执行官，是美国右翼政治力量的主要捐助人，希望通过剑桥分析重塑美国文化。

丽贝卡·默瑟（Rebekah Mercer）

罗伯特·默瑟的二女儿，家族基金继承人，美国人，共和党。2016年美国大选期间，她指使尼克斯打听希拉里被窃的个人邮件并将其进行传播，引发舆论震荡。美国政治新闻网称她是“共和党中最有权势的女人”，《华盛顿邮报》则评价她为“另类右翼的第一夫人”。

多米尼克·卡明斯（Dominic Cummings）

英国保守党人，“投票脱欧”（Vote Leave）组织的负责人。毕业于牛津大学，2015年成立竞选宣传组织“投票脱欧”，目前担任英国首相特别顾问。

斯蒂芬·帕金森（Stephen Parkinson）

英国上议院议员，保守党。曾任英国前首相特雷莎·梅的高级顾问，是“投票脱欧”组织的核心人物，怀利经由他介绍认识卡明斯。沙米尔·桑尼揭露他操控脱欧舆论，但他宣称桑尼只是因为情场失意而报复自己。

达伦·格兰姆斯（Darren Grimes）

英国右翼政治活动分子。因为对自由民主党感到失望，转而投入“投票脱欧”组织，主要负责该组织针对年轻人开设的分部——BeLeave，后来因为选举违规而被判罚。

沙米尔·桑尼（Shahmir Sanni）

吹哨人之一，和达伦·格兰姆斯一起负责BeLeave的工作，曾与帕金森交往，后来决定和怀利一起将民意被操控的真相公之于众。

杰夫·西尔韦斯特（Jeff Silvester）

加拿大政治咨询公司AggregateIQ创始人兼首席运营官，软件工程师，为“投票脱欧”定向投放广告。西尔韦斯特曾经是怀利的导师，后来二人因为在数据分析滥用观点上的分歧而分道扬镳。

奈杰尔·法拉奇（Nigel Farage）

英国极右翼党派独立党创始人之一，“离开欧盟”（Leave.EU）组织负责人，以言论极端、犀利和强力对抗欧盟而引发社会关注。他与剑桥分析合作，采用其算法和数字化目标定位为“离开欧盟”的宣传服务。

阿伦·班克斯（Arron Banks）

英国保险业大亨，曾是英国独立党最大的资助人之一，“离开欧盟”的联合创始人暨主要出资人。据怀利称，班克斯同俄罗斯关系密切。

布里塔尼·凯泽（Brittany Kaiser）

剑桥分析公司商务拓展总监，后被任命为“离开欧盟”的运营总监，美国人。在这个团队里，凯泽主要负责部署剑桥分析的微目标定位算法。继怀利之后，凯泽也站出来揭露剑桥分析事件的真相。

卡萝尔·卡德瓦拉德（Carole Cadwalladr）

英国《卫报》记者，曝光了与剑桥分析公司相关的一系列政治丑闻。

亚历山大·科根（Aleksandr Kogan）

剑桥大学教授，社交媒体心理测试专家，美国人。他为剑桥分析在脸书上开发了一款应用程序，收集了脸书的用户数据，并将其用于2016年美国总统大选。

彼得·蒂尔（Peter Thiel）

风险投资家，脸书的独立董事，数据挖掘公司帕兰提尔（Palantir）联合创始人。

索菲·施密特（Sophie Schmidt）

谷歌前首席执行官埃里克·施密特的女儿。据怀利称，是她把尼克斯介绍给帕兰提尔的，从而导致SCL进军数据战场。

阿利斯泰尔·卡迈克尔（Alistair Carmichael）

英国人，自由民主党党鞭。在怀利决定站出来吹哨后，他给怀利提供了许多帮助和支持。

目 录
Contents

第一章
创世记

这事发生在2018年6月，当时我在华盛顿向美国国会做证。做证的内容是关于我曾经供职的军事承包商暨心理战咨询公司剑桥分析的，还有涉及脸书、俄罗斯、维基解密、特朗普竞选活动和英国脱欧公投等的复杂网络。作为剑桥分析的前任研究总监，我带去的证据表明，该公司将脸书上的数据转化为武器，它所构建的系统为敌国宣传战大开方便之门，操控了数百万美国人的意见。

每走一步，我的新鞋就磨一次脚后跟。我紧握一个深蓝色文件夹，里面装满了用彩色标签分门别类的文件。这个地方令人敬畏，前路又令人不安，我只好凝神倾听我们的脚步声。一个助手提醒我们走快点，免得被人看到。我们走过身穿制服的若干保安，步入中庭，拐进一条走廊。那个助手推开一扇门，我们疾步下楼，面前的走廊跟刚才走过的一模一样——大理石地板、高高的天花板、一扇扇木质房门，门上偶尔点缀着一面美国国旗。我们一行七人，脚步声在走廊里回响。就快到了，结果我被认了出来。一位国会议员看到了我，朝我挥手打招呼："又来了？"几个记者漫步走出一场新闻发布会，他们注意到我的粉红色头发，知道我是谁。

两名摄影师跑到我身前，边倒行边拍我。混乱顿生，提问源源而来。"怀利先生，全国广播公司记者提问！""美国有线电视新闻网记者提问！您来这里做什么？"我的一名律师提醒我保持缄默。那个助手示意我往电梯那里走，同时警告记者们保持距离。我们拥进电梯，就连电梯门缓缓合上时，照相机的快门还是摁了一下又一下。

我被西装革履的众人挤在电梯最里面。电梯开始降落，坠往地下楼层。没有人开口说话。我的脑海里全是我的律师们对我做的填鸭式培训——谁违反了哪一项美国法律；身为一名到访美国的非美国公民，我享有以及不享有哪些权利；如何镇静地回应指责；要是我之后被捕该怎么办。我不知道接下来会发生什么。谁也不知道。

电梯停了下来，门开了。外面除了又一扇门，什么也没有。那扇门上有一个大大的红色标牌，标牌上写着白色字样“禁区”“公众及媒体禁止入内”。这里是华盛顿哥伦比亚特区国会大厦地下三层。

门里面的地板上全都铺着褐红色的长毛绒地毯。身穿制服的保安们扣留了我们的手机及其他电子设备，将它们放在桌子后面编了号的架子上，然后给每人发了一张号码券。他们说从这里开始，我们只能用铅笔和纸张。此外，待我们离开时，他们还警告我们说，如果我们的笔录内容被判定有任何敏感之处，所有纸张一律没收。

两个保安推开一扇巨大的钢门，其中一人打手势示意我们进去。我们鱼贯进入一条长长的走廊。走廊里，荧光灯灯色暗淡，墙上嵌着深色的木质护墙板，两边几长溜的台子上全都插着美国国旗。空气陈腐，一股霉味，时而夹杂一点清洁剂的味道，像古老的建筑。保安带我们沿着走廊而去，左转之后又有一扇门。大门上方有个木质的徽章，上面是一只爪子里攥着箭支的巨鹰，垂下目光看着我们。我们的目的地到了：美国众议院常设情报特别委员会的敏感信息隔离设施——机密的国会简报会也在这里召开。

一进门，荧光灯的光线骤然变强，我的眼睛过了好一会儿才适应。这片空间毫无特色可言，米色的墙面光秃秃的，中间有张会议桌，桌子四周摆放着椅子。它跟散落在华盛顿各处无数平淡无奇的联邦建筑物中的任何一个房间相比没多大差别，但此处的静寂无可比拟。敏感信息隔离设施完全隔音，多层墙体防止了窃听和窥视，据说还防爆。这里够安全，美国的机密不会外泄。

我们刚落座，众议员就开始陆续入场，助手们把汇总文件夹放到每一位委员会成员面前。委员会里民主党的高级议员、来自加利福尼亚州的亚当·希夫就坐在我正对面，他左边坐着议员特丽·休厄尔，埃里克·斯沃韦尔和华金·卡斯特罗一起坐在会议桌尽头。坐在我两侧的是我的律师们以及我的朋友、另一名吹哨人沙米尔·桑尼。我们特意多等了共和党委员们几分钟，但他们自始至终都没有现身。

这事发生在2018年6月，当时我在华盛顿向美国国会做证。做证的内容是关于我曾经供职的军事承包商暨心理战咨询公司剑桥分析的，还有涉及脸书、俄罗斯、维基解密、特朗普竞选活动和英国脱欧公投等的复杂网络。作为剑桥分析的前任研究总监，我带去的证据表明，该公司将脸书上的数据转化为武器，它所构建的系统为敌国宣传战大开方便之门，操控了数百万美国人的意见。希夫是主要发问人。他曾经担任过联邦检察官，言辞犀利，询问时条理分明，而且直奔主题。

“你是否同史蒂夫·班农共过事？”“是的。”

“剑桥分析是否同疑似俄罗斯特工有过联系？”“是的。”

“你是否相信这些数据曾被用于影响美国总统大选时的民意？”“是的。”

一个小时过去了。两个小时。三个小时。我自愿来此解释一个24岁的加拿大自由派同性恋人士是怎么加盟到一家英国军事承包商，为美国的另类右翼[①]势力开发心理战工具的。大学毕业后，我来到伦敦一家名为SCL集团的企业任职。该企业为英国国防部和北大西洋公约组织提供信息战方面的专业知识。由于西方军队发现应对网上的激进行为非常棘手，所以公司要我组建一个数据科学家团队，开发用于识别并对抗网上极端主义的新工具。这个任务既有趣又极富挑战性，很是刺激。我们将为英国、美国及其盟友开垦网络防御这片处女地，利用数据、算法和有针对性的线上叙事来对抗网络上暗流涌动的激进极端主义。然而，由于2014年发生的一连串事件，一个亿万富翁收购了我们的项目，以推动他在美国一手炮制的激进化的反叛思潮。剑桥分析这家起初名不见经传、把心理画像方面的研究转化为武器的企业最终把世界搞得天翻地覆。

军方把武器落入敌人手中称为“回爆”，我们似乎已经在白宫

① 持有极端保守观点的意识形态组织，核心是白人民族主义和白人至上，本质是种族主义和仇恨，其支持者认为应当保护西方文化，反对“一体化”的融合思想。——本书注释均为编者注

引发了一场“回爆”。我不能继续效力于这么一家侵蚀我们社会的企业，所以我站出来吹哨，向当局举报了一切，并和新闻界一起向公众发出警告。为了做证，我前一天刚乘飞机从大西洋彼岸抵达，时差都还没倒过来。然而坐在现场，我不禁感觉到提问越来越尖锐。有好几次，我试图解释公司运作的纷繁复杂，结果议员们一脸困惑，于是我干脆抽出一个文件夹，沿着桌面推给他们。管他呢，我心想。我已经走了这么远，不妨把我带来的东西全都交给他们。这场听证会没有中间休息，我背后的门一直紧闭。我被关在地下深处一个密不透风、连窗户都没有的房间里，眼睛只能直视那些议员，他们则绞尽脑汁，想弄明白这个国家到底发生了什么。

三个月前，即 2018 年 3 月 17 日，英国《卫报》、美国《纽约时报》和英国第四频道的新闻栏目同步报道了一项历时一年的联合调查的结果。这项调查是在我决意揭露剑桥分析和脸书的内幕之后展开的。我的举报引发了史上最大规模的数据犯罪调查。在英国，国家犯罪调查局、军情五处（负责英国国内情报事务的机构）、信息专员办公室、选举委员会和伦敦警察厅参与了调查。在美国，联邦调查局、司法部、证券交易委员会和联邦贸易委员会均介入调查。

在第一篇新闻报道问世前几周，特别检察官罗伯特·米勒负责的调查持续升温。当年 2 月，米勒以两项共谋罪名起诉了十三个俄罗斯公民和三家俄罗斯企业。一周后，特朗普竞选团队的前竞选经理保罗·马纳福特及其副经理里克·盖茨受到起诉。3 月 16 日，司法部长杰夫·塞申斯解除了联邦调查局副局长安德鲁·麦凯布的职务。他本人也在二十四小时过后没多久宣布开始领取退休金。人们渴望了解特朗普竞选团队和俄罗斯之间发生过什么，然而无人洞悉两者之间的真正关联。我提供的证据把剑桥分析同唐纳德·特朗普、脸书、俄罗斯情报界、国际黑客和英国脱欧连成一线。这些证据揭示了一个之前寂寂无闻的外国承包商怎样从事非法活动，又怎样在特朗普的成功竞选和英国脱欧宣传战中起到了作用。我出示的电子邮件链、内部备忘录、发票、银行转账记录和项目文档表明，特朗普竞选和英国脱欧采用了同类战略，借助了同类技术，而且灵魂人物也多有重合——所有这些都笼罩在俄罗斯的阴影下。

新闻曝光两天后，英国议会进行了紧急质询。政府部长们和反对党资深议员们罕见地团结起来，集体发声谴责脸书公司未能采取防范措施，使其沦为敌对势力的竞选宣传平台。他们还担心该事件对西方民主政体产生深远影响。接下来的一波新闻报道聚焦英国脱欧，质疑全民公投的结果。我向执法机关提供的一系列文件揭示，游说组织“投票脱欧”雇用剑桥分析的秘密子公司，投入违规资金，在脸书和谷歌的广告网络上传播不实信息。英国选举委员会将这种行为判为违法。这一宣传战也成为英国历史上涉事金额最大、影响最重大的竞选经费违规事件之一。随着“投票脱欧”组织欺诈行为的证据浮出水面，唐宁街 10 号陷入传播危机。其后，国家犯罪调查局和军情五处收到了英国脱欧公投期间俄罗斯大使馆同主张脱欧运动的最大金主之间直接联系的证据。一周后，脸书的股价暴跌 18%，公司市值缩水 800 亿美元。随后，脸书的股价持续震荡。它的单日市值损失迄今仍位居美股历史榜首。

2018 年 3 月 27 日，我接受传唤到英国议会参加一场现场直播的听证会——在接下来的几个月里，我会相当习惯出席此类场合。此次问答的内容覆盖剑桥分析对黑客和贿赂的倚重、脸书公司的数据外泄和俄罗斯情报活动等各个方面。听证会结束后，美国联邦调查局、美国司法部、美国证券交易委员会和美国联邦贸易委员会发起了调查。美国众议院情报委员会、美国众议院司法委员会、美国参议院情报委员会和美国参议院司法委员会都想找我谈话。几周内，欧盟和其他二十多个国家开始对脸书、社交媒体和不实信息展开调查。

我把我的故事讲给全世界听，现在每一块屏幕都像一面镜子，将这个故事反射给我。接下来整整两周，我的生活一片混乱。伦敦时间早上 6 点钟我就开工了，先是上英国电视早间节目，然后接受美国各大电视网络的轮番采访，直至午夜。记者如影随形，我开始受到威胁。为了保证人身安全，我不得不雇用保镖护送我出席公众场合。我的父母都是医生，他们被迫暂时关闭了诊所，因为来诊所发问的记者太多，吓到了病人。再后来的几个月，我的生活几乎完全失控，但我知道，我必须坚持不懈地拉响警报。

剑桥分析的故事表明，我们的身份和行为已经成为高风险数据交易中的商品。控制信息流动的都是世界上最强大的企业，它们秘密设计出来的算法正在以过去无法想象的方式操控人的思想。无论你最关心哪个议题——枪支暴力、移民、言论自由、宗教自由，你都无法逃脱硅谷的掌控。硅谷是我们认知危机的新震中。

我在剑桥分析从事的工作暴露了技术创新的阴暗面。我们有创新，另类右翼有创新，俄罗斯有创新，而脸书，那个你分享派对邀请和婴儿照片的平台，则将这些创新释放出来。

我猜想，要是我没有生在这个躯壳里，就不会对技术感兴趣，也不会跑到剑桥分析上班。当年，像我这样的孩子没多少选择的余地，学计算机好比默认设置。我在不列颠哥伦比亚省西海岸的温哥华岛长大，周围有大海、森林和农田。我父母都是医生，我是他们的长子，还有两个妹妹杰米和劳伦。11 岁的时候，我注意到自己的双腿越来越僵硬。我没法像别的孩子那样快跑，我的步姿变得滑稽可笑，而这自然会招致霸凌。经诊断，我患有两种相对罕见的疾病。它们的症状包括严重神经性疼痛、肌无力、视觉及听觉损伤。12 岁时，我坐进了轮椅——正好赶上青春期，并且一路坐到了学生时代结束。

要是你坐着轮椅，人们对你的态度就会不一样。有时候，你会感觉自己更像一个物品，而不是一个人——别人通过你的出行方式来理解你、定义你。你进入建筑物的途径跟别人不一样——哪几个门我能进？我怎样避开台阶才能到达目的地？你学会寻找其他人从来没注意过的东西。

我在学校发现计算机房后不久，就觉得它是学校里唯一一个不让我感到异化的地方。机房外面要么有霸凌分子，要么有趾高气扬的教职员工。即便有老师带领其他孩子跟我互动，也往往是出于义务。这比受忽视还让人生气。我宁可去机房。

13 岁左右，我开始制作网页。我的第一个网站是一个 Flash

动画，描绘了粉红豹被笨手笨脚的克鲁索探长追的场景。不久之后，我看了一个教人用 JavaScript 编写画圈打叉游戏程序的视频，觉得没有比这更酷的了。这个游戏看似简单，然而一旦你开始分解其中的逻辑，你的看法就会改变。你不能让计算机随机选择方格，因为那样做太无趣了。你必须用规则指导计算机，例如在一个已经画了叉的方格的隔壁方格里再画一个叉，除非隔壁那一行或那一列早已有一个方格画了圈。那处于对角线上的画着叉的方格又该怎么办？怎么解释它们？

最终，我把好几百行的意大利面条式代码[①]串联在了一起。我至今还记得在编写完成的游戏上画一个叉或者圈后，我看到程序自动走出下一步时有多开心。我觉得自己就是魔术师，而且这个程序得到的练习机会越多，我的魔力就越强。

机房以外的学校教育只能告诉我哪些事我做不到、不能做，以及什么样的未来我无法拥有。我父母鼓励我不断探索，寻找一个能让我如鱼得水的环境。于是在 2005 年夏天，15 岁的我去加拿大皮尔逊世界联合学院寄宿。这所位于维多利亚市的国际学校得名于诺贝尔和平奖得主、加拿大总理莱斯特·皮尔逊。他在 20 世纪 50 年代苏伊士运河危机期间首先提出了联合国维和部队的设想。跟这么多来自世界各地的学生朝夕相处很是激动人心，而且生平第一次，我真正对课业产生了兴趣，也乐意倾听同龄人的想法。我跟卢旺达种族大屠杀的一个幸存者交上了朋友。有一天晚上，我们在学校宿舍里开卧谈会。他告诉我他的家人怎样遇

① 大量混乱的跳转语句和条件分支语句，使程序难以理解。

害，而幼小的他又是怎样独自一人历经艰险走到乌干达的难民营的。

不过，真正让我醒悟过来关心周围世界的是某天在学校餐厅里吃晚餐时发生的那一幕。当时，来自巴勒斯坦和阿拉伯的学生坐在以色列学生对面，就他们各自祖国的未来展开激烈辩论。我意识到自己对世界了解得太少，但是我想了解，于是我很快就对政治产生了兴趣。接下来的那个学年，我开始逃课去市政厅参加有当地议员到场的活动。在校期间，我沉默寡言。可在这些活动中，我敢于畅所欲言。在教室里，你坐在后排，听老师教你该怎么想、想什么。学校里有课程设置，框定学生的思维，而市政厅里则正好相反。没错，政治家站在大厅前面，但是观众席上的人——我们——告诉他们我们的想法。这种角色互换对我太有吸引力了，每当有议员宣布会出席活动时，我都会到场，向他们提问，甚至告诉他们我的看法。

开口表达自己的想法解放了我。我和其他青少年一样，还在探索我是谁，但对一个坐着轮椅的同性恋来说，表达自己所面临的挑战更大。参加这些公共论坛后，我逐渐意识到自己所经历的许多事情并不只是个人问题，还是政治问题。我面临的挑战是政治挑战。我的人生具有政治意义。我的存在具有政治意义。于是我决定投身政治。有位议员的顾问叫杰夫·西尔韦斯特，他曾经担任过软件工程师。他注意到了我这个有会必到、直言不讳的毛头小伙，主动提出帮我在加拿大自由党（Liberal Party of Canada，简称 LPC）里谋个职位，因为后者正需要技术支持。我们很快就达成了一致意见。那年夏末，我将从事我第一份真正的工作，在渥太华的国会里担任政治助理。2007 年夏天，我待在蒙特利尔，混迹于法裔加拿大籍的技术无政府主义者出没的黑客空间。他们喜欢待在改造过的工业建筑里，地板是混凝土的，墙壁是三合板的，房间里装点着诸如第二代苹果电脑和康懋达 64 型电脑等复古的技术产品。那时候，经过治疗，我可以摆脱轮椅蹒跚迈步。（我一直在康复，但当上吹哨人后我的身体极限受到了挑战。就在第一篇有关剑桥分析的新闻报道发表前，我在伦敦南部的人行道上突然惊厥，不省人事，直到一阵剧痛让我惊醒。那时我已经被送进了伦敦大学学院医院，有护士正往我胳膊上扎静脉注射针头。）大多数黑客根本不怎么在乎你的模样或者你滑稽的步态。他们和你一样热爱技术，愿意帮助你进步。

在黑客社区度过的短暂时光给我留下了永久的印记。你发现没有哪个系统是绝对的，没有什么是不可穿透的，壁垒只是勇敢者的挑战。黑客理念教会我，如果你转换视角，那么任何系统——一台电脑、一个网络，甚至整个社会——都有可能暴露缺陷和弱点。身为坐轮椅的同性恋小子，我很早就领教过系统的力量。然而作为黑客，我得知每一个系统都有弱点待人利用。

就在我去加拿大国会上班后不久，自由党对发生在南面的事情产生了兴趣。那时候，脸书刚刚成为主流，推特还在上升期，没有人想到利用社交媒体来进行舆论宣传，因为社交媒体还处于婴儿期。然而，美国总统竞选中有一位冉冉升起的新星即将踩下加速踏板。

别的候选人还在绞着手指试图搞懂互联网的时候，巴拉克·奥巴马的团队就已经建起了 My.BarackObama.com 网站，开启了一场草根革命。其他网站（例如希拉里·克林顿的网站）主要投放权威的政治广告，而奥巴马的网站则专注于为草根组织提供一个策划并执行“出门投票”宣传战的平台。他的网站炒热了这位来自伊利诺伊州的参议员。他比对手们年轻得多，还更懂技术。领导人就该像奥巴马这样。在我的性格形成期，一直有人告诉我这不行那不行，奥巴马的那句言简意赅的“是的，我们一定能！”所激发的那种无所畏惧的乐观精神深深地打动了我。奥巴马和他的团队正在改变政治格局。于是在我 18 岁那年，自由党派我和其他几个人去美国观察他竞选活动的方方面面，以便找出一些可以移植到加拿大进步运动中的新战术。

我先是走访了美国总统大选最早拉开序幕的几个初选州。第一站是新罕布什尔州。在那里，我同选民交流，近距离观察美国文化的真实面目。这既好玩又让人大开眼界。身为加拿大人，我惊奇地发现我们的情感同美国人大相径庭。第一次听到美国人告诉我他誓死反对公费医疗时，我无法相信居然有人这么想，因为这可是我差不多每个月都在享用的公共医疗服务啊。听了一百次后，我就淡定了。

我喜欢瞎转悠，找人侃大山，所以到了该把注意力转向数据组的时候，我有点提不起劲来。然而，结识了奥巴马的目标定位经理肯·斯特拉斯玛之后，我的态度立马改变了。

奥巴马竞选活动中迷人的部分在于品牌建设和对“油管”等新媒体的运用。这玩意在那时候可酷了，因为“油管”还是个新生事物，之前还没有人用过这种视觉战略。我想看、想学，肯却叫了停。“忘掉视频吧。”他告诉我。我应该钻研得更深一点，深入竞选技术战略的核心。“我们所做的一切，”他说，“都基于一点，那就是精确理解该找谁宣传、强调哪些议题。”

换句话说，奥巴马竞选活动的支柱是数据。斯特拉斯玛团队最重要的成果是建立了用来分析和理解数据的模型。有了这个模型，他们能将数据转化为应用适配——通过……人工智能来判定真实世界中的传播战略。等一等——用人工智能助选？听起来好未来主义啊，就好比他们在造一个机器人，可以吞食海量选民信息，然后吐出目标市场的标准。这一输出信息一路上报，最后抵达竞选高层，用来决定推送哪些关键信息、怎样打造奥巴马品牌。

处理这些信息所需的基础设施由一家名为选民活化网络公司（Voter Activation Network, Inc.，简称 VAN）的企业提供。该公司的负责人是马克·沙利文和吉姆·圣乔治——来自波士顿地区的一对很棒的同性恋伴侣。在选民活化网络公司的帮助下，到 2008 年竞选结束的时候，民主党全国委员会收集的选民数据比 2004 年竞选季收集的数据多十倍。如此多的数据，加上梳理、操控数据的各种工具，使得民主党人在说服选民出门投票一事上占有明显优势。

我对奥巴马竞选机器了解得越多，就越是着迷。后来我有机会向马克和吉姆刨根问底，而他们似乎觉得一个加拿大小伙子跑到美国来学习数据和政治很好玩。在接触肯、马克和吉姆之前，我从来没有想过运用数学和人工智能来推动政治竞选。事实上，第一次看到人们在奥巴马竞选总部的电脑前排队时，我心想：竞选成功要靠信息和情绪，不是电脑和数字。然而，之后我才认识到，正是这些数字——还有他们创建的预测算法——把奥巴马和之前所有参加过总统竞选的候选人区别开来。

一旦意识到奥巴马竞选团队运用算法传播定向信息的精妙之处，我就开始研究自己该如何创建算法。我自学了怎么使用MATLAB和SPSS之类的基础软件包，以便摆弄各种数据。我没看教科书，而是使用鸢尾属植物数据集——学习统计学的经典数据集——进行试错式学习。我可以试用不同方法操纵鸢尾属植物不同特征的数据，如花瓣长度和花瓣颜色，然后预测花卉的种类。这绝对让人兴趣盎然。

一旦掌握了基本技巧，我就把研究对象从花瓣换成了人。选民活化网络公司里充斥着年龄、性别、收入、种族、房屋所有权等林林总总的信息，甚至还有杂志订阅情况和航空里程。只要有恰当的数据输入，你就可以开始预测人们是会把选票投给民主党人还是共和党人。你可以识别、分离出他们最有可能在意的议题。你可以开始有的放矢地打造更能说服他们改变观点的信息。

在我看来，这是一种全新的理解选举的方式。数据是一种向善的力量，推动了奥巴马的变革之战。它被用于鼓励从来没有参加过投票的美国人去投票，影响那些自认为被遗忘的人。我钻研得越深，就越认定数据会拯救政治。我迫不及待地想回加拿大，跟自由党人分享我从下一任美国总统身上学到的东西。

11月，奥巴马取得了对阵约翰·麦凯恩的决定性胜利。两个月后，在竞选中结识的朋友邀请我飞到华盛顿，见证总统就职典礼，并与胜利者民主党一同庆祝。（一开始我在入口处引发了一场小骚乱，因为我还没到 21 岁这一合法饮酒的年龄，而这个派对上的酒却是免费的，员工们很是抓狂。）那晚令人难忘。我跟詹妮弗·洛佩兹和马克·安东尼聊天，看巴拉克·奥巴马和米歇尔·奥巴马作为新任的第一夫妇跳了第一支舞。一个新时代已经来临，现在有机会庆贺正确的人正确地理解如何运用数据赢得现代竞选的胜利成果了。

然而，通过向特定选民直接推送特定信息，奥巴马竞选团队所采用的微目标定位开启了美国公共话语的私有化之路。虽然美国的竞选活动长期以来一直采用直邮手段，但数据赋能的微目标定位使竞选团队得以将大量的微叙事同无数选民的微世界匹配起来——你邻居收到的信息跟你收到的信息完全不同，而且你俩都毫不知情。如果竞选是私下进行的，那么它不用像竞选辩论和公开宣传那样受到审视。市镇广场曾经是美国民主的基石，但它逐渐被线上广告网络所取代。此外，无须经受审视的竞选信息甚至不需要看起来像竞选信息。奥巴马竞选试验表明，在社交媒体创造的新环境里，竞选活动可以摇身一变，用朋友的口吻给你发来信息，而你却不知道发信息的是谁，对方的意图是什么。竞选活动也可以包装成新闻网站、大学或者公共机构。随着社交媒体逐渐取得优势地位，我们被迫信任政治宣传，因为就算政治团队说了谎，我们也可能永远都被蒙在鼓里。在非公开的广告网络里，没有人负责修正记录。

奥巴马首次竞选美国总统前几年，一种新型的财富积累逻辑在硅谷的会议室里形成：技术企业开始凭借规划、组织信息的能力挣钱。这一模式的核心是一种关键的知识上的不对称——机器很懂我们的行为，但我们对它的行为知之甚少。这些企业向人们提供信息服务，而人们出于便利的考量向它们提供更多信息——数据。数据的价值越来越高，脸书在其近 1.7 亿的美国用户身上人均赚取 30 美元。与此同时，我们误以为这些服务全是“免费的”。事实上，我们支付了自己的数据，而这些数据又被输入一个用于抓取人类注意力的商业模型中。

更多数据产生更多利润，于是企业部署了设计样式来鼓励用户透露更多个人信息。网络平台开始效仿赌场，网页无限下拉等创意纷纷出炉，平台还针对人脑的奖励机制设计出令人上瘾的功能，而谷歌邮箱等服务也开始搜索我们的通信往来。要是传统邮政系统的员工敢这么干，那就得坐牢。原本仅用于罪犯脚镣的实时定位追踪技术被嵌入我们的手机，以往所知的窃听变成了无数应用中的标配。

不多久，我们就养成了毫不犹豫地分享个人信息的习惯。一些新鲜词语在其中起到了推波助澜的作用。私人网络监控被称为“社群”，这些网络赖以盈利的人被称为“用户”，而令人上瘾的设计被宣传成“用户体验”或“参与度”。从人们的“数据废气”[①] 或“数字面包屑”中抽取的数据逐渐形成了他们的身份档案。过去几千年来，占主导地位的经济模式一直聚焦于自然资源的开

①“数据废气”和“数字面包屑”指人们在网上留下的数字轨迹，包括用户浏览了哪些网页、停留了多久、输入了什么信息等。

采以及原材料向商品的转化。棉花被纺成织物，铁矿石被熔为钢铁，森林被砍成木材。然而随着互联网的问世，我们的人生也能创造出商品——我们的行为、我们的注意力、我们的身份。人们经过加工处理变成了数据，我们就是这个新数据工业联合体的原材料。

史蒂夫·班农是最早认识到这一新现实的政治潜力的一批人之一。当时他是右翼网站布赖特巴特新闻网的编辑，名气不大。布赖特巴特新闻网在安德鲁·布赖特巴特的民族主义理念的指导下创建，旨在重塑美国文化。班农将自己的使命等同于文化战，但我第一次同他打交道的时候，他知道缺了什么东西，知道自己上战场的武器还没有完全到位。传统战场上的将军关心火力和制空权，而班农需要获得文化影响力和信息主导权——有了数据赋能的军火库，他才能在这个新的作战空间里征服民心、操控民意。新成立的公司剑桥分析就是那个军火库。剑桥分析在军事心理战行动中使用的出色技巧，让史蒂夫·班农的另类右翼思潮异军突起。在这场新战争中，美国选民成了迷惑、洗脑和欺骗的对象。真理让位给另类叙述和虚拟现实。

剑桥分析首先在非洲和全球的热带岛屿上进行了这一新战争的试点项目。试验内容包括不实信息在网上的大范围投放、假新闻和大规模的资料收集。该公司同俄罗斯特工合作，雇用黑客入侵反对党候选人的电子邮箱。剑桥分析很快就在西方媒体的耳目之外完善了这一手法，把注意力从煽动非洲的部落冲突转向煽动美国的部落冲突。一场来势凶猛的炒作从天而降，狂热的呐喊响彻美国大地，“MAGA！”（让美国再次伟大）、“筑墙！”，总统竞选辩论的主题突然就从政策主张转为什么是真新闻、什么是假新闻的荒诞争辩。如今，第一次在美国大规模地部署杀伤性心理武器的余波依然未尽。

作为剑桥分析的创始人之一，我对此负有责任，而且我知道我必须把纠正以往的错误当成一件大事来做。当时，我和许多专业的技术人士一样，愚蠢地把脸书“快速行动，破除陈规”的狂妄号召奉为圭臬。我从来都没有像现在这样追悔莫及过。过去我行事鲁莽，造出了杀伤力巨大的东西，等我醒悟过来的时候，局面已经无法挽回。

2018 年初夏的那天，我在朝美国国会大厦地下深处那个绝密场所走去的路上对发生在自己身上的事情感觉麻木不仁。共和党人早已展开针对我的调查。脸书雇用公关公司诽谤批评它的人，脸书的律师们威胁说要向联邦调查局举报我的网络犯罪行为，但没有公布具体罪名。美国司法部如今正被公然忽视长期以来形成的法律惯例的特朗普政府控制。我激怒了太多利益群体，以至于我的律师们相当担心联邦调查局会在听证结束后逮捕我。其中一名律师告诉我，最安全的做法是待在欧洲。

出于安全和法律原因，我不能直接引用我在华盛顿的证词。但我可以告诉你们，我带着两个厚厚的文件夹进入听证会现场，每个文件夹里都有几百页文件。第一个文件夹里存放的是表明剑桥分析数据收集行动开展范围的电子邮件、备忘录和其他文件。这些材料显示，该公司招募了黑客，聘用了同俄罗斯情报机构有已知联系的员工，在世界各地的选举中从事贿赂、敲诈勒索和传播不实信息等活动。其中有律师们写给史蒂夫·班农的机密的法律备忘录，警告他剑桥分析违反了《外国代理人登记法》。还有一批文件记录了该公司如何利用脸书获取了 8700 多万个私人账号的信息，并利用这些数据来压制非裔美国人的投票活动。

第二个文件夹更加敏感，里面存放着我那年年初在伦敦秘密收集到的几百页电子邮件、金融单据、录音文字稿和短信。美国情报机构一直都很想得到这些文件，它们详细说明了俄罗斯驻伦敦大使馆同特朗普幕僚和英国脱欧宣传战首脑们之间的紧密关系。这些文件表明，英国另类右翼领导人在飞往美国同特朗普竞选团队开会前及开会后均同俄罗斯大使馆的官员会晤过，而且其中至少有三人得到俄罗斯方面的邀请，享受在俄罗斯矿业企业投资的优惠待遇，潜在让利高达数百万。从这些通信中可以看出，俄罗斯政府很早就识别出了英美另类右翼的网络，并对其中的参与者进行培养，让他们在接触到唐纳德·特朗普的时候代表俄罗斯发声。它们还表明，2016 年发生的几件大事相互关联：另类右翼的崛起、英国脱欧议案突然被通过和特朗普当选。

四个小时过去了。五个小时。我还在仔细描述脸书在这些事件中扮演的角色及其犯下的过错。

“剑桥分析使用的数据是否曾经流入疑似俄罗斯特工的手中？”“是的。”

“你是否认为俄罗斯官方在伦敦赞助的活动同 2016 年总统大选和英国脱欧有关系？”“是的。”

“剑桥分析和维基解密之间是否曾有联系？”“是的。”

我终于看到委员会成员们的眼中流露出了些许了悟。我告诉他们，脸书不再仅仅是一家企业，它还是通往美国人思想的一个门户，而且马克·扎克伯格把这扇门开得大大的。剑桥分析进门了，俄罗斯人进门了，谁知道还有多少别的力量也进门了。脸书构成了垄断，但它的行为不单单是监管问题——它威胁到了国家安全。脸书所享有的权力危及美国民主。

我小心翼翼地周旋于多个司法管辖区、情报机构、立法听证会和警察机构之间，一共做证200多个小时，呈交了至少一万页文件。我穿梭于世界各地，从华盛顿到布鲁塞尔，帮助领导人剖析剑桥分析的所作所为，以及社交媒体对选举公正性构成的威胁。

然而，在做证和提交证据的漫漫长路上，我逐渐意识到警方、立法者、监管者和媒体都对该怎么应对这些信息茫然失措。因为罪行发生在网络上，没有物理地点，所以警方对应把案件交给哪个司法管辖区调查争执不下。因为这个故事涉及软件和算法，很多人听不懂也看不懂，干脆就放弃了。有一次，我接到一个执法机构的传唤，向可能是该机构技术犯罪专家的官员解释一个基本的计算机科学概念。为此我在纸上草草画了一个图解，结果被他们没收了。严格来说，这是一个证物。但他们用开玩笑的口吻说，这张小抄有助于他们理解自己在调查什么。“哈哈哈，太好笑了，各位。”

我们在这个社会中生活，习惯于信任我们的制度——我们的政府，我们的警察，我们的学校，我们的监管者。就好比我们假设：某个办公室里坐着某个人，那人和一组秘密专家已经制订好了计划。如果那套计划不成功，别担心，还有第二套计划和第三套计划——总之，负责人会操心的。可事实上，这个人并不存在。要是我们什么也不做，干等的话，什么人也等不到。

第二章

从失败中学习

“无人当被贫穷、无知或从众奴役。”

事发八年前，我搬到英格兰，从此开始了同剑桥分析的种种纠葛。当时，我已经在加拿大政界工作了几年，但具有讽刺意味的是，我之所以搬到伦敦，就是为了逃离政治。2010 年夏天，我搬进了泰晤士河南岸的一套公寓，就在那个由庞大又破旧的河岸发电厂改造而来的泰特现代美术馆附近。在渥太华待了几年之后，21 岁的我决定横跨大西洋来伦敦政治经济学院学法律。既然我已经脱离了政界，就无须向自由党负责了。我在公众场合被人看见跟谁在一起没关系，发言无须忌讳，也不必担心会有谁听到。我爱结交什么人就结交什么人，我对新生活充满期待。

我到伦敦时正值夏季。收拾完行李后，我立马来到海德公园，坐到日光浴者、游客和年轻夫妇当中。我充分利用伦敦的天时地利，每周五和周六晚上在肖尔迪奇和多尔斯顿度过，每周日去伦敦最古老的食品市场博罗市场。后者是一个露天市场。在那里，摊贩们的叫卖声此起彼伏，游客熙熙攘攘，烹饪摊位香味四溢。我开始有了同龄朋友，人生第一次觉得自己年轻。

但我到伦敦后还没几天，时差都没有完全倒过来，脑袋还晕乎乎的，就接到了一个电话。显然，把政治抛在身后没那么容易。四个月前，一个叫尼克·克莱格的人刚刚当上了英国副首相。

1999 年，尼克·克莱格首次当选欧洲议会议员。2007 年，他晋升英国自由民主党党魁。那时候，自由民主党是英国政界激进派的第三大党——它最早支持同性婚姻，也是唯一一个反对伊拉克战争、呼吁英国放弃核武库的政党。2010 年大选期间，英国人厌倦了工党说教了十几年的“第三条道路”，掀起“克莱格狂潮”。克莱格的民调结果在巅峰时堪比温斯顿·丘吉尔。他把自己定位为英国的奥巴马。大选后，他所在的党派和大卫·卡梅伦的保守党组建联合政府，由卡梅伦担任首相。这个电话就是他的办公室打来的：他们从自由派政治圈我们共同的熟人那里听说了我在美国和加拿大从事的数据工作，希望了解更多。

我按约定时间抵达位于威斯敏斯特考利街 4 号的自由民主党总部。它离威斯敏斯特宫只有几个街区，相当漂亮，由一所新乔治式宅邸改造而来，外墙是猩红色砖面，两侧矗立着硕大的石头烟囱。在这条弯弯曲曲的小街上，它的体形实在有点夸张，所以我一眼就认出了它。因为楼里有英国女王陛下政府的办公室，所以伦敦警察厅往周围派驻了一小组武装警察，在小街上巡逻。按门铃后，我被放了行。推开沉重的实木大门，我走到前台。那里有个实习生在等着带我去会议室。当年豪宅里的吊灯、橡木护墙板和壁炉都还在，虽然旧了，但依然优雅。不知怎么的，我觉得它们同这个曾经辉煌过的政党很般配。

他们都管这栋楼叫“考利街”。我在加拿大和美国都没见过这样的地方。自由民主党的工作人员在狭窄的走廊里蹒跚着擦肩而过，地板嘎吱作响。我真不明白他们能在这里完成什么大业。原先的卧室里塞满了办公桌，连接服务器的电缆用胶带固定在墙壁和门框上。在一个由壁橱改造而来的房间里，一个显然患有睡眠呼吸暂停综合征的男人正躺在地上鼾声大作，但谁也不在意。我打量四周，觉得这个地方的运作更像一个老友俱乐部，而不是一个执政党办公地。我走上一段装饰着华丽栏杆的宽阔楼梯，被人带进一间大大的会议室。以前这一定是这座宅邸的主餐厅。等了几分钟后，一小群工作人员鱼贯而入。必不可少的英式寒暄结束后，其中一人说："那么，请给我们讲讲选民活化网络公司吧。"

2008年奥巴马竞选成功后，全世界的政党都对这种由全国性的目标数据库和大规模的数字操作赋能的新型美式竞选产生了兴趣。此次竞选采用了新兴的微目标定位，将大量选民数据输入机器学习算法，由后者对选民进行细分，然后逐个预测哪些选民最容易被说服或者最可能愿意出门投票。自由民主党人之所以找我，是因为他们不确定这种新式竞选手段能否成功地移植到英国的政治体系中来。他们之所以对我为加拿大自由党做的项目——仿照奥巴马竞选建立选民目标定位系统——如此感兴趣，是因为它是除美国以外第一个同类的大规模项目。此外，加拿大和英国一样，采用威斯敏斯特式选举体制，即简单多数制。加拿大和英国还有另外一个相似的地方，那就是政党名目繁多。交流过程中，自由民主党的工作人员意识到，如果他们引进加拿大版的这种技术，那么定位工作已经完成了一半。在会议的尾声，他们得知这套系统的功效后都有点飘飘然了。我离开会场，奔回学校，赶上了一堂法律规则解释课的尾巴。我以为这事到此就结束了。

可第二天，自由民主党的顾问又打来电话，问我能不能再去一次，给更多的听众讲讲。当时我正好在上课，所以起初没有接听。但看到手机屏幕上有四个来自同一个随机号码的未接电话后，我不由得纳闷有什么事这么紧急，于是走出教室拨通电话。对方说当天下午有个高层会议，问我能否去做一个有关微目标定位的即兴发言。因此下课后，我背着满满一书包的课本从伦敦政治经济学院走到考利街。仓促之间，我也没来得及换衣服，所以就穿着潮流品牌斯图西的印花 T 恤和迷彩运动裤去见副首相的顾问们了。

还是上次那间会议室，不过这回里面人声鼎沸，座无虚席。他们直接把我引向发言席。于是，我先就自己不合时宜的打扮道了个歉，然后就开始自由发挥。我告诉他们自由民主党可以怎样利用微目标定位来克服小党派的天生劣势。讲着讲着，我忍不住激动起来。自从离开加拿大自由党后，我还没有发表过这方面的言论，所以这次我真的是畅叙衷肠。我告诉他们自己在奥巴马竞选活动中的所见，看到那么多人第一次出门投票的感受，以及看到非裔美国人参加集会后受希望情绪鼓舞的感受。我告诉他们，数据只是一部分，更重要的是我们能借助数据触及那些对政治失望的人。有了数据，我们就能找到他们，激励他们出门投票。不过，最重要的是，已经跻身权力走廊的英国自由民主党可以利用这种技术载体，颠覆支撑英国政治的根深蒂固的阶级制度。

几周后，自由民主党向我发出工作邀请，要我为他们在英国实施一个选民目标定位的项目。我在伦敦政治经济学院的学位学习刚刚开始，而且作为一名 21 岁的大学生，我才适应伦敦生活。所以我犹豫不决，不知道再分心去搞政治是不是个好主意。但这是个大好机会，我可以利用同样的技术——同样的软件，以及本质上相同的项目——来完成我在加拿大开启的未竟事业。不过，最终让我下定决心的是随随便便挂在考利街一间办公室墙上的一样东西。那是张旧得发黄的卡片，四边稍有卷翘，上面引用了自由民主党党章里的一句话："无人当被贫穷、无知或从众奴役。"

我答应了。

2008 年美国总统大选结束后，我回到渥太华，撰写了一份有关奥巴马竞选团队所使用的新技术战略的报告，结果反响不大。人人都以为我会写奥巴马竞选战中夺人眼球的品牌打造、图表和病毒视频，而我却写了关系数据库、机器学习算法，以及两者之间如何通过软件和筹款系统互联互通。当我向自由党建议投资建设数据库时，大家都以为我脑子坏掉了。他们希望得到更有魅力的提议——不是这个。奥巴马竞选战是他们对标的"模特"。他们被高高的颧骨和嘟嘟唇迷住了，对支撑起靓丽表面的骨架和脊柱不感兴趣。

大多数竞选活动归根结底就是两个基本操作：说服和投票。为了提高投票率，或者说"GOTV"（get out the vote 的缩写，意为出门投票）的人数，必须瞄准那些有可能支持本党但不一定参加投票的人。说服的目标正好倒过来，是那些有可能参加投票，但不一定支持本党的人。那些不太可能参加投票或不太可能支持我们的人则被挑出来置之不理，因为同他们互动于事无补。那些很有可能支持本党候选人并且很有可能参加投票的人属于“基础”选民。一般情况下，竞选团队不同他们接触，但在招募志愿者或筹款时会优先考虑他们。识别正确的选民集并同他们联系正是我们的宗旨。

20 世纪 90 年代，向美国选民发送定向信息主要依靠政党在市镇或州层面的办事机构提供的数据，而这些数据一般包含每个选民的政党登记（如果他们登记过的话）和他们的投票历史（他们出门参加过哪几次投票）。然而，这种做法有其局限性，因为并非每个州都能提供此类信息，选民们改变态度的频率高过他们改变党派身份（或者登记为自己不属于任何政党）的频率，而且从这类信息里根本看不出能够激发选民积极性的痛点。微目标定位的做法是搜集额外的数据集，例如有关某选民名下的抵押贷款、订阅情况、车辆型号等商业数据，让选民的形象更加立体。有了这些数据，再加上民调和统计学技巧，就可以对选民的所有记录打分，生成更为精确的数据。

奥巴马竞选团队将这种技巧变成主流和竞选运作的核心。这一点很重要，因为竞选活动有组织的混乱性往往不是体现在我们在电视上看到的演讲或集会上，而是体现在拉票志愿者逐个联系数百万国人或者向全美各地的个别选民发送直邮。虽然它不如精美雄辩的演讲稿或令人惊艳的品牌形象那么有魅力，但这台看不见的机器为现代总统竞选提供了关键动能。就在别人的眼光聚集在候选人的公众形象上的时候，战略家们则专注于部署这台幕后英雄式的机器，不断扩大它的应用范围。

我当时在加拿大国会反对党党魁的办公室工作。后来我们当中有人意识到，应该向党内高层演示一下，如果仿照选民活化网络公司的做法，在国会里创建一个类似的系统，将会大大改善党魁同选区成员和公民的互动。高层不愿意为新数据库这种奢侈物买单，但我们发现党魁的官方预算里能挤出钱来。唯一的问题在于，这些钱严格来说是公款，我们用公款创建出来的任何试验数据库都不能用于政治目的。不过，我们并没有太在意。国会版的数据库会纳入曾经联系过党魁的选区成员和其他公民的记录。既然选区成员就是选民的另一个称号，那我们可以向党内高层强调该数据库拥有的所有相同的功能而不需要他们掏钱。果然，目睹该系统的功效后，加拿大自由党开始逐步理解数据的潜力。我们问马克·沙利文和吉姆·圣乔治有没有考虑过拓展国际业务——把选民活化网络公司开到加拿大来。那时候，他们还没有在美国以外承担过大项目，但他们欣然接受了同我们合作的机会。在沙利文和圣乔治的帮助下，我们用六个月的时间建立了加拿大版的选民活化网络公司的基础设施。让党内高层更高兴的是，选民活化网络公司能进行英法双语操作。当时只剩下一个问题：没有数据来驱动系统。

计算机模型不能像神奇的咒语那样预测世界，它们只有在足够数量的数据的基础上才能做出预测。如果系统里没有数据，那就建不了模，也没法进行目标定位。这就像买了赛车却不舍得花钱买汽油——哪怕这辆车设计得再高级，它也跑不起来。所以我们的下一步行动是为选民活化网络公司购买数据。可是买数据要花钱，而数据买来后是为竞选服务的，所以按照法律规定，应该由党来付钱，而不是党魁办公室。然而，党内人士几乎马上就开始反对这一行为，因为他们不是那么急于变革。我向带我进入政界的国会议员基思·马丁求助。我还在上学的时候，他就给了我第一份实习工作。后来他又引荐我去加拿大国会上班，那可是我的第一份正式工作。马丁常常被称为加拿大政坛的“独行侠”，而他办公室里的同事也都是特立独行的人。对我来说，他完全配得上这一称号。马丁受过专业训练，本来是要当急诊室医生的。从医生涯刚开始的时候，他去了非洲的冲突地带，治疗从地雷炸伤到营养不良的各种疾病。这家伙在从政前绝对是个酷人，生活多姿多彩。他在办公室的墙上挂着自己打扮成印第安纳·琼斯①模样的照片，身穿卡其色衬衫，坐在一群豹子中间。急诊室的救治经历让他养成了从不浪费时间的习惯，可在政界，慢吞吞的人才能活下来。有一次，他在辩论的时候被国会的机械化程序惹火了，一把抄起了“权杖”——陈列在下议院过道里，从英国人那里继承下来的中世纪的镀金武器。

2009年，马丁的高级顾问、前软件工程师、后改行从政的杰夫·西尔韦斯特是党内少数几个明白我的意图的人之一。他是我的导师，也是我在国会工作期间的定海神针。我向他解释，即使加拿大自由党还没有批准我继续推进数据定向计划，这个项目也势在必行，因此我们需要经费。获得马丁的批准后，杰夫同意帮

---

①“夺宝骑兵”系列电影中的一个手持软鞭、寻找法柜的考古学家。

我筹款而不告知自由党全国办公室。我们开始举办秘密活动，由我在活动上向潜在捐赠人解释，如果加拿大自由党希望在 21 世纪具备竞争力，这个计划就至关重要。所有这些活动都是秘密举办的。在党内高层对我们置之不理的情况下，我们希望获得草根的资助。很快，我们就筹到了几十万加元，足以开工。对全国办公室不满的不列颠哥伦比亚省的自由党支部同意充当我们的试验田。

当时我们对成功并没有什么把握。美国只有两大主要政党，而加拿大有五个。这就意味着你的预测维度不是二元的（民主党或共和党），而是多元的（自由党、保守党、新民主党、绿党或魁北克集团）。选择越多，摇摆不定的选民类型（在自由党和保守党之间摇摆不定，在自由党和新民主党之间犹豫不决，在自由党和绿党之间难以取舍，等等）就越多，选举结果因而更趋多样。此外，加拿大和欧洲消费者数据的市场远没有美国那么发达，所以在美国被视为标准数据集的很多数据在这些国家要么找不到，要么必须从许多个信息源抓取后合成。最后，其他国家的政党往往规定了严格的捐赠或开支上限。许多人怀疑微目标定位能否在美国以外的地方展开，但无论如何，我还是想试一试。

我打电话给负责 2008 年奥巴马竞选目标定位的肯·斯特拉斯玛，问他愿不愿意帮我们在加拿大建设同样的项目。于是，斯特拉斯玛的团队在华盛顿哥伦比亚特区建了若干模型。不列颠哥伦比亚省的温哥华办公室合成了有用的数据集，例如历史投票和拉票数据集。斯特拉斯玛负责研究应对额外复杂的多党制政体的措施。全省的志愿者被分为两大组。一组使用新的拉票对象名单去拉票，作为对照的另一组则沿用旧名单。竞选结果出来后，不列颠哥伦比亚省党支部的工作人员松了一口气。同许多竞选战役一样，该党联系犹豫不决的选民，进行说服式拉票。经对比，在此次不列颠哥伦比亚省的选举中，采用微目标定位式新名单拉票的成功转化率（起初心意未决的选民经说服宣布支持你的政党的概率）高于沿用旧名单拉票的转化率。这令人兴奋。我们证明了奥巴马在美国实现的目标在不同政治体系的国家中也有可能实现。然而，渥太华的国家党得知我们的作为后对这一全国性的项目表示反对。他们想学奥巴马的竞选战，可真到了有人教他们怎么做的时候，他们却拒绝了。

当初我之所以被政治吸引，是因为它看似能改变世界，但是一年多来我四处碰壁，还有必要坚持吗？恰逢此时，有人介入了。自由党的很多文秘人员都是上了年纪的魁北克女性。她们在政界浸淫已久，深知政治对人的影响。她们带我去渥太华河对岸法语区的加蒂诺吃午饭。在餐馆里，她们纷纷点上了烟，然后用沙哑、带法语口音的英语对我说："听着，你可别变得和我们一样。"她们告诉我，她们把一生都献给了党，但除了"腰身变粗和几次离婚"，什么回报都没有。"离开吧，过年轻人的生活去，"她们说，"在它困住你之前，赶紧滚蛋吧。"我意识到她们说得没错。我才 20 岁，怎么就在坐等中年危机了呢？

我决定去伦敦政治经济学院读法律，因为想来伦敦离渥太华够远了——相距 3300 英里[①]，时差 5 小时，中间还横亘着大西洋。我后来得知，加拿大某些政党的领导层存在利益冲突。当时，许

① 1 英里约合 1.61 千米。

多党的广告、咨询和印刷合同都被分配给资深党内人士或其朋友拥有并经营的企业。如果采用全新的、以数据为中心的做法，这些“朋友和家人”有出局之虞。2011 年，我离开渥太华一年后，加拿大自由党在联邦选举中大败于加拿大保守党。后者在其从美国引进的共和党顾问的指示下投资建立了高级数据系统。自由党在国会里占了 34 个席位，第一次沦为第三大党。这是历史性的溃败。

在伦敦为自由民主党工作的最初阶段，我只是在上伦敦政治经济学院的课程之余每周去几小时。不过我立马就认识到，跟奥巴马竞选团队，甚至加拿大自由党相比，自由民主党真的一团糟。党办的运作更像一家萧条的古玩店，而不是一台政治机器的心脏。总部的工作人员多为身穿西装、脚蹬便鞋的蓄须男子。他们花在追忆辉格党往昔上的时间多过想办法动员群众投票的时间。我想看一下他们已有的数据系统，于是有人给我介绍了 EARS，是“选举代理人记录系统”（Electoral Agents Record System）的英文缩写。“哇，好吧，这个系统看上去……挺老派的，”我说，“是 80 年代创建的吗？”这就好比你要求看一个图形演示，结果对方给你看一款老旧的模拟两人对打乒乓球的游戏 *Pong*。有人告诉我，其中有套系统是在越南战争期间设计出来的。

很快，自由民主党内就有很多人意识到选民活化网络公司的优势无可匹敌，该党最终同意同它签约，委托后者建立数据基础设施。但现在我们需要数据——让法拉利跑起来的燃料。加拿大的那个项目就是在这一步上搞砸的，而英国的这个项目进展也不顺利。英国没有全国性的选民登记册，而是全部由市镇议会负责，所以我们必须接洽全英上下几百个市镇议会，以获取它们的选民数据。举例来说，我打电话给西萨默塞特郡的阿格尼丝，她听上去有105岁高龄，从妇女获得投票权后就一直负责选民名单。我问她："这个名单您有电子版吗？""没有。"她说。因为她一直按老办法保管记录，也就是写在纸上，不过我可以到当地的市政厅查阅一个装订成册的副本。有时候地方官员同意给我们数据，有时候不同意。有时候给我们的是电子版，有时候是PDF文档，有时候还是成堆成垛的纸张，我们得逐一扫描录入。如果是通过电子邮件传送Excel文档的话，打开时往往都不需要输入密码，因为谁会盗取选民数据呢？

英国的选举制度从19世纪50年代左右到现在都没有经历过什么变动，而且我旋即发现，自由民主党的战术也没做过什么调整。这个党及其前身自由党为什么从第二次世界大战以来就一直在竞选中落败，由此可见一斑。党的领导人的制胜战略已经同现实脱节，他们沉迷于散发传单。这些传单在党内被称为"焦点"，上面印刷的内容眼界狭小，往往是对路面坑洼或垃圾清运等"地方议题"的抱怨。自由民主党人认为这种方法很聪明，传单读起来像地方报纸，"悄悄地"就能把党的声音发出去。然而，自由民主党的廉价版《真理报》[1]碰到了一个麻烦：没人真的读它。在他们心目中，选民每逢周末就以翻阅邮购目录和政治宣传品为乐——政党的工作人员往往不接地气，忘记了普通人也有生活。虽然自由民主党在英国三大政党中屈居第三，但它志愿者的人数

① 苏联共产党中央委员会机关报，创刊于1912年。

最多，因为该党坚持要把传单塞进每一扇门里，风雨无阻。该党甚至在拟定传单内容之前就已经规划好了要发出多少份传单。

黑客世界里有一种说法叫“暴力破解”（brute force），意为使用穷举法[①]猜解出正确的答案。这里面没什么战略可言，纯粹就是把各种材料往墙面上扔，看看哪些能粘住。自由民主党的做法如出一辙。它砸了大量的钱印制传单，能吸引到一个选民就算一个，没有任何针对性。暴力破解算不上高深的黑客手段，效率低到让人发笑，但瞎猫偶尔也能碰上死耗子。赢得选举胜利当然还有成效更好的办法。但当我试图推荐其他办法替代自由民主党人惯用的狂轰滥炸式的、配有 Word 剪贴画的、中上阶层的宣传办法时，他们会给我上一课，让我懂得“自由民主党人如何取胜”，外加吹嘘一番该党 1990 年在伊斯特本的补缺选举中取得的意外佳绩——自从 1988 年社会民主党同自由民主党合并以来，伊斯特本选出了首位自由民主党的国会议员，显然，他们在那里发了好多传单。质疑伊斯特本的胜利就像异端邪说。边缘宗教要求教众遵守教义，自由民主党也差不多。这个党信奉的教义就是发传单。

补缺选举是非定期举行的特别选举，例如投票选出新近去世的国会议员的继任者。自由民主党人痴迷于补缺选举。出于某种原因，每当该党赢得一次补缺选举，党员们就会表现得像挥舞着上面写有“自由民主党在此获胜！”的旗帜那样，让人误以为他们取得了席卷全英国的胜利。然而我在做研究的时候把 1990 年以

① 对可能出现的各种情况一一进行测试，将满足条件的数据挑选出来。

来历次选举和补缺选举的结果都收集在了一起，结果发现自由民主党人输掉了其中绝大多数的选举。“可是你们现在的做法不能帮你们取胜。它帮你们输掉了选举。我有数据，”我告诉他们，“事实为证。”

有些自由民主党的领导人听进去了，但多数听了之后看起来很不高兴。他们多年来在自己效忠的党派里扮演“选举智者”，有自己的一套选举模式，才不会欢迎一个外来人随随便便地跑进来告诉他们该怎么改进呢。这个兆头可不妙。

与此同时，我开始拿从益博睿（Experian）等数据供应商那里收集来的选民数据做实验。跟当年在加拿大一样，我试用了各种不同的沙箱模型。实验结果总是不对劲。无论我怎么设计，都没有哪个模型能可靠地预测自由民主党的选民，但预测托利党或工党的倒是没问题。出没于浓荫密布的乡镇的时髦哥们？托利党人。住在曼彻斯特某廉租房里？工党人。可自由民主党人不行。他们是游离于两者之间的怪人，没法轻而易举地归类。他们有的貌似工党信徒，有的带点托利党的色彩。呃，我漏掉了什么？我想知道是不是有什么潜变量在起作用。在社会科学领域，“潜变量”指影响结果但实验人员尚未观察到或者测量过的因素——一个游离于视野之外的隐秘成分。那么，这里的隐秘成分是什么呢？

此处存在一个基本问题，那就是我无法想象自由民主党人是什么样的人。我能想象出托利党人，他们——概括而言——要么是《唐顿庄园》里那种时髦的有钱人，要么是反对移民的工人阶级。工党的选民则是北方人、工会会员、廉租房居民或者在公共部门就职者。可自由民主党人都有谁呢？要是我想象不出谁跟我们同行，我就无法想象出通向胜利之路。

于是，2011 年暮春，我踏上了环英之旅，希望能对自由民主党人形成更直观的认识。在那几个月里，我上午去伦敦政治经济学院上课，下午就跳上火车，奔赴某个有着好听名字的地方，比如斯肯索普、西布罗米奇和斯托昂泽沃尔德。我打算对选民进行访谈并组织焦点小组讨论，但我不想走老路。我不按事先拟好的问题发问，而是随便聊。这样一来，人们就会告诉我他们的生活是什么样子的以及他们看重什么。我可以直奔主题地做民调，但是我意识到，我问的任何问题都有偏见，因为我这个提问的人对于哪些问题与之最相关已经先入为主。不错，如果我往民调问卷上补充几个问题，我也能得到答案，可万一这些问题问错了呢？我之所以去找人聊天，就是因为我知道自己有偏见，过往经验给我戴上了有色眼镜。我不知道住在纽卡斯尔廉租房里的年长的英国男子如何生活，也不知道带着三个孩子住在布莱奇利的单亲妈妈怎么过日子。我想要他们来告诉我，他们想让我知道有关他们生活的哪些东西，用他们自己的语言来说，想说什么就说什么，所以我请该党地方选区的相关人员和民调机构帮我随机选择谈话对象。

在小村庄里举行的焦点小组讨论往往没有具体地址。我到了村里，有人告诉我说：“我们在山上的小屋里开会。你走过酒吧，穿过开着水仙花的田野，再走一会儿就到了。”随机邀请的村民会出席，也许那个叫克莱夫的当地酒保或者乡绅西林汉姆勋爵会缓步入场。有时候，我直接去村里的酒吧，在那里跟人聊天。英国人异想天开，又细致入微，跟他们聊天往往很有意思。这样的焦点小组讨论让我想起当年我在不列颠哥伦比亚省非常热衷参加的市民大会。英国人说，我听，还记笔记。

这些旅行都是我一个人去的，因为自由民主党对我的所作所为不是特别感兴趣。但是跟这么多英国人聊下来，我逐渐了解到自由民主党的构成有多随机。我很快就认识到，他们的人生各不相同。他们可以是头戴花呢格纹帽的诺福克农民或在伦敦肖尔迪奇出没的有艺术气质的潮人，也可以是家住曼布尔斯或兰维杭厄克鲁丁的威尔士老太太、伦敦索霍区的同性恋、十二年不刷牙的剑桥大学教授。自由民主党的选民是一群特立独行、不拘一格的人。

从表面上看，他们各不相同，但我注意到他们的确有一个共性。工党选民会说："我是工党人。"保守党人会说："我是托利党人。"自由民主党人却几乎从来不说："我是自由民主党人。"他们只会说："我投票给自由民主党。"这是一个细微但根本上极其重要的区别。我琢磨了好一会儿才想明白这可能跟党的历史有关。自由民主党直到 1988 年两个小党合并后才正式形成，也就是说它目前的选民中有许多是来自历史上投票给托利党或工党的家庭。这就意味着在人生的某个时刻，他们主动决定从原有党派转换到这个新党派上来。对他们来说，支持自由民主党是一种行为，不是一种认同。

马克·盖特尔森是吸引我来伦敦的人之一，他很快就成了我的好朋友。世界上有那么多地方，我第一次见到他竟然是在得克萨斯。那是 2007 年，当时我刚开始为加拿大自由党工作，被派到达拉斯去参加美国民主党的一个活动，建立人脉。活动场所是一个巨大的宴会厅。我混迹于几百名与会者当中，对许多人头戴斯特森高顶毡帽这个现象感到惊异。突然，我背后有人用咬字清晰的英国口音说："你不是当地人。"我转过身，看到一个咧嘴笑得像柴郡猫的家伙，他身穿深绿色裤子和印有自由党图案的花衬衫。我的头发漂成浅金色，刘海修成21世纪头十年的经典样式，而他打扮得像个花花公子。我们这两只花蝴蝶在飞蛾大会上一拍即合。

盖特尔森出生于一个在伦敦波托贝洛路开古董店的犹太家庭，他赶时髦，性格奇特，打扮稀奇古怪但赏心悦目，说话会让人想起演员斯蒂芬·弗雷。要是生活在18世纪，他会是一个出没于沙龙的花花公子。他极其博学，跟人聊天的时候可以轻而易举地把话题从20世纪90年代早期的嘻哈文化转到普法战争。那天晚上，盖特尔森和我相谈甚欢。接下来几年，我们时不时地在美国或英国的各种政治集会上见面。在我决定搬到伦敦后，我们马上就开始一起消磨时光，有时候就待在他家。他把一座老教堂的地下室改造成了一套美妙的公寓，各式各样的古董画和艺术品在里面摆放得既杂乱又和谐。"我才不搞极简主义呢，克里斯。我是极多主义者。"他看到我打量他的收藏品时会这么说。

我在伦敦很活跃，快速形成了一个广泛的朋友圈。虽说我在伦敦政治经济学院学法律，又在议会上班，但我的大多数朋友是爱泡吧的小青年、舞蹈演员、变装皇后、浮夸乖张的创意人士，以及中央圣马丁学院设计系的学生。中央圣马丁学院是世界顶尖的服装设计院校之一，培养出亚历山大·麦奎因、约翰·加利亚诺、斯特拉·麦卡特尼等毕业生。盖特尔森和别人不一样的地方在于，他跟我一样，能无缝地游走于这些不同的圈子。当时他在佩恩 - 舍恩 - 伯兰公司（Penn, Schoen and Berland）的伦敦办事处上班。这是一家知名的民主党民调机构，最出名的莫过于曾经为克林顿夫妇服务。在我认识的人里面，只有他能和我一起先去国会露台参加正式招待会，同内阁部长们侃侃而谈，结束之后再化上妆，穿上亮闪闪的衣服，戴上假发，跑去“下沉粉红”酒吧参加魅力舞会，在一帮变装皇后中随着人潮起伏大跳折手舞。盖特尔森像块磁石一样吸引人，我的朋友们都爱慕他。他既温和又热情，晚上出门玩乐的时候像柯利牧羊犬看护羊群一样对花美男们关怀备至。要是他即兴拿起芭比娃娃，用故事人物的声音解释为什么张伯伦的绥靖政策会失败——而且是在凌晨 4 点音乐大作、“轰趴”正酣的时候，我的朋友们都会被他迷倒。

盖特尔森也是少数几个明白我希望利用数据做什么的人之一。一天下午，我跟他抱怨起自己为自由民主党人的投票行为建模时遇到的困难，告诉他我打算找几位剑桥大学的教授咨询一下。他帮我联系到了正在剑桥大学攻读实验心理学博士学位的布伦特·克里卡德，说此人或许可以介绍我认识剑桥的一些教授。后来，克里卡德发挥的作用远远不止于此。他和盖特尔森一样，也是个花花公子，身穿花呢服装，上衣口袋里总是塞着一块挺括的佩斯利花纹方巾。虽然他是美国中西部来的富家子弟，但不知怎么就学会了一种做作又不失乐趣的大西洋中部口音，好似在扮演

《卡萨布兰卡》里的某个角色。决意来英格兰之前，他是洛杉矶芭蕾舞团的舞蹈演员。

我们有几次边喝酒边聊天。那时克里卡德建议我更加深入地研究人格对投票行为的影响。他特别向我指出人格五因素模型[①]。这一模型把人格分为五个维度并分别评分：开放性、尽责性、外向性、宜人性和神经质。长期的实践和测试表明，衡量这五大特质能够很好地预测人生的诸多方面。例如，尽责性得分高的人更可能取得较好的学业成绩。神经质得分高的人更可能患抑郁症。艺术家和创意人士的开放性得分往往较高。开放性得分较低、尽责性得分较高的人倾向共和党。这听上去很简单，但人格五因素模型在预测选民行为方面可以发挥极大的作用。在政治话语里，你会发现许多用来描述候选人、政策或政党的词语与人格一致。奥巴马竞选的主题词是改变、希望和进步，换句话说，他的竞选纲领对新理念持开放态度。而另一方面，共和党人倾向稳定、独立和传统——这实际上是一个强调尽责性的纲领。

深夜在公寓里读书时，我终于领悟到了什么。或许自由民主党人不能按所在地理区域或人口统计特征来归类，或许他们都是一个共同的心理特征的产物。我做了一个初步研究，发现相比工党或托利党选民，自由民主党人的开放性得分较高，宜人性得分较低。我意识到这些自由民主党人和我一样，比较开放、好奇心强、古怪、顽固，有时候还有点刻薄。正因为如此，伦敦东区的艺术家、剑桥大学的教授，还有诺福克的农民才会以自己的方式

① 又称大五人格模型（Big-Five model of personality）。

聚集到自由民主党周围，即便他们的人生是如此不同。

这个五因素模型是破解自由民主党人的密码，而且最终也成为后来成立的剑桥分析公司的核心理念。它帮我用全新的眼光来认识他人。民调专家常常谈论单一的选民群体——女性选民、工人阶级选民、同性恋选民。虽然性别和族裔等的确是构成人的身份和体验的重要因素，但女性选民、拉丁裔选民或其他任何类似的标签都不成立。想想看：如果你从马路上随机抓住 100 名女性，她们会一模一样吗？要是随机选取 100 名非裔美国人呢？他们会一模一样吗？我们真的能凭借这些人的肤色和阴道说他们全是克隆人吗？他们的经验、麻烦和梦想全都不一样。

通过探索身份和人格的细微差别，我开始认识到为什么政治家一直都在做民调，却还是那么不接地气。这是因为他们用的许多民调专家都不接地气。民调机构向政治家兜售的选民身份的构成往往过分简化，甚至完全错误，从而影响了他们的认知。身份从来都不单一，身份由方方面面构成。大多数人从来不会把自己视为一个选民，更不用说围绕他们的世界观同税收政策之间的关系来建立身份。一个人去杂货店购物的时候，不太可能在店中央停下脚步，把购物这件事抛到脑后，猛然意识到自己事实上是一个上过大学、住在摇摆州[①]郊区的白人女性。但凡我主持焦点小组讨论，参与者谈的都是自己如何长大成人、做什么工作、他们的家庭、他们喜欢的音乐、他们调皮捣蛋的宠物和他们的人格——类似于你跟人第一次约会时谈论的话题。要是你去跟人约会，但

① 亦常被称为战场州，指民主、共和两党候选人支持率差距不大的州。

又规定你只能向对方询问标准的民调问题，你能想象这场约会有多惨吗？对，没错。

2011年年末，我告诉尼克·克莱格的团队，我认为自由民主党深陷困境。我解释说，数据表明，自由民主党的选民坚持自己的意识形态，顽固且讨厌妥协。但自由民主党已经跟托利党联合组阁，成了这些特质的对立面。这个党的支持者拒绝妥协，可这个党却为了参与执政而放弃自己的原则。这种妥协违背了自由民主党选民的理念，必将使他们离心离德。

我制作了一套幻灯片，在议会一间古旧的镶有木质护墙板的会议室里放给自由民主党的领导人看。之所以有这么一个会议，是因为他们想听听我这个项目的中期进展汇报，他们对这项新技术带来的新发现激动不已。然而，他们的微笑很快就挂不住了，因为我的报告充斥着令人沮丧的悲观论调，细细描述了党的战略所犯下的战术失误。我在其中一张幻灯片上展示，工党和托利党广泛积累了选民人群的数据，这表明他们针对每一个选民收集了相当多的数据，而自由民主党收集的数据只覆盖了不到2%的人群。我的这场报告让人如坐针毡，难堪不已，谁都不想和它搭边，或者说谁都想跟我撇清关系。当然，我必须承认，我这个人有时候比较直率，容易惹人生气。我有点像马麦酱，人们要么爱它，要么恨它，但没有人会厌烦它。就这么说吧，某个看起来像实习生、不知从哪里冒出来的加拿大人大摇大摆地走进来，告诉党的拥趸他们之前的做法全错了，他们对此很不高兴。

有一位自由民主党领导把我的报告听进去了，他就是首席党鞭[①]阿利斯泰尔·卡迈克尔。卡迈克尔是纯正的苏格兰人，来自内赫布里底群岛最南端的伊斯莱岛。他从小到大在学校里讲的都是盖尔语，所以讲英语的时候带着高地土腔，还混杂着早年担任皇家检察官时学来的比较“正规的”爱丁堡口音。他爱聊天，为人热情。我去他办公室的时候，他总会从他那收藏丰富的柜子里拿出威士忌酒来请我喝一杯。作为党鞭，他是久经沙场的权谋人士，随和的举止背后是对权力杠杆的深刻洞悉。作为首席党鞭，他无所不见，无所不闻，所以我向他请教该怎么走出我在党内面临的僵局。我一直觉得自己在卡迈克尔面前可以畅所欲言，而从不畏惧直抒己见的他也因此尊重我。他努力劝说党内工作人员考虑我的话，但不幸的是，作用不大。

所有这些实在太令人沮丧了。我不仅给他们看数据，还给他们看同行评审过的文献。我向他们展示科学，而作为回应，他们说我悲观，说我是个刺头，没有团队精神。最让我忍无可忍的是有人把我的幻灯片泄露了出去，其目的显然是让我丢脸。结果他们搬起石头砸了自己的脚，因为有个记者撰文同意我的观点，特别提到了自由民主党罹患“爱发传单的大毛病”，以及在数据收集和研究方面远远落后于托利党和工党。如果你花了这么多时间研究选民，还特意跑去同他们交流，你越来越会觉得自己跟他们同呼吸、共命运。我认为我的工作不仅仅是为了赢得一次选举，还为了理解真正的民生，为了向当权者表达和重申深陷贫穷、无知

---

① 又称“议会督导员”，政党在议会中执行党纪的负责人。

或从众是什么滋味。

两年后的 2014 年，自由民主党丢掉了 310 个议会席位，在欧洲议会的 12 个席位只保住了 1 个。2015 年 5 月，该党遭受致命一击，失去英国议会 57 个席位中的 49 个，元气大伤。既然自由民主党议会议员中只有 8 名再次当选，那么一辆马自达邦戈野营车就足以装下该党的整个议会党团，而且还有空余。

第三章

我们身穿普拉达反恐

如果你想打造一个旨在实现大规模洗脑——积极破坏和操控大众认知——的非动能武器，你首先得深入了解激励人类的因素都有哪些。

伦敦的梅费尔区是财富和权力高度密集的地方。在那里，大英帝国风华依旧。古老的街道两边的建筑物上点缀着数十块蓝色的圆形牌匾，纪念曾经在此居住的知名剧作家、作者、政治家和建筑师。圣詹姆斯广场坐落于梅费尔区东南角，离唐宁街 10 号不远，周围密布着宏伟的旧乔治式排屋。查塔姆研究所，也就是英国皇家国际事务研究所，就在广场的北端。跻身世界最大石油公司行列的英国石油公司把总部设在广场东头。同样在广场东头的还有诺福克宫，它是二战期间美国将军德怀特·艾森豪威尔的驻节地，也是同盟国远征军最高司令部。广场周围还散落着几家私人俱乐部，包括殖民时代的东印度俱乐部以及陆海军俱乐部。广场中心是一个用一段段装饰性的铁栅栏围起来的小花园。公园中间矗立着威廉三世的雕像，他骑在马背上眺望着那些楼房。中心花园周围是灌木丛和精心修剪过的花坛。圣詹姆斯广场是英国殖民主义时期全球统治地位的鲜活纪念碑。

在英国石油公司总部的南面、广场的东端，有一栋可追溯到 1770 年的多层建筑。它的外立面采用光滑的灰色砂岩，入口两边砌了淡黄色的砖，还有一对爱奥尼式的石柱，门外立着一个红色的皇家邮政信箱。2013 年年初，SCL 集团的总部就设在这里。这家最初以战略传播实验室而闻名的企业由奈杰尔·奥克斯领导，自从 1990 年以来，它以各种形态存在于世界上。英国政府准许 SCL 访问“秘密”级信息，它的董事会成员除了教授和外国政治家，还包括撒切尔时代的前内阁部长和退役的军事指挥官。该公司主要向军方提供服务，在世界各地实施心理战，并利用影响力进行操控，例如在巴基斯坦降低圣战组织的招募成功率，在南苏丹协助军人解除武装、遣散军队，在拉丁美洲缉毒和打击人口贩卖。

2013 年春，离开自由民主党几个月后，我听说了这家公司。当时有一位一直跟我保持联系的自由民主党顾问打电话告诉我这家公司缺人手。他说他之所以想到我，是因为这家公司想为某个与军方有关的项目招聘“数据专才从事行为研究”。我之前从未想过投身国防项目，但是经历了加拿大和英国两个政党的挫折，我准备好了做些新尝试。

我走进前门，来到一个大厅。厅里铺着黑白格子的大理石地板，顶上挂着水晶吊灯，乳白色的墙面上有装饰性的石膏纹样。这里的办公室保留了原建筑物的许多细节，几间办公室环绕着一个大理石壁炉呈扇形展开。地板上编织紧密的绿色地毯上饰有红白相间的小小圆形褶边。接着，有人带我进入一个小房间，叫我在那里等一个叫亚历山大·尼克斯的 SCL 集团的董事。我记得那个房间特别热，好似虽然已是暮春，但暖气还是调到了高挡。（后来我得知温度是故意调高的——在开会前让对方心神失防的一种伎俩。）我在那个狭小的汗蒸室里坐了大约十分钟之后，有个男人进来了。我首先注意到的是他那身剪裁讲究的萨维尔街定制西服，衬衫上还绣有他姓名的首字母缩写，那蓝宝石一般的双眼同他那苍白如纸的皮肤形成强烈的反差。

在这样的环境里结识亚历山大·尼克斯真是再完美不过了。他出身英国上层阶级，在伊顿公学念过书。王室的孩子也去伊顿公学上学，该校的校服依旧是带领衬衫和燕尾服。多数英国贵族都带一点坎普风[①]，尼克斯也不例外。他的口音一听就是大富大贵之人。他戴黑框眼镜，略带红色的金发松松软软，看起来像是那么随手一捋，但其实是精心打理过的。他请我在成堆的纸张和箱子之间就座，告诉我这些都是最近完工的一个项目留下的。他们打算不久就搬到更大的办公室去。

过了没多久，尼克斯就跟我介绍起 SCL 业务的各种细节。他先让我签了一份保密协议，然后告诉我公司的多数业务都跟军方和情报机构有关，承接政府无法公开进行的项目。“我们在那里颇得人心……你知道，为此我们在所不惜。”他指给我一个相框，貌似是一张某个国家在非洲某地集会的照片。

当我问起细节，他拿出几份报告。在我翻看这些报告时，他开始解释 TAA，即目标受众分析。他说这是信息战项目的第一步——分析和细分。不过，我浏览报告后觉得他们的方法论实在太粗糙了，于是毫不顾忌地把这个看法说了出来。

“这其实可以做得更好。”我告诉他。不久后我了解到，尼克斯这个人，一旦有人挑战了他骨子里的优越感，他立马就会发脾

① 即“camp”，一种夸张、滑稽的审美风格。

气。不过，当时他只是有点恼火。

“我们，”他说，“是业内翘楚。”

“没错，”我说，“但是你们在目标定位方面有很大的提升空间。军方目前的做法看起来是从飞机上往下撒传单。要是作战部队有激光制导导弹，你们干吗还用这种宣传方式？”我的回应挺刺耳的——尤其鉴于我是求职方，尼克斯惊呆了。我才是主导谈话的人。他似乎在想。我们的对话戛然而止。我一边往外走一边想：太浪费时间了。

但这并非浪费时间。不久之后，尼克斯打来电话问我愿不愿意多聊聊，向他解释一下 SCL 哪里做得不对以及怎么改。

SCL 从事心理战，而心理战的历史同人类战争史一样悠久。公元前 6 世纪，阿契美尼德王朝统治下的波斯人深知埃及人崇拜猫神贝斯特，于是在自己的盾牌上画猫，这样打仗的时候埃及人就不愿意瞄准他们。亚历山大大帝在征服异国领土后，不会单纯地烧杀劫掠，而是会运用积极的心理战术，留下部分希腊军队传播希腊文化，将战败的当地人吸收到他庞大的帝国中去。中世纪时，帖木儿和成吉思汗把恐怖作为心理武器，砍下敌人的头颅，并将其挑在长矛上示众。俄罗斯被称为“恐怖的伊凡”的伊凡四世在红场上设立数个巨大的煎锅，把敌人活活烤死，以此来恐吓民众，让他们顺从。二战期间，英国人上演假入侵，开动假坦克，甚至展开了一次神奇的“肉糜行动”，在一具身穿英军制服的尸首身上藏了一份伪造的作战计划，把误导敌人的艺术用得出神入化。对信息，包括不实信息的精心运用是在战场上取得战术优势的最有效的方法之一。

设计信息武器时，不妨参考任何一个常规武器系统的基本方面：有效载荷、运载系统和瞄准系统。对导弹来说，它的有效载荷是炸药，运载系统是用火箭推进的弹身，而瞄准系统就是卫星或热追踪激光。信息武器的组成与此类同，不过它和常规武器有一个重大差别：你利用的不是动能。换句话说，你不会炸飞什么东西。在信息战里，有效载荷往往是一个故事——一个用来蒙骗某位将军的谣言或者一种用来安抚某村村民的文化叙事。正如军方投资化学研究以造出更强大的炸弹，它也努力钻研什么样的叙事能造成最大的影响。

因为美国享有导弹、坦克、轰炸机、舰只和枪支方面的优势，所以美国领导人历来低估信息战的价值。美国开展过一些信息战，但多数是老掉牙的纸质传单类。朝鲜战争期间，美军用大喇叭搞宣传，同时用飞机把传单撒到敌军阵线上。越战期间，专业的心理战行动营策划了类似的宣传闪电战，其目标是赢得尽可能多的人心。然而，因为美国的国防预算在世界上遥遥领先，所以美军好比是拿着五花八门的玩具的小男孩，军力的扩大依赖有形物质和动能大小。

在病毒式宣传和由网络推波助澜的激进行为面前，坦克和掩体炸弹毫无用处。极端组织伊斯兰国（ISIS）不仅发射导弹，还发射叙事。俄罗斯为了弥补军备老化的劣势，采用混合式攻击，从操控目标人群的意识形态入手。恐怖组织利用社交媒体招募新成员，然后让他们拿起武器和炸弹去实现该组织的目标。这些非传统威胁和传统威胁一样危险，而西方大国一直在努力应对。你不能朝互联网发射导弹，而讲究上令下行、由白人直男主导的传统美军文化敌视那些可能把更微妙、技术更强的反击手段引入部队的另类新兵。

美国国防部高级研究计划局试图应对这些关于恐怖和冲突的新现实。其过往项目——诸如叙事网络和战略传播中的社交媒体等——的既定目标是“力图追踪理念和概念，以分析其中的规律和文化叙事”和“开发量化分析工具，以研究安全情境下的叙事及其对人类行为的影响”。美国军方还有一个叫作“人类、社会和文化行为建模”的项目，其目标是创建“社会文化分析和预测工具，为作战用户服务”。换句话说，许多此类项目旨在获得针对威胁的完全的信息上的不对称——拥有巨量信息，彻底压倒并占有敌方周边的信息空间。尼克斯瞄准了这一有利可图的市场，希望为 SCL 赢得新合同。

起初，尼克斯提出跟我签三个月的合同，基本上让我想干什么就干什么。“我连岗位描述都不准备写，”他说，“因为，说老实话，我都不知道该写什么。”经历过加拿大自由党和英国自由民主党的磨难，完全的行动自由对我太有吸引力了。于是在 2013 年 6 月，我开始为 SCL 工作。

跟大多数人一样，我此前除了偶尔在午夜时分连看好几集历史频道的节目，从未特别关注过军事战略。面对令人却步的学习曲线[①]，我必须迅速赶上公司已有项目的进度。问题在哪里呢？谁都不愿意回答我的提问。事实上，一看到我，我的新同事恨不得立马合上他们的笔记本电脑。他们会说“你干吗问这个？”或者“我得汇报一下，看看能不能向你透露”。这种保密行为让我很难搞明白自己该做什么以及怎么做。我跟尼克斯抱怨，他故意翻了

① 反映人们对某种活动或工具的学习速度与效果变化规律的曲线图。

个白眼，然后直接把他办公室里一个柜子的钥匙交给了我。我在里面找到了存放过往报告的文件夹。

这些文件记录了 SCL 为英国国防部和美国政府等老客户承担的项目。一个是它在东欧为北大西洋公约组织运作对抗俄罗斯的宣传行动，一个是在拉丁美洲某国开展的反毒品计划，它协助一个军方客户散布不实信息，煽动当地种古柯的农民反对毒枭。还有一些文件详细记录了在墨西哥和肯尼亚开展的心理战行动。正如尼克斯之前所言，这些都是政府机构不愿公开承接的项目，它们宁可聘用承包商作为“市场研究公司”或者以做生意为借口进入目标地区。

其中有一份引起我注意的报告描述了国防部在巴基斯坦运用信息战影响不同目标群体的一个项目。该报告收集了地方领导人和意见领袖的信息，并针对每个目标受众的文化接触点和潜在激励因素提出了建议。然而，其方法论满是漏洞。SCL 试过在当地用真正的调查员进行民调，但他们使用的农村地区的地图不完整，而且当地人对询问他们意见的外来人心存疑虑，所以响应率低。这样一来，项目所收集的数据非常不完整，或者存在偏差，所以不可靠。国防部为这个项目支付了天价，但如果他们雇用几个当地人进村询问的话，就可以获得质量更高的信息。

第二个问题出在军方选择的宣传手段上。在某些项目里，他们制作了传单后就不加区别地投放到一整片地区。*又是传单？英国军队就跟自由民主党一样。*唉，这个国家什么时候才能普及移动电话网络呢？有意思的是，某些国家即便处于冲突中，其互联互通的程度也很高，没有固定电话或无线电视的地区也正在建手机信号发射塔。我不明白为什么西方大国偏偏忽视这一方面的发展。

更重要的是，我想让尼克斯明白过来，如果你只打算从空中向下投放你的信息，那么复杂的心理分析纯粹是白费劲。我告诉他，如果他们专注于获得更精确的数据、构建算法，根据那些算法瞄准特定的目标人群，并运用传单或无线电以外的不同媒体形式，SCL 的项目会有效得多。尼克斯若有所思地听着，一边琢磨我的话一边用两只指尖相抵的手不断拍打自己的嘴巴。

我也开始认识到为何英美军队在赢得人心方面表现不佳。有关当地居民文化和态度的信息都被收集起来藏在“地下室”里，这些信息往往是承包商拿到的附加项目。在军事战略的首要目标未确定前，这些信息不会被整合到战略中去。换句话说，在战略规划者看来，当地居民的文化和经验都是马后炮，远远没有士兵和装备重要。这必须改变。

就在我琢磨美国国防部高级研究计划局及其在英国的对等单位国防科学与技术实验室正在努力通过新型社交网络和数字研究项目实现何种目标的时候，我的思绪飘到了一个意料之外但并不陌生的地方：时尚。这两个领域看似风马牛不相及，其实不然。每当一个社会走向极端时，它的时尚也会走向极端。想想看，纳粹、三 K 党人和“圣战”分子有什么共同之处？某种特定的打扮。极端主义发端于人们的外在面貌和整个社会的情绪。有时候，极端主义会催生实实在在的制服：白色尖顶帽、马球衫和提基火把、写有 MAGA 字样的帽子等。这些制服又反过来成为穿戴它们的人的一种身份，把他们的想法从“这是我的信念”转变成“这就是我”。极端主义运动之所以抓住审美不放，是因为极端主义在很大程度上就是要改变社会的审美。极端主义向人允诺的往往不是什么有形的政策，而是一个地方或一种文化的新面貌、新情绪。

16岁的某一天，我把头发染成了桑葚紫。我选择这个颜色并没有什么特别的原因，只是觉得它特别夺人眼球，我很喜欢。结果我被叫进了校长办公室，因为我违反了学校的着装规范。我一点都不为此难过，也没觉得害怕，我完全不在意。最后，我跟校长谈到了除“对残疾学生宽容”以外的话题。我被告知我必须把头发染回“正常”颜色。我拒绝了，校长为此不高兴，因为我头发而导致的紧张气氛一直持续到我离校。我还在坐轮椅的时候，花了大量时间去想该怎么适应这一切——门够不够大，轮椅能否通行，跟同龄人是否合得来，能否找到合身的衣服。电脑是我的热情所在，但出于多个原因，时装成了我的另一种热情。其中一个原因是我希望有归属感，不过也是因为我想更引人注目。当我坐在教室里，只有同学们腰线那么高的时候，我会注意到他们衣服上的纽扣、剪裁、褶皱、凸起和折痕等，可我在他们眼里是隐形人。头发染成紫色之后，别人注意到我了。这样一来，校长叫我把头发染成“正常”颜色就等于命令我再次做回隐形人。彼时，我领悟到了外貌的强大以及它对人格的揭示作用。

当年我为自由民主党工作时运用了人格五因素模型，这回我对人格这个概念进行了更为深刻的思考。我意识到政治和时尚都建立于同一个基础之上，即自身同他关系间的许多微妙的差别。

时尚是理解人格的一扇完美的窗户，因为我们每天都要决定穿什么（或者不穿什么）。来自不同文化的人都要对如何装饰自己的身体做出不同的选择，从平淡无奇到夸张奢侈，不一而足。我们都在意自己穿什么——即便是那个来自明尼苏达州，除了灰色T恤和牛仔裤没穿过别的衣服的老头也在乎。他本来不觉得自己关心衣饰问题，但要是你递给他一件和服或达西基宽松花衬衫，他就会有反应。

我清楚记得我同我在伦敦政治经济学院的导师的最后一次会面。他问我接下来打算干什么。毫无疑问，他希望听到我回答继续投身政治或向某家高级的企业法律师事务所求职。没想到，我告诉他的是我打算去上时尚学校。沉默。他眉毛挑起，显然很失望，下意识地摇起了头。“时尚？服装里的？你真心要去学习服装？”可在我看来，时尚和政治的核心都是关于文化和身份的循环往复。我觉得它们本质上是同一种现象的两种表现——这一看法将成为我们后来在剑桥分析所创造的中心理念。

时尚在我的生活中一直发挥着作用，而且正是时尚让我逐渐接受了自己。当年我离开学校搬到蒙特利尔的时候，我摆脱轮椅独立行走的时间正在变得越来越长，但一直没能摆脱自惭形秽、没什么吸引力的念头。某个周末外出闲逛的时候，我走进一家旧书店，在一堆旧杂志里翻到了一本九年前出版的、有磨损的《茫然与困惑》（*Dazed & Confused*）杂志。这期杂志出版于1998年，封面上写着“时髦？”，配图是一个装了一双假腿的模特。这期杂志的客座编辑是亚历山大·麦奎因，内文里满是着装各异但依然美丽的人体照片。看完这期杂志后，我开始试着穿不同的衣服，外出的频率也更高了。蒙特利尔这样的地方，如果你愿意，它就会改变你。我喜欢去变装酒吧，膜拜那种既华丽迷人又嘲弄式地推翻传统上关于美、人体和性别的看法的裙子。变装颠覆了我的思维。它让我敢于挑战现有规范，并坚持真我。

我刚到伦敦时交的很多朋友都在中央圣马丁学院学时尚，而圣马丁学院是伦敦艺术大学的一分子。我也进了伦敦艺术大学，最终拜在卡罗琳·梅尔门下。梅尔教授主攻认知心理学和机器学习，不是典型的时尚学教授，但我俩做师生很搭，因为我也不是典型的时尚学生。我跟她解释，我想研究另一种时尚“模型”——神经网络、计算机视觉和自动编码器。她听了之后去说服了学校里的研究生研究委员会，后者准许我攻读机器学习博士学位，而非设计博士学位。差不多就在这时候，我开始去 SCL 集团上班，因此我每天不是搞时尚模型就是搞网络战争。我渴望投身于文化潮流的学术研究，所以告诉尼克斯自己不想在 SCL 做全职工作。如果 SCL 真想要我的话，就必须接受我一边为他们做项目一边继续我的博士学业。尼克斯答应了，而且 SCL 最终同意支付我的学费。我觉得这真的是天赐好运，因为留学生支付的学费是最高的。

这两个领域相得益彰，因为要是你理解文化，你对极端主义运动发生的变化的洞悉就会比单单看他们公开宣扬的意识形态深刻。我们在 SCL 观看了无数极端“圣战”分子拍摄的宣传视频，注意到这些短视频里不仅有经常上新闻的暴力画面，其内容风格也充分且明确地传递了“圣战”分子的审美观。视频里会展示外形酷酷的汽车，会有配乐。被他们理想化的英雄有某种明晰的男性面貌，而且有些视频看起来就像真人秀里截取的片段。具有讽刺意味的是，他们试图将他们落后的意识形态定位成现代的或者未来主义的，其手法模仿了过去意大利的未来主义者对未来的法西斯主义的竭力推广——声称它是通往现代化的最佳之路。这些视频传播了一种怪诞的暴力和仇恨崇拜。除此之外，它们也变成了“圣战”分子文化的一部分。它们的风格任性放纵、天真浪漫，堪称庸俗。就连恐怖主义者也有流行文化。

那是 2013 年 9 月左右，我清楚地记得自己当时的想法：这也太酷了吧！我开始从事文化工作，但不是单纯为某人的品牌宣传战效力。我开始从事文化工作，是为了捍卫我们的民主。军方只不过换了套说辞——影响力归因建模或者行动一致的被观察目标画像。然而在时尚界，我们简单地将之称为流行趋势。穿同样的衣服，用同样的社交媒体标签，听同样的音乐，参加同一场音乐会。所谓的文化上的时代精神，其实就是人们采取一致行动，而且我相信这类流行趋势可以从数据中判断出来。通过在线观察和用户画像，我们想试着预测这些运动的采用生命周期，它们的早期采用者，它们的扩散速度，它们的峰值。

在 SCL 上班的最初几周，我开始研究怎样对传统信息战的战术进行数字化和改革。这是当时公司最感兴趣的地方，因为它意识到如果能开发出融合宣传和广告技术的新方法，它就能为北大西洋公约组织的许多军事单位填补一个重大能力缺口并从中获利。为了规划这一全新的数据领域，我们得调查一下有哪些以往研究可以借鉴，例如从点击流中获取新的信息源，通过画像和机器学习来改善针对目标受众的定向叙事传播。显然，把信息转化成武器还有其内在的复杂性。枪支和炸弹杀人的时候可不分对象和地点——物理属性全都一样，但信息武器必须根据多个因素定制：语言、文化、地点、历史，以及人口多样性。如果你想打造一个旨在实现大规模洗脑——积极破坏和操控大众认知——的非动能武器，你首先得深入了解激励人类的因素都有哪些。

叛乱从本质上来讲是非对称的，因为一小群人就能造成巨大影响。所以，如果要催化好战组织的内部叛乱，首先需要将资源集中在几个关键的目标群体上。为了优化这一催化行为，我们必须为那些既容易被新的思维方式影响，又有足够的人脉能把我们的反叙事植入他们的社交网络里的人精心画像并进行识别。

最有效的洗脑方式是直接改变自我的概念，即操控者试图从目标那里“窃取”自我的概念，并用他自己的概念替代。这个做法的第一步一般是抑制对方的叙事，然后主导目标周围的信息环境。这往往需要几个月的时间才能逐渐瓦解所谓的心理弹性因素。为此，一些专门设计的程序会诱导目标形成不现实的认知，导致目标的迷惘，破坏其自我效能。目标接收到暗示后就开始对一些小事或臆想的事件小题大做。反叙事的目的是抹掉某些事件的意义，让人感觉这些事件令人摸不着头脑，或者没有意义。反叙事的另一个目的是诱发不信任，从而减少与其他人的交流，这些人可能会妨碍目标思想的演变。当你心中浮起一个念头，认为自己被人以某种不公平的方式利用，或者当某些事件看似毫无意义或目的，那么你就会很难忠于某个现有的等级制度或群体。你会不太乐意容忍挫折、冒险或者听令于他人。

然而，单纯打击士气往往还不够，终极目的是激发跟冲动型、反常型或强迫型行为相关的负面情绪和思维过程。这样一来，目标的行为就会从轻微或消极抵抗（如降低劳动生产率、少冒险、散布谣言等）上升到更有破坏性的行为（如争论、不服从命令、叛乱等）。这种方法在南美洲用过，在那里它被用来引起贩毒团伙成员间的不和，提高了信息泄露、叛变或内部冲突的概率，从而削弱了毒品供应链。最易感的目标往往是那些表现出神经质或自恋特质的人，因为他们面对高压叙事时心理弹性往往较差。究其原因，神经质更容易让人想法偏执，因为神经质的人爱焦虑、易冲动，且凭直觉行事多于三思而行。自恋特质得分高的人之所以易感，是因为他们更容易产生嫉妒或“这是我应得的”之类的情绪，而这类情绪极易诱发违规和不服从等级制度的行为。也就是说，此类目标对骚扰、迫害、受害行为或不公待遇产生夸大的怀疑的可能性更大。他们是人们对某个较大组织进行颠覆时的“最低垂的果实”。后来，这一心得成为剑桥分析催化美国另类右翼叛乱的基础之一。

有一点必须声明：这些行动并非某种心理治疗，而是心理战的一种形式。要记住，在军事情境下，目标的主观能动性或知情同意权并不重要。目标就是敌人。通常，军方要么选择派遣无人机去焚烧敌人，要么干扰敌军部队，让他们开始内斗，或粗心大意、漏洞百出、被人利用。如果你是一名军事指挥官或者情报官员，心理操控是一种“轻轻松松”的方法。

社交媒体诞生后，军事和安全机构突然间有办法直接了解到世界各地犯罪团伙和恐怖组织的保镖、文员、女朋友和情报员的思想和生活。社交数据提供了以往需要几个月的仔细观察才能搜集到的许多详细的个人信息。事实上，目标主动创建了包含丰富信息的个人档案，心理学家可以借此加快对他们性情的评估。于是，利用机器学习算法自动进行心理画像的研究纷纷上马。在这些算法的帮助下，情报机构得以通过自动化广撒网，使其影响范围媲美老式的发传单，但大大提高了信息的精确度，实现了定向传播。2011 年，美国国防部高级研究计划局的研究经费开始流向社交媒体用户的心理画像和反政府信息在社交媒体上的传播，甚至在线欺骗。脸书、雅虎和美国国际商业机器公司（International Business Machines Corporation，简称 IBM）都参加了该局资助的研究课题，评估信息在社交媒体上的消费和传播。俄罗斯也发起了社交媒体研究项目。

我去 SCL 上班的第一天，尼克斯就问我有没有听说过一家叫帕兰提尔的公司。他自己是从 SCL 一个人脉极其丰富的实习生那里得知这家公司的。这个实习生叫索菲·施密特——亿万富翁、时任谷歌执行董事长埃里克·施密特的女儿。几个月前，就在她实习快要结束时，她介绍亚历山大认识了帕兰提尔的一些高管。帕兰提尔的共同创始人是硅谷知名的风险投资家、脸书的独立董事彼得·蒂尔。帕兰提尔从风投公司那里拿到巨额资金，为美国中央情报局和国家安全局从事信息战，分析信号情报和数据，从而保障国家安全。美国国家安全局在英国的对应机构政府通信总部也是它的客户。尼克斯对此着了迷，他想让 SCL 做帕兰提尔正在做的事情。

我到岗后的前几个月，跟在剑桥上学的心理学家布伦特·克里卡德和他的朋友塔达斯·朱西卡斯一起在不同的国家做了几个小型试点项目。我第一次见到朱西卡斯是在皇家汽车俱乐部。这是一个会员制私人俱乐部，里面有酒吧、壁球场和台球房。上流社会在这里进行社交活动，做生意。它创建于 1897 年，那时候开车是一个十分费钱的爱好。直到现在，这家俱乐部的奢华优雅犹存。我抵达这个建有柱廊的俱乐部时，看到朱西卡斯正站在大堂一辆亮红色的古董赛车旁边，戴着一副玳瑁框墨镜，穿着剪裁精良的人字纹西装，胸袋里插着一块挺括的方巾。亮点太多了，但是我喜欢。

他带我走进俱乐部，喝了几杯花花公子鸡尾酒，然后我们去阳台上抽雪茄。朱西卡斯在立陶宛的乡间长大，小时候看过苏联坦克在他的镇上隆隆驶过。他显然非常聪明。我们坐在阳台上边品雪茄边讨论人工智能和数据管道时，朱西卡斯打开一个挎包，抽出一张他绘制的图表。之前克里卡德已经向他介绍过某些项目的范围，所以他事先拟定了一个数据科学管道，关于如何摄取、清除、处理和部署来自网民画像的数据。他博士阶段一直在研究怎样对秀丽隐杆线虫的行为建模并对其进行预测，他说这次只不过是把线虫换成了人。朱西卡斯建议编写自动采集数据的程序来收集各种数据，并使用算法进行估算，把来自不同数据源的关于同一个人的数据整合成一个单一身份，然后运用深度学习的神经网络来预测我们希望看到的行为。他说，我们还需要一个心理学家团队来创建改变行为所需的叙事，但是他的管道可以作为目标定位系统的初稿。不过，我最喜欢的是他使用了不同的颜色对图表进行编码，这让人想起伦敦地铁线路图。听了他的解说，我觉得他显然是最适合这份工作的人。

于是克里卡德、朱西卡斯和我开始合作，后来我还说服了马克・盖特尔森加入其中。突然间，我身边就围绕着一群着装完美、头脑聪明、怪癖多多的人。而尼克斯——那个咧嘴而笑、冷漠无情的推销员是我们这个团队的头目，他一点都不懂我们在做什么，但他会抓住每个机会向那些他认为有可能为此掏钱的人大力推销。他在办公室的领导风格就是一连串的傲慢宣言和低俗的荤笑话。

SCL 内部洋溢着“怎么都行”的气氛，最能表现这一点的一个例子发生在我们开工几个月后。一般情况下，我穿的是 T 恤和套头衫，但有一天下午我参加完伦敦时装周的一个活动后进办公室时穿的是一件鲜艳的绛紫色普拉达上衣和配套的高腰裤，乳白色马丁靴上印着类似刺青图案的骷髅和玫瑰花。尼克斯看了我一眼，然后说：“克里斯，你穿了什么？”

对此克里卡德回答：“我们身穿普拉达反恐。”

为朱西卡斯构想的目标定位系统收集必要的数据并非易事，但也不是不可能，毕竟发展中的世界的历史进程中有局部侥幸。某些地区的传统的通信基础设施相当薄弱，这主要是殖民统治当局的腐败和疏忽所遗留下来的，但也有一些世界上最贫困的国家实现了技术跨越，在移动网络领域取得了引人瞩目的进步。

例如，肯尼亚的法律和传统阻碍了某些人开立银行账户，结果肯尼亚人用现金购买信用积分存在手机里，然后像交易数字货币一样交易积分，形成了一套独特的体系。事实上，我们发现许多较贫困国家的人民不信任银行，因为他们经历过经济危机、恶性通货膨胀和银行倒闭，于是宁可采用类似的移动端方法对此进行替代。这就意味着人人都需要拥有手机，而且手机信号要好，因此一些贫困国家对移动基础设施的投入速度较快，建设成果也颇为像样。

大量国民通过手机连上网络之后产生了一个意想不到的后果：特定人员可以追踪到任何人，为他们画像，并向他们传播信息。“伊斯兰国”“阿拉伯半岛基地组织”“博科圣地”等“圣战”组织早就已经认识到这一点，并且利用这种能轻易进入人脑思维的方法寻找属于他们的未来。这样一来，传统的战争规则就被颠覆了。

接下来，我们需要做一个案例研究——找一个地方，将目标的规模扩大到民族国家层面，以便向潜在的军方客户展示我们的能力。有 130 万人口的特立尼达和多巴哥正好符合我们的要求。它是一个岛国，自给自足但文化多元。该国的人口由非裔加勒比海人、印度裔加勒比海人和少数白人构成，所以研究其文化之间的张力将会妙趣横生。这是我们进行大规模实验的理想环境。

特立尼达和多巴哥的国家安全部想知道是否可以利用数据来识别该国有犯罪倾向的国民，以及是否可以预测他们将在何时犯罪、如何犯罪。

SCL 在加勒比海的各个小国开展各种行动历史悠久。在它选择扶持的政治家当权后，公司往往会收回跟该国政府签订合同时投资的资金。SCL 内部把这称为“少数派报告项目”。《少数派报告》是菲利普 · K. 迪克创作的短篇小说（史蒂文 · 斯皮尔伯格把它改编成了电影）。小说中，一个具有未来主义色彩的预防犯罪组织在人们尚未实施犯罪前就将其逮捕。然而真相是，特立尼达政府不仅仅对减少犯罪感兴趣。他们知道，如果我们能构建一个预测行为的工具，他们就可以把这个工具用到选举上。他们不想只把注意力集中在未来罪犯身上，还想瞄准未来的政治支持者。

研究团队预料到数据将如洪流般涌来，因为特立尼达政府的高层允许 SCL 读取未经删减的、未做匿名化处理的人口普查数据——在发展中的世界里，往往只有富人才关注隐私。从本质上来说，特立尼达政府一举侵犯了所有公民的隐私。

原始的人口普查数据显然对项目有用，但我们不能指望在发达国家获取同样的资源。SCL 需要探索如何利用互联网来收集相关数据，创建一个能跨文化、跨国界运用的工具。于是，SCL 走出的下一步是派人实地探访加勒比海地区的电信公司，询问它们是否可以允许 SCL 实时访问它们的数据流。令我吃惊的是，它们同意了。

SCL 和一些承包商合作，访问电信数据流，选取某个 IP 地址，然后坐下来实时观察某个特立尼达人在网上浏览什么。我们毫不惊讶地看到，很多人在访问色情网站。他们浏览的内容毫无新意，包括富有特立尼达文化色彩的“特里尼达色情片”。我记得有一天晚上我坐在电脑旁边，看到有个人在车前草食谱和色情片之间来回切换，尼克斯看的时候一直在笑。他的笑声轻佻幼稚到令人作呕。他查到了那人的 IP 地址，然后打开谷歌地图的卫星视图去看这人所住的街区。

尼克斯看电脑屏幕的时候，我开始观察他。因为有机会取笑他人、占他人的便宜，他是如此开心、如此下作。尼克斯，也就是他那些傲慢自大的同侪口中的“伯蒂”，就是这种人。他和许多老派的伊顿公学毕业生一样，擅长戏谑、调情和消遣。SCL 的董事们派他负责公司的副业，操控非洲、加勒比海和南亚那些被人遗忘的国家的选举。正是跟那些小国的内阁部长在一起的时候，尼克斯才是完全地如鱼得水。他扮演英国绅士的角色，对这些政治家想在伦敦这个旧日帝国中心得到的东西有求必应——进入王室成员和首相时常光顾的著名俱乐部，拿到参加独家派对的请柬，或者如果有需求的话，优雅开明的女性的陪伴。

尼克斯利用了那些站在旧日不列颠帝国高处的男人的殖民地崇拜和不安全感。一旦获得了他们的信任，他就会穿针引线，介绍那些需要证明自己能力、寻找女人的部长同寻找腐败空子、希望旅行不被人注意到的商人认识。尼克斯发现主权是一种极具价值的商品。即便是最小、最寂寂无闻的岛国也能拿出两样有价值的东西：护照和免税。他继承了数千万英镑的财产，其实并不需要上班。他本来可以穷其一生追求高尚的事业或者靠他的信托基金优哉游哉地过一生，然而他选择了 SCL。他情不自禁，对权力上瘾。他出生得太晚，没能主宰旧日不列颠帝国的殖民地，于是把 SCL 当成了现代替代品。有一次在会上，尼克斯说他开始"扮演白人的角色"。"他们只不过是黑鬼。"有一次他在给同事的电子邮件里提到巴巴多斯的黑人政治家时这么写道。

我们是彻头彻尾的间谍，而特立尼达的领导人为我们打掩护。观察某个遥远的小岛上的人在网上看什么给我们一种奇异的——不真实的——感觉，就好比我们在玩电子游戏，而不是在窥探有血有肉的现实人物的私生活。即使到了今天，回想起当时，特立尼达项目还是更像一场梦。

然而，这个项目我们真的做过。特立尼达项目是我第一次被卷入极其不道德的事件。老实说，这次经历激发了我的否定心理。观看这些直播视频的时候，我不允许自己把这些人想象成猎物，虽然这些人根本不知道半个地球以外的邪恶观众正因为他们私底下的行为而忍俊不禁。特立尼达项目第一次让我体会到数字殖民主义的新浪潮。我们带着优越的技术和对道德的漠视不请自来，没比当年英王的军队好到哪里去。只不过这一次，我们跟往日的征服者有一个不一样的地方：我们是完全隐形的。

跟尼克斯共事没几个月我就看出来了，他没有真正的商业道德——或者说个人道德。为了赢得一个项目，他在所不惜，而且还常常在办公室里趾高气扬地走着，吹嘘自己达成的这个或那个交易。他把一切都描述成性征服：在谈判的早期阶段，双方“摩挲对方的身体”或者“悄悄伸进去一根手指头”。成交后他会大声宣布：“现在，我们正在做爱。”

2013 年 8 月，就在开罗拉巴“大屠杀”发生后不久，埃及的政府官员来伦敦开会。社交媒体和手机应用程序上的即时通信在动员群众方面发挥了重要的作用，而拉巴“大屠杀”是“受其益”的早期运动。跟我们开会的埃及官员有意运用我们的信息项目来对抗他们口中的政治极端主义者。我们讨论了几种在运动中制造混乱的可能场景，包括利用手机上的即时通信散播谣言、通过安插卧底来激怒人群和逮捕示威者等。我不希望 SCL 承接这样的项目，而且我从道义上反对他们对我们提出的要求。正是此次事件让我认识到了反极端主义的主观性。在我看来，一边在巴基斯坦这样的地方打击“圣战”组织，一边又为埃及受伊斯兰极端主义者支持的独裁政府助纣为虐，创造属于它自己的暴政，实在是太虚伪了。可尼克斯不在乎。生意就是生意，他只想成交。

对我和 SCL 越来越庞大的心理学家和数据科学家团队来说，

最大的挑战在于极端主义的客观实在本身。成为极端主义者意味着什么？极端主义究竟是什么？如何为它建模？这些都是主观定义，而且很显然，埃及政府的定义和我们的定义不一样。但如果你想量化和预测一个特质，你必须先为这个特质创建定义。我们一遍遍地用理论术语对这个问题进行讨论，但事实让我们警醒：你想怎么定义极端主义就怎么定义。最后，SCL 没有承接这个项目，于是我把这个问题暂时放在一边，继续工作。

我开始试图在办公室里避开尼克斯——人人都这么干，因为他的行为让人反感。他想把我揽到他的羽翼之下，按他的形象重塑我，但以惨败告终。第一个原因是我俩的背景大相径庭。即便我不觉得尼克斯的傲慢和势利是骇人听闻的，我也没法把自己伪装成“可敬的”老派伊顿公学毕业生，而他对我坚持不懈地指点——穿什么，该怎么说话，等等——反而让我更加难堪。我们有时候会因为钟情同一款威士忌而惺惺相惜，但大多数时候我都对他敬而远之。

最吸引我的是能为世界造福的项目，例如在中东化解被军方亲切地称为 YUMs——年轻未婚男性（young unmarried males）——的激进情绪和根除“圣战”行为。我找理由说服自己在 SCL 多工作一段时间，心想即使尼克斯明显是个坏人，但 SCL 仍然有许多好人。我决定一心只做自己的项目，两耳不闻窗外事。

2013 年年末，公司叫我去跟来自非洲某国的一个潜在客户见面。他们告诉我这将会是一个政治项目，需要在大选之前对选民进行定位。我不太了解那个国家，但我想我们可以通过移动网络或公共来源获取必要数据，于是我说“好啊”。后来，我们在伦敦的一家高级餐厅同客户见了面。原来那个客户是那个国家的卫生部部长。

起初，讨论的内容跟我预料的差不多，我们谈了客户需要什么服务，SCL 将怎样满足他的要求等。后来，话题转向了项目的经费来源。SCL 提了一个建议：客户可以利用该国卫生部现有的一个金额高达数百万美元的项目，悄悄地把 SCL 作为分包商加进去，这样就可以使用该项目的预算来进行政治研究。再后来，另一个职员发了一封跟进邮件："一个较大规模的调查中所包含的与卫生相关的内容将成为选举宣传战的前奏。"邮件中还写道："政治内容也已经获批。"这封电子邮件接着解释，卫生部进行的调查应包含一些有关投票行为和对执政当局的支持的提问。当然了，利用拨给卫生部的来自纳税人的经费来做竞选是非法的。

我在会议期间没有表态，但会后去找了亚历山大。"这不可能合法。"我告诉他。他回答："你不能指望这些人守法，这是非洲。"

尼克斯特别擅长让他人怀疑自我，我在 SCL 工作期间也未能幸免。不过有时候，他的说服力没有那么强。有一次，他带我去了我们在新邦德街的新办公室上面的天台，要和我进行"男人之间的谈话"。他告诉我，如果我能帮他赢得一个项目，他就会送我一匹。显然，他拥有一大群马。我说我不想要。"哦，好吧，"他说，"那么就送你一匹小马驹。"跟他谈过话之后，我往往不能确定自己应该有什么感受才对——到底是应该因为他的话生气，还是应该为自己的天真感到困窘。

我无法相信那个非洲项目能够按照公司的计划进行，但它确实付诸实施了。SCL 写了一份分包计划书，提交给卫生部审批。

在后面的许多个月里，随着跟卫生相关的项目的推进，部分经费——数百万美元——并没有真正流入卫生部的原定项目，而是被部长的竞选团队和 SCL 瓜分了。归 SCL 所有的那一份是该国大使馆用外交邮袋送来的，从而避开了所有边检或申报。我很早就同这个项目划清了界限，因为我认为它在道义上和法律上都出格了。

我越是深入参与 SCL 的项目，就越是感到该公司的办公室文化削弱了我的判断能力。随着时间的推移，我逐渐习惯他们的腐败和对道德的漠视。人人都为我们的发现兴奋不已，但我们愿意以研究新领域之名走多远呢？会不会终于有人在某个时点上说“够了”呢？当时的我不知道答案。说实话，我不愿意想这些问题。就在那时，尼克斯给我发了一封电子邮件：“我希望你去见见美国来的史蒂夫。”

第四章

美国来的史蒂夫

黑客的目标是找到某个系统的薄弱环节，而后加以利用。在心理战中，薄弱环节是人们的思维缺陷。如果你试图黑进一个人的思想，你得先识别出这个人的认知偏差，然后才能加以利用。

我一定不小心睡着了，因为列车员的声音让我惊醒过来：“剑桥站到了，请下车！”那是 2013 年 10 月的一天，我清晨 5 点醒来去赶 6 点 40 分从伦敦国王十字火车站出发的火车。尼克斯为了节省 5 英镑车费，给我订了早班火车。我从座位上跳起来，一不小心撞到了身边的老太太。她只是像典型的英国人那样握紧提包怒视我。我一边往外跑一边扭头道歉，不料被绊倒了。“请留意车厢和站台之间的空隙！”太晚了。

我爬起来，结果意识到我的钱包不知怎的就不见了，然后我惊恐地看着火车缓缓驶离了车站。啊！既没有现金又没有银行卡的我打电话给尼克斯，让他帮我叫一辆预付费的出租车。“走过去吧，”他说，“你太不小心了。”我实在是太累了，不愿意同他争辩，而且他的心情显然不好，所以我就遵照他的提议，步行走出车站，走进 10 月初清晨的薄雾细雨中。剑桥才刚刚开始苏醒。

离约定的会面时间还有几个小时。为了消磨时间，我在一个名为帕克公园的小小公共绿地里闲逛，一座教堂的尖顶掩映在树梢后面，身边不时经过早起锻炼的学生运动员。离开公园后，我穿行于市里弯弯曲曲的中世纪时期的石头街道，路过各种小商店和建于1209年的英格兰第二古老的大学的巍巍高墙。接着，我走到康河边的汤普森路，抵达小巧玲珑但显然价格不菲的瓦尔斯蒂酒店。

因为在一家军事承包商公司工作，所以我见识过各种各样的怪人，其中的大多数都强烈希望做到绝对谨慎——首次会面前不知道对方究竟是哪路神仙完全正常。此次会面的前一天，尼克斯进办公室的时候有点焦虑不安。他直接走到我的座位那里，双手撑在我的办公桌上，身体前倾靠近我的脸。“我需要你明天去剑桥见个人，”他说，“我搞不懂他在想什么，但我觉得你可以搞懂。”

我问他那人是谁。

“我稍后发邮件告诉你细节。”

邮件里并没有细节，尼克斯只是告诉我去见“美国来的史蒂夫”，这条信息十分无用。除了叫我“带上数据”，他没写别的指令。

我在酒店大堂里孤零零地坐了一个小时才发短信给尼克斯，问他要史蒂夫的电话号码。他读了我的短信，却没回复。又过了十五分钟，一个板着脸孔的人走过来，打量了我一番。

“你是那个人吗？”他问。

“是，我是。”我回答。按照我以往跟SCL的客户打交道的经验，我原以为自己会见到一个政府机关或情报部门的官员。没想到眼前这位却是一个穿着双层领衬衫的邋遢男，就好像他在换上新领子前忘记把旧领子取下来了。他一副刚刚飞越大西洋的模样，胡子没刮，头发油腻，风尘仆仆。他的眼睛里有红血丝，同皮肤上密密麻麻的红斑痤疮十分匹配。总之，他给人的印象介于二手车推销员和疯子之间。他看上去很疲惫，或者说很茫然；我猜这只是时差的缘故。

电梯是典型的英国产品，勉强挤下两个人。也就是说，我得绷紧身体才能避免同这家伙有肢体接触。我当时穿着藏青色的德赖斯·范诺顿西装裤，与之相配的外套式衬衫塞进裤腰，乍一看像是穿了斜着剪裁的连身裤。

“你跟我想象的不一样。”他半开玩笑地说。是呀，你也不是什么俊男……

他住在顶层的一个套房里。除了主题墙上的亮色墙纸，室内装饰全部走极简的现代主义路线，同俯瞰到的中世纪式古城的全景形成鲜明的对比。没看到行李，有点奇怪。但这个念头不值得细想，一闪而过，然后我犹豫起来。哦，等等，我跟某个老家伙单独待在酒店的一间高级客房里。我的视线越过大号床，瞄到床头柜上放着一小瓶护手霜。尼克斯是不是拿我当鱼饵？

我抓紧自己的书包，希望里面的笔记本电脑够重，能够有效击中目标。就在那一刻，史蒂夫·班农走到床旁边的大沙发那里，请我落座。他自己则拉过来一把椅子，还问我要不要喝水。我大大松了一口气。他坐下的时候，肚子上的赘肉堆叠到了腰线上。

“尼克斯告诉我，你在做文化改变方面的研究，”他说，“给我讲讲吧。”

我告诉他，我们正在使用计算机对文化趋势进行量化，然后预测它们在有极端主义风险的地区会怎样演变。“我们试图窥探文化的命运。”我想把数十年的计算理论和社会理论压缩到这个介绍里。班农翻了翻白眼。“好，好，好。少说废话，告诉我你们具体是怎么做的。”

我们一共谈了四个小时——不仅谈政治，还谈时尚和文化、福柯、第三次浪潮的女性主义者朱迪斯·巴特勒，还有破碎的自我。从表面上看，班农很容易看透——又是一个白人老直男，但他说起话来有种出乎我意料的清醒。事实上，我很快就认定这是个酷哥们。我们开始交流如何对文化进行测量，我主动提出给他看一些我们的数据。我打开一个 Tableau 工作簿，调用了一张特立尼达地图。我点了一个按键，地图上逐渐出现了一层黄色荧光点。“顺便提一下，每个点都是一个活生生的人，”我说，“我们有他们的人口统计数据……性别、年龄、种族。”

我又点击了一下，更多的圆点出现了。“现在，我们添加上这些人的线上足迹，比如网页浏览历史。”

我继续点击了一次。“这里是人口普查信息……现在是社交媒体画像。”我不断地往地图上添加信息层，他的身体倾了过来。地图上的亮点越来越多，一小簇一小簇的圆点开始向外扩展。我最后点击了一下，呈现出的地图让人眼花缭乱。他问我经费从哪儿来，我告诉他我不能说。接着我给他概括介绍了那些由美国国防部高级研究计划局资助的关于社交媒体网络的研究，之后他问是否可以在美国开展类似的项目。

“我看没有什么不可以的。”我说。

20世纪50年代早期，史蒂夫·班农出生于弗吉尼亚州一个信奉天主教的爱尔兰裔工人阶级家庭。他上过天主教的军事高中，在弗吉尼亚理工大学拿到城市事务学位，然后入了伍，担任海军水面作战军官，此后进入五角大楼，负责撰写美国海军舰队在世界各地服役情况的报告。20世纪80年代，他转向学术界——1983年获得乔治城大学国家安全研究硕士学位，1985年获得哈佛商学院MBA学位。在几家投行工作后，班农跑到好莱坞拍起了电影，担任执行制片人、导演和编剧。他参与过30多部电影的制作，其中一部是罗纳德·里根的纪录片。2005年，班农加入总部设在香港的网络游戏娱乐有限公司（IGE）。一年后，他为公司引入了6000万美元的投资，其中半数来自他的老东家高盛集团。该公司后来改名为阿非尼蒂媒体控股（Affinity Media Holdings）。班农继续在该公司担任高管，直至2012年加入布赖特巴特新闻网。接着，班农和别人一起联合创办了政府问责机构（Government Accountability Institute）。该机构后来出版了布赖特巴特新闻网的自由撰稿人彼得·施魏策尔撰写的《克林顿摇钱树》（*Clinton Cash*）一书。

2005年，右翼评论家安德鲁·布赖特巴特创建了在线新闻聚合器Breitbart.com。2007年，该网站开始以"布赖特巴特新闻网"的名义发表原创内容。这个网站是在布赖特巴特的个人理念下运作的，人称"布赖特巴特学说"：政治源自文化，如果保守派想有效地抑制美国的进步思想，他们必须首先挑战文化。有鉴于此，布赖特巴特新闻网不仅是一个媒体平台，还是一个转变美国文化发展方向的工具。

安德鲁·布赖特巴特（他介绍默瑟一家和班农相识）于2012年骤然去世，班农接任其高级编辑的职位，同时继承了他的理念。我和班农第一次见面时，他是布赖特巴特新闻网的执行董事长，来剑桥的目的是在伦敦新建的布赖特巴特新闻网的办事处网罗有前途的青年保守分子和其他合适人选。他对英国感兴趣的原因在后续的英国脱欧事件中将会被世人知晓：英国是美国人的一个重要的文化能指。班农后来告诉我，要是能赢得英国人的心，美国人就不在话下，因为好莱坞的神话和修辞已经把英国塑造成一个由受过良好教育的理性又优雅的人组成的国度。不过，他遭遇了一个棘手的问题：尽管布赖特巴特新闻网制造出不少喧哗与骚动，但它被归类为性欲无处宣泄的青年白人男子才光顾的网站。玩家门是它掀起的文化战中最早、知名度最高的例子之一：几名女性试图曝光游戏行业的厌女现象，结果被人肉，受谩骂，收到无数死亡威胁。这场由玩家发起的大规模战役反对进步论者把女性主义意识形态强加到游戏文化上。

玩家门不是布赖特巴特新闻网煽动的，但班农认为这是一个重要迹象，表明愤怒孤独的白人男子如果感到自己的生活方式受到了威胁，将会以难以置信的热情投入抵抗。班农意识到培养性饥渴的处男们的厌女症非常有用，这些人对无政府主义的愤怒和“贝塔男[①]起义”的论调在网络的犄角旮旯里慢慢发酵。不过，培养一支由非自愿独身者（incel）组成的军队还不足以掀起他所幻

①成就平平、性格温和的年轻男性。

想的运动。他需要找到一种新方法。

接下来是剑桥分析传奇中较为奇特的时刻之一——同一个航班上的陌生人随意聊了会儿天，结果改变了历史。在我见到班农前几个月，马克·布洛克和琳达·汉森这两位共和党聘用的顾问在坐飞机时碰巧坐在一位退役军官旁边。这位军官曾经是一家在选举中用过“网络战”的公司的分包商。布洛克睡着了，汉森则跟她的邻座聊起了天，从他那里听说了 SCL 的信息战项目。飞机着陆后，汉森告诉布洛克，他们需要联系尼克斯。布洛克曾经担任过赫尔曼·凯恩的竞选经理，同许多共和党圈子里的边缘成员关系很好。他认识班农，并且马上意识到班农会对 SCL 感兴趣。于是布洛克在班农和尼克斯之间牵线搭桥，而我则紧张地跑到这个酒店套房，见到了那个后来大肆操控美国人心理的人。

在我去瓦尔斯蒂酒店前，尼克斯已经在纽约跟班农见过几次面。尼克斯试图向他解释我们的项目，但遇到了一个问题——他其实并不懂我们在做什么。他对这一领域的了解和班农不在一个层次上。班农更看重研究的细节，而不是研究人员的出身。在 SCL 内部，尼克斯一般被其他董事派去跟公司“不太重要”的客户打交道。他的父亲曾经是公司的大股东，于 2007 年去世后，他才在公司里活跃起来。尼克斯毕业于曼彻斯特大学艺术史系，成绩平平。比起画廊或图书馆，他更喜欢有钱的朋友和其家人名下的企业。

对更习惯于跟旧日不列颠帝国殖民过的发展中国家的部长或商人打交道的尼克斯来说，班农并非一个典型的客户。班农不需要从某个热带国家那里拿到第二本护照，不用在伦敦寻求殖民时期的角色扮演，也不在乎尼克斯的发音和他身上定制西服的工艺。班农想要货真价实的东西。尼克斯习惯了用穿着清凉的乌克兰女子和自我陶醉的伊顿公学式的戏谑去诱惑部长，面对班农他自然找不到北。

起初，尼克斯向班农提议到伦敦蓓尔美尔街的某个地方见面。这条两边都是宏伟石头建筑的街道在白金汉宫以北几个街区的地方，始于特拉法加广场，止于16世纪建造的王室住所圣詹姆斯宫。该地区有几家英国所独有的私人绅士俱乐部。在那里，打黑领带是常态，而尼克斯和他的同侪在一派奢华中参加社交活动，觥筹交错。尼克斯原本打算在卡尔顿俱乐部的包房里请班农吃一顿精美的晚餐，还精心选定了菜单和侍者，不想在最后一刻被班农拒绝了。

然而尼克斯知道，每个人，包括班农在内，其实都有一个壮志未酬的秘密自我压抑在心头。他意识到，这个美国人去英格兰古老的大学城闲逛，是为了扮演一个角色——班农揽镜自照时看到的是一位哲学家。为了赢得班农的青睐，尼克斯需要帮他实现当大思想家的心愿，因此我的“学术”气息正好可以用来引诱班农进入这场角色扮演游戏。

今天班农已经出名了，但2013年秋天我们俩坐在那间酒店客房里的时候，我对美国来的史蒂夫根本一无所知。即便如此，我很快就发现我们志趣相投。虽说我们投身于政治，但真正让我们热血沸腾的是文化。他的雄心在电影界，我的雄心则在时尚界。他放任我解构流行趋势，同意我的看法，也认为我们的许多社会规范归根结底就是美学。此外，我们俩都看到了技术界和线上空间正在酝酿的风暴。他跟我谈起了游戏玩家、表情包和大型多人在线角色扮演游戏（MMORPG）——像《魔兽世界》那样玩家众多的在线游戏。他在一个句子里用了“pwned”一词。这是游戏玩家的说法，意为操控对手或对其进行羞辱。我们那些在旁人眼里的怪异之处让我们一拍即合。跟他聊得越久，我越是觉得惬意，真是出乎意料。他不是政治仆从，而是“书呆子”，可以跟我畅所欲言。

班农说他对文化改变感兴趣，我问他怎么定义文化。他沉默了许久。我告诉他，如果你不能定义某事物，你就无法测量它，而如果你不能测量的话，你就无法得知你是否正在改变它。

我没有给班农深入地讲理论，而是给他举了一个大大简化了的例子，用文化刻板印象来说明什么是文化。意大利人名声在外，据说比其他国家的人都热情外向。（我跟一个意大利人约会过，可以证明这个名声有其可信之处。）虽说并非所有意大利人都声音响亮、热情洋溢，但如果你去意大利，你可能会发现比起德国或新加坡等地，那里有更多人表现出外向的性格。这可以被看作常态——外向或响度正态分布曲线上的峰值点。或许意大利的峰值比别的国家的高一点。

我们在描述文化的时候使用的是描述人格的语言和词汇，我们用同样的字眼来描述人民和民族[①]。一方面，我们不能把刻板印象强加到个体身上，因为每个人都不一样。但另一方面，从广义

① 原文为“people”，作不可数名词时指“人民”，作可数名词时指“民族”。

上来看，意大利文化相较于许多其他文化，的确可以被描述为一种或许更加外向的文化。

如果我们能够从个人数据中测量或推断出个体的某些特质，然后用那些相同的特质来描述一种文化的话，我们就能画出一个分布图，为那种文化创建一个大概的度量标准。有了这个框架，我们就有可能对如何利用来自社交媒体、点击流或数据供应商的个人数据识别出不同人群这一问题提出建议。例如，我们可以通过分析意大利个体消费者和用户的行为模式识别出最外向的意大利人。接下来，如果有人想让这种文化稍微改变一下，变得不那么外向，这类数据可以给我们一张按外向程度排列的实名制的意大利人名单。我们可以持续追踪他们并向他们传播定向信息，一点一点地削弱他们的外向人格。换句话说，文化改变可以被视作轻微地上移或下移文化分布曲线。有了数据，我们就能把文化分解成个体，而个体就是其所在社会的可移动单位。

班农爱讲话，但每当我讨论起他感兴趣的话题的时候，他就会安静下来，甚至对我毕恭毕敬。不过，他也很想回到框架的应用这个话题上。如果想弄明白实际操作，不妨想一想公共卫生。如果有一种传染病威胁到某个人群，你首先会让某些带菌者免疫——通常是婴儿和老人，因为他们最易感染。然后是护士和医生，教师和公共汽车司机，因为即便他们自己不得病，却也会由于社会互动多而最可能传播传染病。同样的战略可以帮助你改变文化。例如，要是想提高某个人群对极端主义行为的适应力，你首先得识别出哪些人最容易受到武器化信息的影响，判断哪些特质导致他们容易被传染性叙事影响，然后持续向他们灌输一种反叙事，以便改变他们的行为。当然了，这个战略从理论上来讲也可以倒过来用——用于培养极端主义思想，不过我对此根本不加考虑。

黑客的目标是找到某个系统的薄弱环节，而后加以利用。在心理战中，薄弱环节是人们的思维缺陷。如果你试图黑进一个人的思想，你得先识别出这个人的认知偏差，然后才能加以利用。如果你在街上随机拦住一个路人，问她“你幸福吗？”，她很可能说幸福。然而，如果你拦住同一个路人，先问她“你最近几年有没有长胖？”或者“你的高中同学是不是有比你更成功的？”，然后再问她“你幸福吗？”，她回答幸福的概率就会降低。这个人的处境和过往的历史并没有改变，但她对自己人生的认知改变了。为什么？因为在她心目中，有一个信息获得了比其他信息都高的权重。

作为发问人，我们操控了她对那个信息的权重分配，她的判断也因此受到影响。我们让她人生的心智模型产生了偏差。那么，到底哪一个判断才是真的呢？她到底幸不幸福？答案取决于哪个信息最先出现在她的思维过程中。心理学把这叫作“启动”[①]。而这实际上也是化数据为武器的方法：你研究出哪些重要的信息必须先传递，借此影响一个人的感受、信念和行为。

① 先前经验对随后的认知任务产生正向或负向影响的过程。

除非某人的父母是神秘的伏尔甘[①]，否则地球上没有人是纯粹的理性思考者。我们都受到认知偏差的影响。认知偏差是我们在思维过程中经常发生的失误，导致我们对信息做出有缺陷的主观解读。人带着偏差处理信息完全正常——事实上，每个人都这样，而且这些偏差在日常生活中往往都是无害的。它们并非随机发生，而是系统性的失误，即它们让非理性思维的常见形式有规律可循。心理学领域其实已经识别出数以千计的认知偏差。有的偏差很常见，看起来像直觉，人们甚至很难认识到它们其实是非理性的。

例如，心理学家阿莫斯·特沃斯基和丹尼尔·卡内曼在一项研究中向受试对象提了一个非常简单的问题："假设你从一个英语文本里随机选择一个单词，请问以下哪一种情况发生的概率较大——该单词的首字母是 k，还是该单词的第三个字母是 k？"大多数人选了第一种情况，也就是该单词的首字母为 k，如 kitchen（厨房）、kite（风筝），或者 kilometre（千米）。然而实际情况正好相反。我们在一个典型的英语文本里遇到第三个字母为 k 的单词的概率是首字母为 k 的单词的两倍，如 ask（问）、like（喜欢）、make（制作）、joke（玩笑）或者 take（拿）。两位心理学家一共做了五个字母（k、l、n、r 和 v）的测试。我们比较容易想起单词的首字母，因为我们从小学着按单词的首字母来组织所有单词（或者按首字母顺序排列）。然而，人们错把易于回忆同发生频率或概率混淆起来，哪怕两者之间的差别很大。这种认知偏差被称为可

① 罗马神话中的火神。

得性启发，它仅仅是影响我们思维的众多偏差之一。正是由于这种偏差，在电视上看到较多暴力谋杀新闻的人倾向于认为整个社会正在变得越来越暴力，而总的说来，真相却是全球谋杀率在过去四分之一个世纪里呈现下降趋势。

基于我先后在政界、时尚界和信息战领域的经验，我一直在思考这些东西。例如，政治极端主义是一种跟时尚有共性的文化活动：两者均基于文化信息如何通过网络节点扩散。圣战主义的兴起和卡骆驰鞋的流行均可视为信息流动的结果。我开始为 SCL 的反极端主义工作研究文化信息时，援引了我在探索时尚预测时使用过的类似的概念、方法和工具——采用周期、扩散速率、网络同质性，等等。我的工作其实就是试图预测人们将会如何内化，而后传播文化信息——无论这意味着是要加入死亡邪教还是选择一身行头。

班农马上就听懂了，他甚至告诉我，他和我一样相信政治和时尚从本质上来说是同一种现象的产物。显然，他在情报收集这个问题上比我见过的许多政界人士都看得远、看得深。正因为如此，他的影响力才会这么强大。后来我得知，他之所以阅读多元的女性主义或身份流动性方面的论述，并不是因为他思想开放，而是因为他想逆转它们——他想要识别出人们看重的东西，然后将其转化为武器。初次见面的那天，我并不知道班农是因为想打一场文化战才来找信息武器方面的专业人士以帮他打造军火库的。

班农和我显然观点一致。那天我们的谈话毫无阻滞，感觉像是在调情——当然没有，否则也太恶心了。可在心智方面我们的确十分契合。会面结束后，我精神振奋，因为有人愿意花时间听我的想法并认可我。初次见面，我觉得班农是个讲道理的人，甚至称得上是个好人。我看得出来，他喜欢学习新理念，并为新理念带来的可能性激动不已。不过让我印象最深的是，这家伙是个文化专家和技术痴人。我意识到他有一点自由主义者的迹象，但政治我们谈得不多。

然后我想起自己的钱包丢了。我打电话给尼克斯，告诉他事情的进展，以及我需要一张新火车票。“克里斯，我很忙，你自己解决。”

班农对我们的工作感兴趣不全是出于学术考虑，他有很大一盘棋要下，而 SCL 将是重要的棋子。他告诉尼克斯，或许可以说服某位右翼大金主投资 SCL。罗伯特·默瑟是一位不走寻常路的亿万富翁。20 世纪 70 年代初，他获得计算机科学博士学位后在美国国际商业机器公司这台大机器上当了二十多年的小齿轮。1993 年，他入职一家名为文艺复兴科技公司的对冲基金，借助数据科学和算法进行投资决策，结果挣了好多钱。默瑟跟那些为了追逐利益疯狂买进卖出的人不一样，他是一个极其内向的工程师，专心把自己的技术技能应用到挣钱这个兼具艺术和科学性的事业上。

历年来，默瑟给各类保守党宣传战的捐赠高达数百万美元。他还建立了默瑟家族基金会，由他时年 39 岁的女儿丽贝卡来管理。起初，该基金会赞助项目研究以及其他慈善机构，但后来也开始向有政治倾向的非营利团体捐赠。他的财富和影响力让他和科赫兄弟、谢尔登·阿德尔森一起跻身共和党最大金主的行列。听说默瑟有意投资SCL，尼克斯垂涎三尺。默瑟的投资行为颠覆了金融行业。文艺复兴科技公司是该行业投资业绩最佳的对冲基金之一，而且默瑟在创立公司的过程中避开传统的金融专业人才，偏好招聘物理学家、数学家和科学家来构建他公司的算法。然而，默瑟看似要我们尝试一个比文艺复兴更加野心勃勃的项目，在颠覆的同时做到盈利。他要我们为一个国家的所有人画像，输入他们的人格和独特行为，再把这些画像植入那个社会的计算机模拟上。我们将建造虚拟社会的首个原型。如果我们能在电脑上模拟一个经济体或一种文化，设计出那些跟真人有同样特质的虚拟代理，我们就有可能创造出迄今为止最强大的市场情报工具。此外，通过向这个模拟输入量化的文化信号，我们正在进入一个类似文化金融的新领域。当时我们想，如果这次做对了，我们就可以为整个人类社会的不同未来进行运行模拟。别惦记做空某几家企业了，把眼光放到整个经济体上。

后来我们才得知默瑟的打算超越了经济，但当时我们把注意力集中在展示SCL的能力上。经过讨论，班农决定让我们去弗吉尼亚州做一个概念验证。弗吉尼亚州好比美国的真实缩影，它兼具美国北方和南方的特点。它有山脉和沿海地区、军事重镇、富裕的华盛顿哥伦比亚特区郊区、农村和农场。它有富人有穷人，有黑人也有白人，很有代表性。弗吉尼亚实验标志着我们第一次在美国操控数据。跟我以前做过的加拿大自由党和英国自由民主党的项目一样，我们从定性研究切入——找当地人进行无结构的、开放式的谈话。SCL的团队成员没有一个是美国人，而且我们对弗吉尼亚一无所知。在我看来，它跟加纳一样陌生。显然，我们的第一步应当是去弗吉尼亚找当地人交流，了解他们怎么看世界、关心什么议题。只有在他们用自己的方式在熟悉的环境里向我们做过自我介绍后，我们才能生成提问列表。一旦我们对弗吉尼亚人在意什么、怎么看问题有了更好的了解，我们就能为定量研究设计特定的提问。政治和文化难解难分，我们往往没有办法分割开来研究。

于是，我和马克·盖特尔森、布伦特·克里卡德等人飞到美国，于 2013 年 10 月全州大选前抵达弗吉尼亚。我们在焦点小组讨论中听说，受访者对共和党州长候选人、前州检察官肯·库奇内利有顾虑。后者属于超级右翼人士，主张减少已经赋予同性恋者的权利，反对环境保护。共和党在弗吉尼亚州有一大批基督教福音派选民。如果库奇内利想赢得大选，那他必须获得他们的支持。但我们通过研究发现，福音派选民投完票后，他对他们极尽讨好之能事，反而弄巧成拙，引起了对方的反感。

库奇内利提议向一所联邦法院请愿，要求其推翻针对弗吉尼亚州《鸡奸法》的判决。这项禁止口交和肛交的法律于 1950 年通过，2013 年被美国联邦第四巡回上诉法院驳回（因为 2003 年美国最高法院决定合法化自主同意发生性关系的成年人之间的行为）。库奇内利认为，打击恋童癖需要这项法律。有关他的报道让我想起我们在非洲某些地方遇到过的狂热的政治家，他们痴迷于抨击同性恋行为和卧室罪行。社会极端主义者和怪人哪儿都有，就连美国白人中产阶级里也找得到。

参加我们焦点小组讨论的人，尤其是热血沸腾的美国直男，不断强调他们觉得这事太古怪了。禁止同性恋发生性行为没错，但是为什么要禁止所有不以繁殖后代为目的的性行为呢？库奇内利为什么如此反对口交呢？咱们实话实说——那是不是有点古怪？这些人反复说他们不喜欢想起库奇内利，也不喜欢看到他得势，谁能怪他们吗？这个议题听得多了，我们决定做个实验。

根据人格五因素模型，保守党人一般会表现出两种特质：开放性得分较低，尽责性得分较高。广义而言，共和党人不太可能追求新奇事物，也不太可能会对新鲜体验表示好奇（出柜人士显然是例外）。与此同时，他们偏好结构和秩序，不喜欢意外。民主党人更开放，但往往尽责性得分较低。这就部分解释了为什么政治辩论往往围绕行为和个人责任感展开。

定性研究给了我们很多启示，其中之一是库奇内利对口交的执迷让弗吉尼亚州的共和党人反感。心理测量结果也告诉我们，共和党人不喜欢不可预测性。我们能不能利用这两个观察结果来制定一个战略，改变人们对库奇内利的看法呢？

这时候，盖特尔森的聪明才智发挥了作用。他对阿尔法男[①]选民和库奇内利争取不到他们的支持一事特别感兴趣，但他也知道向这些人定向传播信息很难，所以他把注意力集中在古怪这个因素上。库奇内利的古怪让人反感。要是他在传播信息的时候承认自己已经认识到这一点会怎样？我们决定测试一条简单明了的信息：“你们可能不同意，但至少你们知道我的立场。”这样一来，

---

① 在群体中游刃有余、能够掌握大局的领袖型男性。

即使人们认为他的立场很荒谬，这条信息至少还能把荒谬转化成可预见的、有序的荒谬。

我们召集了焦点小组，收集了在线样本，进行了数字广告实验，想看看这句口号的效果如何。结果它的效果比我们试过的所有其他信息都好——即便它实质上空洞无物。这是一个重大发现：根据心理测量结果定制候选人向选民传递的信息能够影响选民的意见。因为这么多共和党人都表现出了上述人格特质，我们此次所传递的信息的基本框架——我就是这样的人，你们知道我的立场——或许在别的共和党人身上也会奏效。这个战略用在那些尽责性得分较高、对是否要支持库奇内利一事犹豫不决的人身上效果比较好。对他们来说，这条信息把库奇内利塑造为“你了解的恶魔”，让他那突出的“古怪”变成可靠的“古怪”。

事实表明，共和党人可以接受癫狂的候选人，只要这种癫狂始终如一。这一发现后来指导了剑桥分析几乎所有的工作。当然了，有了这么一个发现之后，离某位候选人吹嘘说他可以在第五大道上开枪杀人，支持率也照样不变不远了。

实验期间，我们收集了大量弗吉尼亚居民的个人信息。获取这些信息并不费工夫——我们通过益博睿、安客诚（Acxiom）和有着专门名单的小众公司这样的数据掮客向福音派教会、媒体公司等处购买数据，甚至某些州政府还会卖给我们申领过狩猎证、钓鱼证或持枪证的居民名单。这些州政府官僚在乎州民数据的流向，甚至在放行数据前问过我们一句拿数据去做什么吗？答案是否定的。我们可能是诈骗犯，也可能是外国间谍，但他们对此一无所知。

大多数听说过益博睿的人都认为它是一家消费者征信企业。该公司初创时，的确是做这项业务的，根据各种不同的金融因素为消费者计算信用评分，为此它广泛收集信息——航空公司会员、媒体公司、慈善机构，甚至游乐场都可以成为它的信源。它还从政府机构那里收集信息，例如机动车辆管理局，狩猎证、钓鱼证和持枪证的发放机构等。在收集这些详尽的个人档案的过程中，该公司意识到可以把它们用在市场营销上，从而为公司带来额外收入。

20 世纪 90 年代，政治战略家们开始购买个人信息来为竞选服务。想想看：要是你知道某人开什么样的轿车或卡车、打不打猎、捐款给什么慈善机构、订阅什么杂志，你就可以开始为那个人画像。许多民主党人和共和党人都有特定的形貌，而数据快照会截取这个形貌，然后你就可以根据这一信息向潜在选民进行定向传播。

我们也有人口普查数据。美国政府跟那些隐私管制较为松弛的发展中国家的政府不同，它不提供特定个人的原始数据，但你还是可以获得具体到县或街区层面的信息，包括犯罪、肥胖、糖尿病和哮喘等疾病的情况。一个人口普查区通常包括 600 ~ 3000 人。也就是说，通过组合多种数据来源，我们可以建立模型，对其中的个体属性进行推断。例如，我们可以把年龄、种族、所在地、收入、对健康食品的兴趣、餐馆偏好、健身房会籍和减肥产品使用史等（所有这些数据都可以在大多数美国消费者的档案中找到）糖尿病的风险性或保护性因素同一个地方的糖尿病发病率的合计数据匹配起来，为某个特定街区的每个居民打分，估算他们罹患糖尿病等健康问题的概率——即使人口普查或消费者档案不会直接提供这个数据。

盖特尔森和我花了很长时间摸索各种属性间的随机又怪诞的组合。有没有人既获得了持枪证又加入了美国公民自由联盟？有没有人既购买了某交响乐团的季票又是美国全国步枪协会的终身会员？有没有同性恋的共和党人？有一天，我们甚至还想到，会不会有人既向反同性恋教会捐款又去有机食品商店购物？于是我们检索了试点研究中收集到的消费者数据集，发现真有少数这样的人。

我很想立马见见这批神秘生物中的一员，一方面是因为好奇，另一方面是想确认一下我们的数据是否准确。我们把这些人的名字调出来，发给一个呼叫中心，让那里的工作人员逐一打电话询问他们愿不愿意见见研究人员，回答几个问题。大多数人不愿意，但有一名女士同意了，我迫不及待地想见到她。她的消费习惯看起来杂乱无章——她在全食超市购物，对瑜伽感兴趣，但又是某个反同性恋教会的会众，还捐款给右翼慈善机构。这让我怀疑要么是我们的数据有问题，要么是这名女士是全美国最有意思的人之一。

这名女士的数据指引我来到费尔法克斯县郊区一座普通的错层房屋前。我犹豫了一会儿。“呃，会不会尴尬呀？”但我都已经来了，所以还是走上前去按响门铃。我听到头顶上方风铃大作，旋即一个顶着一头精心吹过的金发的活泼女子打开了门，差点朝我扑过来。“嘿！快进来！”进门的当口，我注意到她的确穿着露露柠檬牌瑜伽裤。她带我来到客厅，里面有熏香的味道，佛像跟印度教象头神迦尼萨并列，然后我瞄到了墙上的十字架。真是琳琅满目。

她问我要不要来一杯自制的康普茶，我说好的。她跑到厨房，打开一个大罐子，把里面口味浓郁、有点结块的液体倒进杯子里。

“这是真正的益生菌。”

“是啊，我看得出来。”我看着杯子里漂浮着的块状物体答道。

我们聊了起来。她喜欢援引新时代运动（New Age Movement）的术语，说自己努力“调校自己的正能量”，灵感无疑来自她书架上迪帕克·乔普拉的著作。然而，当我们的话题转向道德时，她的观点顿时切换到福音教派，坚信恶人必将在地狱里经受火与硫黄的煎熬，尤其是同性恋者，她知道他们会直接下地狱（这里没有双关义）。不过，她在表达这个信念的时候还是采用了奇特的大杂烩做法：她说人变成同性恋就像体内的能量受阻——一个罪孽深重的阻断。她向我传播了两个小时的福音，而我则坐在那里飞快地记笔记。这架势就像我俩在参加一场乱了套的心理治疗。

离开的时候各种想法在我脑海里盘旋。我感觉自己窥探到了某种重大发现的端倪，因为普通民调专家到底会把这名女士分进哪一类呢？这次经历让我相信，我们需要投入更多的心力，理解人口统计资料里的乾坤。我见过灵长类动物学家珍·古道尔，一直记得她说过的一句话。那是某次参加招待会的时候，当时我问她为什么舍弃可控的实验室环境去野外研究灵长类动物。“很简单，”她说，“因为它们不在实验室里生活。”人类同样也不在实验室里生活。如果我们真想理解人的话，我们必须时刻铭记，他们生活在数据集之外。

如果你对一件事感兴趣，你会不知不觉地深陷其中，这真的很神奇。我们是一家英国军事承包商，有宏大的理念，正在招募越来越多的团队成员，大多数是同性恋，而且大多数是自由派的数据科学家和社会研究者。那么，我们为什么会和对冲基金经理、计算机科学家，还有一个运营小众右翼网站的家伙走到一起呢？因为这是一个杀手级的理念。我们有完全的自由，可以研究文化这么一个抽象而流动的东西，我们有可能开创一个全新的社会研究领域。如果我们能把社会放进电脑里，我们就可以对社会上的一切进行量化，把贫困和种族暴力之类的问题压缩进电脑，我们还可以模拟解决这些问题的方法。正如上述我采访的那名女士没有看出自己崇拜的神像有矛盾之处，我也还没有看出自己当时正在做的事情有什么矛盾之处。

第五章
剑桥分析

到了给默瑟家族投资的新实体起名的时候，班农选择了剑桥分析，他说这是因为我们的总部在剑桥。所以说，剑桥分析的第一个定向目标就是班农本人。波将金站完美体现了剑桥分析的核心和实质，那就是给人们看他们想看的东西，不论真假，从而操控他们的行为，让这门艺术臻至化境。

2013年秋天，在上门拜访和焦点小组讨论的过程中，我们逐渐发现弗吉尼亚州呈现出了美国人生活的一个典型的横截面。我们从费尔法克斯县一路来到弗吉尼亚州中部，然后向南抵达诺福克市和弗吉尼亚比奇，时不时地在当地酒吧和夫妻旅店驻足，既喜欢那里的氛围，又喜欢那里的食物。说真的，你从人们吃什么、喝什么、聊什么里面可以了解到很多东西。在我们发现了甜茶和某些食品蕴含的文化意义之后，我们就痴迷起来。如果说梅森—狄克森线（Mason-Dixon Line）是美国南北方的传统分界线，即蓄奴州和解放黑奴州之间的界线的话，还有另外一条分界线切割了当代的弗吉尼亚州。这条线以北的餐馆给客人上不加糖的茶，以南的餐馆则上甜茶。当地人告诉我们，甜茶线以南的地方才是“真正的南方”。它不仅在梅森—狄克森线南边，还比里士满更往南。

我最喜欢的活动莫过于注视和倾听那些同意我们去进行拜访的美国人了。我会坐在沙发上，偷听他们谈论这一天过得怎么样，从收音机里听到了什么，或者办公室政治。我会观察那些看福克斯新闻频道（Fox News）的人，留心他们对这一频道能有多生气（因为我自己的祖国没有福克斯新闻频道，所以这是最有趣的观察活动之一）。这是一场怪异的演出，因为他们会坐等——并且预料到——自己那天会被“精英们”做的事情所侮辱，无论何事。他们一打开福克斯新闻频道，怒意就溢于言表。有时候，我似乎目击了一场心理治疗，好比人们在度过沮丧的一周后跑到泄愤屋里砸东西。这跟我通常看到朋友们偶然转到福克斯新闻频道时的反应很不一样。我清楚地记得，阿利斯泰尔·卡迈克尔有一次把福克斯新闻频道的一个大嗓门、红脸膛的记者叫作“被揍红的屁股”。

有一对夫妻告诉我，他们欠了几千美元的保险免赔额，有时候为了修理汽车只能放弃那个月本该服用的处方药。他们同意接受访谈是因为我们支付的100美元报酬能让他们下个月的收入多一些，来抵销开支。但是保险费用那么高，他们怪谁呢？他们不怪雇主给买的健康险太烂，也不怪工资不够体面，而是怪奥巴马医改。他们真心认为，奥巴马政府之所以推动医改，纯粹是为了帮助更多没有合法身份文件的工人来美国，实现其宏大的自由主义社会工程，通过争取到更多支持民主党的拉丁裔选民来让民主党持续执政。在他们看来，正因为如此，保险和医疗才比以前贵。

人们在福克斯新闻频道提供的泄愤屋里发泄过一小时之后，对这一天的遭遇会感觉好受一些——他们得以呻吟着倾吐苦水，然后无论是工作上还是家庭中的问题就都可以推卸给别人了。这样一来，他们的挣扎完全可以外化，不必直面残酷的现实：也许他们的雇主对向他们支付足以为生的工资一事漠不关心。叫他们承认自己或许是被每天见面的人剥削，而不是被奥巴马医改和非法移民那些不知名的“敌人”欺负，实在太痛苦了。

这段时间是我接触福克斯新闻频道最长的时间，我满脑子只有一个想法：网络对人们的身份意识有重要的影响，其结果可以被当作武器来用。福克斯用夸张的叙事给人们的愤怒火上浇油，因为愤怒会破坏人们寻找信息、对信息进行理性思考并权衡信息的能力。这就会导致一种名为情感启发的心理偏差，即人们在思考的时候因为情绪的重大影响而引起的心理捷径。正是这种偏差让人们在生气时口不择言，事后追悔莫及——事实上，情绪波动最激烈的时候，他们的思维有异于平时。

放松警惕之后，福克斯新闻频道的观众被告知，他们都是普通美国人中的一员。这个身份被一遍又一遍地灌输给他们，所以节目主持人才会经常使用“我们”这个代词并且面对镜头直接同观众聊天。他们提醒观众，如果你真的是一个普通美国人，这就是你的——也是“我们的”——想法。这就启动了身份动机性推理。从本质来看，这种心理偏差导致人们根据某个信息在本质上是构建还是危及集体身份来决定接受还是摒弃这一信息，而不看信息本身的特点。正是因为动机性推理，民主党人和共和党人才会在观看了同样的新闻广播后得出截然相反的结论。不过我开始明白福克斯新闻频道的手段之所以能奏效，是因为它把某种身份移植到观众的脑海里，然后观众会把某种思想论争看成是对他们身份的攻击。这又转而激发了逆反效应，观众在得知不同的观点后更加坚定了原先的信念，因为他们把这种观点视为对个人自由的威胁。民主党人越是批判福克斯新闻的故意激怒法，福克斯新闻观众的观点就越是根深蒂固，怒气也越发高涨。举例说明，有人批评唐纳德·特朗普的种族主义言论，但福克斯新闻的观众对此嗤之以鼻：他们把这种批评内化成对他们自己的身份的攻击，而不是对政治候选人的攻击。在这种阴险的操控下，辩论越多，观众的思想就越固化。

研究过程中，我对白人社会和经济权力的丧失也开始有了不一样的理解。显然，美国白人产生种族主义和排外情绪的一个根本原因是他们感到了威胁，而这种威胁感又得到了福克斯新闻等信息来源发出的持续又高调的“警告”的强化。我注意到，在美国有线电视新闻频道上引发热议的政治辩论存在一个问题，那就是给选民群体贴的标签不够精细。白人选民、拉丁裔选民、女性选民、郊区选民等经常被当作扁平又统一的群体来讨论，而事实上，构成许多选民身份的突出方面同民调专家、分析师或顾问用来描述选民的标签有出入。这样一来，某些人就被异化了。例如，如果你是住在拖车里的白人男子，看到电视上的人坚持说白人在这个国家里享有超级特权，你大概会愤怒。如果你从小到大上的都是室外厕所，你可能不太会容忍电视上对跨性别人士有权选择上男厕所还是女厕所的煞有介事的讨论。如果你是中产阶级下层人士，而你所在的州不断削减对你的经济支持，当你看到一个依赖福利救济的黑人，心想“哼，那我的福利从哪儿来？”也就很寻常了。我不是为这些观点辩护，但如果我们想理解这些人，那就必须对跟我们观点不同的其他视角持开放态度，即便某些视角会引起不适。

在对美国文化的早期探索中，我们考察了两个可能导致美国社会不和的方面。我们首先看了社会身份威胁感有没有为某些观点添柴加火。第二个方面跟第一个方面相关，但稍有区别。人类普遍存在一个逻辑谬误，那就是把世界看成零和博弈，要么是赢家要么是输家。这个有瑕疵的逻辑延伸成一种认知：对其他群体加以关注意味着对自己所在群体的关注会变少。无论如何，少数族群似乎都是“威胁”——身份威胁或资源威胁。形成了这个潜在威胁感的假设后，我们想要看看能否缓和这种感觉。通过降低威胁感，我们做到了。在一项研究中，我们先请受访者把自己想象成刀枪不入、战无不胜的超级英雄，然后问他们平时把什么类型的人视为有威胁性的——同性恋者、移民，还是其他族裔的人，结果发现他们对这些“有威胁性的”刺激的响应变温和了。如果你战无不胜，那么没有什么能够威胁到你，连同性恋者都不能。我和我的团队都觉得这个实验结果非常有意思，因为我们想要找到办法来缓解种族冲突的深层次肇因。每做一个实验，我们对如何根据人们最内核的特质来操控结果的认识就越深。

我们在弗吉尼亚的研究取得了不错的成果。我们证明了人格特质和政治结果之间存在相关性；我们不仅可以预测某些行为，还能根据心理测量结果设计传播用语，从而改变态度。我们知道，虽然我们在这个小小的试点沙箱里所使用的数据集的质量有保证，但仍不足以辨别出人格和身份的所有微妙之处。如果要在电脑上真实地模拟社会，我们需要更完整的数据——更多的数据。不过，那是一个留待未来解决的问题。

尼克斯要求我们用一周写出通常情况下需要两个月才能写好

的报告。他急切地想要行动，因为他当时知道自己正处于成败关头。班农已经向他透露，默瑟的投资可能高达 2000 万美元。对 SCL 这样的年度预算在 700 万 ~ 1000 万美元的小众企业来说，这笔钱将会带来脱胎换骨的改变。

我们熬夜写，周末加班写，终于在下一个周一把报告发给了班农。他马上就领会到了我们的研究所能实现的可能性，决定大力支持。事实上，他读完报告后给 SCL 办公室打了个电话，听上去似乎被喜悦冲昏了头脑。“太棒了，兄弟们。”他一遍又一遍地感叹。

现在，我们只需要说服罗伯特 · 默瑟。

几周后，2013 年 11 月末的一个晚上，尼克斯打电话到我家。“收拾一下行李，”他说，“明天你要飞去纽约。”他、塔达斯 · 朱西卡斯和我打算向罗伯特 · 默瑟和他的女儿丽贝卡陈述我们的研究成果。

尼克斯第二天一大早就飞往纽约了，但出于某种原因，他给朱西卡斯和我订了稍晚的航班。我们大约在下午 4 点的时候降落在肯尼迪国际机场，而会议计划在 5 点开始。排队等待过海关时，我的电话响了。是尼克斯打来的。“你们在哪儿？”他责问道。

“我们刚下飞机。”我告诉他。

“哼，你们来晚了，”他气势汹汹地说，“最好赶快过来。”

“我又不能只是挥挥手就通过护照查验窗口！”我恼火地说。我们在电话里吵来吵去，其他排队的人都转过头来看我。但我们还在继续争吵，终于，一名海关官员厉声命令我挂掉电话。不过这事还没完。尼克斯不停地打我电话——我们上车时打，抵达酒店时打，我换衣服准备去参加会议时打。尼克斯就是这样的人，计划做得一塌糊涂，然后指望我替他擦屁股。我被他烦死了，于是把手机调到静音模式，不紧不慢地做准备工作，主要还是为了激怒他。朱西卡斯和我叫了一辆出租车去开会，会议地点是丽贝卡·默瑟在曼哈顿上西区的公寓。丽贝卡和她那叫西尔万·米罗契尼科夫的法国金融家丈夫在河滨大道上的特朗普大厦买了六套公寓，打通成一个巨大的拥有十七间卧室的豪宅。他们的家占据了第二十三、二十四和二十五层的大部分楼面，可以从独特的视角看到哈得孙湾沿岸，点缀着星星点点的纽约城灯光。

不过这豪宅透出一股俗气，因为丽贝卡选择了杂乱无章、华而不实的装饰风格：陶瓷小雕像、抱枕、节日用品都被她纳入家中。她在客厅里摆放了一架巨大的三角钢琴，钢琴上面还陈列着一大堆小摆设和家人照片。

丽贝卡这个人倒是挺有意思的。她在斯坦福大学攻读生物学和数学，获得运筹学和经济系统工程硕士学位。毕业后她追随她父亲的脚步进入文艺复兴科技公司担任交易员，但后来为了在家教育孩子而离职。2006 年，她和姐妹们在曼哈顿买下了一家面包店，因此，她的生活主要围着孩子和带巧克力块的饼干转。她超级自信活泼，像右翼的某种啦啦队队员。因为她捐款很大方，所以在共和党圈子里很有影响力。她跟那些更加愤世嫉俗的共和党党内人士不一样，用马克·布洛克的话来说，她是保守派圣战的

“真正信徒”。

我走进客厅，看到丽贝卡和尼克斯一起坐在一个双人小沙发上说说笑笑。尼克斯魅力全开。房间里坐满了人——罗伯特·默瑟、班农、布洛克，几个来自赞成英国脱欧的英国独立党（UK Independence Party，简称 UKIP）的右翼老家伙，还有一帮我猜想是律师或企业顾问的西装男。默瑟家族还有其他几位成员在场，包括罗伯特的妻子黛安娜、他们的女儿珍妮弗以及几个孙辈。这是他们的家务事。

默瑟和他那几个俗气又饶舌的女儿正好相反。他很少直视别人，大多数时间只听不说。即便来参加他女儿家的晚宴，他也只是穿着普通的灰西装。发言的事大多交给他的女儿们或随员们。他极其严肃，令人生畏，而且自始至终几乎沉默。少数几次开口说话的时候，也声调平淡。他提的问题全都针对我们研究中技术性强的方面，而且总是要我拿出具体的统计数据。

尼克斯看准时机站起来，简单介绍了 SCL 的历史和我们承接的军方项目。他还说了公司一般不会像今晚这样迁就私人客户（他撒谎），但默瑟坚持不懈地提要求，所以他最后屈服了。我费了好大劲才没有翻白眼。接着尼克斯介绍了我，对我们的项目做了一番完全不准确的介绍。他显然没有读过我们的详细报告，说着说着就捏造起研究结果来。我心知默瑟立马就会看穿他的瞎话，所以打断他自己介绍我们在弗吉尼亚做的研究。尼克斯在丽贝卡身边坐下，对我怒目而视。为了吸引默瑟一家的注意力，我在讨论这一研究的时候添加了一些比较生动的细节。当我提到那名康普茶女士时，我把她描绘成热爱瑜伽和有机食品的福音派基督徒，丽贝卡听后脱口而出："太像我了！终于有人理解我们了！"

我还介绍了 SCL 在其他地区做过的项目——中东、北非和加勒比海地区。讲到特立尼达项目的时候，我看到班农点头赞同我讲的在电脑上复制社会的想法。这也引起了罗伯特·默瑟的关注，出身工程师的他对这部分特别感兴趣。自从在 SCL 上班，我就认识到，美国国防部高级研究计划局资助的信息传播研发项目其实就是文化流行趋势的预测。采集社交媒体信息、用算法为用户画像只是个开头。一旦推断出社交媒体用户的行为属性，就可以进行电脑模拟，大规模地绘制出他们与人沟通和互动的路线图。这让人想起 20 世纪 90 年代社会学领域一种比较偏门的思想实验，叫作"人工社会"。当时有些人尝试用比较初级的多代理系统在电脑上模拟社会的"成长发展"。我记得自己十几岁时读过艾萨克·阿西莫夫的"基地"系列。书里的科学家利用从不同社会收集到的大量数据集创造出"心理史学"，借此不仅能预测未来，还能控制未来的走向。

刚开始规划 SCL 的业务范围时，默瑟让文艺复兴科技公司的员工参与进来。此外，鉴于尼克斯的金钱导向，再加上这个项目的早期阶段涉及一家对冲基金，大家都以为这将会是一种商业投资。粗略来说，如果我们能够复制每个人的数据档案，在电脑上重现人类社会——类似游戏《模拟人生》(*The Sims*)，但输入的都是真人数据，我们就可以模拟和预测社会及市场的未来动向。这看起来似乎是默瑟的目标。我们自认为如果能创建出这个人工社会，离开发出世界上最强大的市场情报工具之一就不远了。我们将会踏入一个新领域——文化金融，并为对冲基金预测潮流趋势。

计算机工程师化身为社会工程师的默瑟希望重构社会，优化生活在这个社会上的人民。他有制作火车模型的爱好，我感觉其实他认为他能驱使我们为他建造一个社会模型，然后对此进行调整，直至完美。最终默瑟认识到，实现了将人类行为和文化互动的许多内在因素进行量化这一飞跃之后，信息战中的“优步”就可以被他随心所欲地调用。而且正如优步单单凭借一个应用程序就摧毁了有百年历史的出租车行业，他的新创企业也将会重塑民主。

班农的目标和默瑟的目标有本质上的差别。他可不是什么传统的共和党人。事实上，他憎恨米特·罗姆尼那一派的共和党人，认为他们的主张是索然无味的资本主义。他厌恶安·兰德[1]，因为她把人物化成商品。在他看来，一个经济体需要一个更高尚的目标。他有时候把自己叫作马克思主义者，倒不是为了强调这种意识形态，而是为了表明他认同其中的一种看法——马克思说过，人活着的目的是实现自我价值。他声称自己信奉“法”(dharma)。这是印度教和佛教里的一个信条，指一切事物和现象的秩序以及独特、和谐的生活方式。他把寻找美国存在的目的视为自己的使命。在他看来，革命的时机已经成熟：从金融危机和对现有制度的信任的消退中可以看出几个信号，预示着最终审判即将到来。班农的追求具有半宗教性质，他本人则扮演救世主。

班农同默瑟一样敌视“大政府”，但两人的出发点不同。在

---

① 俄裔美国作家、哲学家，著有小说《源泉》和《阿特拉斯耸耸肩》。

班农看来，行政国家正在取代传统和文化所扮演的角色，而欧盟是罪魁祸首，这个枯燥无趣的官僚机构把传统逼到了边缘——让欧洲沦为丧失存在意义的经济市场。班农认为西方世界正在迷失。它放弃文化传统，追求毫无价值的消费主义和不明身份的国家，所以这是一场全面的文化战争。班农自视为先知，他需要一个能够窥探到社会未来的工具。如果能够打开班农所称的“脸书式的上帝视角”，看清每一名美国公民，他或许有办法找到适用于所有人的“法”。于是，我们的研究对他来说几乎是宗教性质的。

尼克斯、班农和默瑟都对彼得·蒂尔创立的数据挖掘公司帕兰提尔着迷。帕兰提尔这个名字脱胎于托尔金《魔戒》里的那只魔眼水晶球，当时我以为这些人投资 SCL 是为了创建他们自己的魔眼。想象一下，有了它，默瑟这样的投资者能做什么：预测未来人们会买什么、不会买什么，这样他就能挣更多的钱。如果你能预见到市场即将崩盘，而你又有一只预测社会的魔眼，那你一夜之间就可以挣上几十亿。

在我的介绍结束之后，丽贝卡请大家移步餐厅。厨房员工端上来一盘盘装点着精致配菜的菲力牛排，不过，丽贝卡事先得知我不吃肉，所以请大厨特别为我准备了一道菜。端上来一看，原来是一盘烤奶酪三明治——我想还是要感谢她的贴心。她伸手从我的盘子里拿起一个三明治咬了一口，然后心满意足地叹了一口气。“其实我跟后厨打招呼是因为我想吃一个。”她吐露说。

“你知道，”她说，“我真高兴有你这样的人给我们一个机会。我们需要更多你这样的人。”

“哦，怎么说？”我故作无知地问她。其实我懂她的意思，但我想让她在大庭广众之下说出来。

“同性恋呀——顺便声明，我爱同性恋人士！”

我想不通她是怎么做到一方面爱同性恋人士，一方面又支持压迫同性恋人士的事业的。不过，反正在我参加过的许多宴会上，嘉宾们都会一边声称自己热爱动物一边切割牛排。

丽贝卡想吸引更多的 LGBT 人士加入共和党，相信这能加强该党的实力。然后她说她喜欢我穿的外套，希望有机会和我一起去购物。丽贝卡实在太笨拙，连尼克斯都能把她玩弄于股掌之上，我都有点同情她了，但其实也没有特别同情。

晚宴结束时，罗伯特请大家离开，但让尼克斯、丽贝卡和律师们留步。他已经决定投资——用他个人的钱，金额在 1500 万到 2000 万美元之间。“我们要打造一只真正的魔眼，”尼克斯说，“毫不夸张，我们将预见未来。”

将近 2000 万美元落袋，尼克斯忘乎所以。会后第二天晚上，他带朱西卡斯和我去麦迪逊公园 11 号吃大餐。这是一家米其林星级餐厅，有拱形吊顶。他张扬地翻阅了一遍酒单，然后告知侍者给我们上拉菲古堡——2000 美元一瓶的红酒。

“随便点。”他大方地一挥手。这真是令人愉快的惊喜啊，因为尼克斯这个人虽然有钱，但小气得很，就连最不起眼的开支，比如说买办公用品，他都要抱怨。有一次他拒绝报销一笔费用，因为那人买了“太多”荧光笔。他说：“你只需要一支。”不过这一晚，他点了十几道菜，像亚瑟王和他的圆桌骑士们吃的盛宴。自鸣得意的他，脸都泛红了。

侍者送上了酒。他刚把我们的酒杯斟满，口若悬河的尼克斯就不小心把酒瓶打翻到了地上。酒液四溅，一滴就是一百美元。侍者还没来得及扯下手臂上的餐巾擦拭，尼克斯就大声说道："再给我们上一瓶！"我当时一定目瞪口呆地看着他，因为他朝我眨眨眼说："有了 2000 万美元，2000 美元没什么了不起的，对吧？"

这一晚过得像酒神节。不知怎么回事，我们桌边来了几个身穿紧身裙的女人，别的食客露出了震惊的神色。"克里斯，要一个吗？"他问我。我提醒他我不喜欢女人，其实大家心知肚明，根本不需要提醒。他脱口而出："哦，要不要给你找个男孩？"我不知道怎么作答才好，但尼克斯继续滔滔不绝。他后来给我讲了一个他在伊顿公学的故事，告诉我上流社会的男孩都是怎么取乐的。这个场景实在太令人尴尬，而且越来越尴尬。

后来，餐厅管理层总算想出了应对之策。那时候，我们已经消费了几万美元，所以他们不能在我们买单前把我们轰出去。朱西卡斯和尼克斯已经酩酊大醉，但我一直清醒着，坐在那里看所有其他人看我们。突然间，十几名侍者步调一致地在餐室里呈扇形散开，向其他客人耳语了一番。紧接着，其他客人都齐刷刷地站了起来，走向隔壁的餐室。侍者们端起吃了一半的主菜和开了瓶的酒尾随其后，迅速把他们跟我们制造的闹剧隔离开来。

回想起来，那晚预兆不祥。我后来才得知，混乱和分裂是班农那富有生气的意识形态里的中心信条。在催化美国的"法"实现再平衡前，他所掀起的运动首先要把混乱注入整个社会，这样新秩序才会出现。他贪婪地阅读一个被称为孟修斯·穆德巴格的计算机科学家暨空想哲学家的论述。后者被另类右翼视为英雄，写了许多冗长的论文，攻击民主政体以及现代社会秩序的几乎方方面面。穆德巴格对“真理”的看法影响了班农，也影响了剑桥分析的发展。穆德巴格曾经写道：“胡说是比真理更有效的组织工具。”而班农完全同意。“任何人都可以相信真理，”穆德巴格写道，“它是一件政治制服。如果你有制服，你就有了军队。”

默瑟的投资被用于建立 SCL 的衍生机构，班农给它起名为剑桥分析。我不知道罗伯特和丽贝卡·默瑟要是看到他们的投资所激发的享乐主义狂欢的话会怎么想，只能依靠想象。另一方面，史蒂夫·班农要是看到了，可能会大加赞赏。

纽约晚宴已经过去了几个月，2014 年春季的某天晚上 10 点钟，我们驱车疾驰在田纳西州的田野上。我猛地吸入一口寒气，头脑因之清醒。开车的马克·布洛克是个老烟枪，把车里弄得烟雾缭绕，我们只好开窗透气，尼古丁烟云逃逸到了车外的夜色里。我们的车行驶在荒凉的公路上，周围是黑漆漆的森林。我又回到美国了，这次要为剑桥分析建立试点项目，布洛克是我的向导。作为把SCL引荐给班农的人，布洛克为这个项目的前景兴奋不已。虽然他不能帮我们建模，但他熟知美国，对其了如指掌。

“后座有啤酒，”布洛克说，“喝一瓶吧。”为什么不呢？我心想。就这样，我们边喝酒边聊起了天。布洛克是我见过的比较有意思的另类右翼人士——既是笑容温暖、超级友善的美国中西部居民，又是经验丰富的共和党人士，在尼克松时代就已经初露锋芒。

“让我告诉你为什么尼克松是我们最好的总统之一。”他突然说道。

“好吧，我听着——为什么？”

“因为他玩弄了‘老鼠’[①]。”

“等等——你说什么？”

“民主党，民鼠党。他玩弄了那么多民主党人，”他笑了，“那时候，你可以为所欲为。”

“哦，好吧。”

“所以我的公司叫作采鼠大盗布洛克（Block RF）。”

威斯康星州选举委员会曾经禁止布洛克在该州组织竞选活动，理由是他在某位法官的改选过程中做过见不得人的交易。后来布洛克自愿支付了15 000美元的罚款，但没有承认自己有过不正当行为，于是这个禁令就被取消了。领导科赫兄弟旗下的繁荣美国（Americans for Prosperity）这个根据501（c）（4）条款登记的“社会福利”组织时，布洛克打造了一个庞大的右翼组织网络，以至于该组织被某个监察部门授予“布洛克八爪鱼”的称号。在他看来，政治并非理念或政策——那是讲给丽贝卡·默瑟那种忠实信徒听的废话。他认为政治就是游击战，而他可以扮演切·格瓦拉[②]。

---

①民主党的英文是Democrats，其中的“-rat”是老鼠的意思，而老鼠是对民主党人的蔑称。下文的RF即Rats-Fuck。

②1928年6月14日出生于阿根廷的罗萨里奥，是极富传奇色彩的拉丁美洲马克思主义革命家、作家、军事理论家、政治家及古巴革命的核心人物。

布洛克还策划了另一个妙计，让赫尔曼·凯恩的“吸烟广告”意外走红。2012 年凯恩竞选美国总统时，布洛克担任他的幕僚长，亲自出镜为凯恩做了一个竞选广告。在广告里，他大部分时候都是在闲聊，任由镜头对准并放大他的脸，让观众看到他乱蓬蓬的灰胡子下面因为不断抽烟而熏成紫色的双唇。

“我真心相信赫尔曼·凯恩会让美利坚合众国重新‘合’起来。”他说着还摇了摇头以表强调。在广告尾声，他盯着镜头吸了一口香烟，而后随意地吐出烟圈。与此同时，克丽丝塔·布兰奇演唱的《我是美国》响起。这个广告快把人惊到了，因为美国联邦通信委员会早在 1971 年就禁止在电视和收音机上做香烟广告。不过这就是布洛克的调调，他在朝政治正确竖中指。

我喜欢跟布洛克一起消磨时光——他是一个相当讨人喜欢的家伙，总是记得问你过得好不好，虽然我也知道为了竞选，他会毫不犹豫地欺骗你。我们聊得越多，我就越是觉得他其实并不相信另类右翼主张的那些令人憎恶的理念，他只是欣赏反叛这种美学。他高高兴兴地在共和党的小圈子里扮演为事业献身的永恒反叛者。我们俩因为都喜欢违抗体制而惺惺相惜。

就这样，我们开始为剑桥分析工作。这个改变历史的项目会为英国脱欧、特朗普当选美国总统，还有个人隐私的消亡推波助澜。我们吞云吐雾地穿行在美国大地上。

2014 年年初，剑桥分析派往美国主持焦点小组讨论的首批工作人员都是社会学家和人类学家，其中没有一个是美国人。这是有意的安排。美国人倾向于认为自己的祖国不同寻常，可我们想要像研究其他国家一样研究它，用同样的语言和同样的社会学方法。用这种方式来探索美国很有意思。此外，因为我自己不是美国人，我觉得自己更能不受美国文化里那些毋庸置疑的假设的影响，注意到美国人表现出来的而他们自己意识不到的东西。每当谈论起发生在其他地方的事情，美国人总会用到“部落”“政权”“激进化”“宗教极端分子”“种族冲突”“地方迷信”或“仪式”这样的字眼。人类学是关于除美国人以外的其他人。美国人一般认为自己的国家是“山巅上的光辉之城”。这是罗纳德·里根在一次演讲中改编自《圣经》里的“登山宝训”，而后风靡美国的一种说法。

然而，当我目睹福音传教士预言末日的到来，没有信仰的人将招致灭顶之灾，当我看到威斯特布路浸信会的一次游行，当我来到枪展，发现比基尼女郎抱着半自动步枪，当我听闻白人谈论“黑人暴徒”和“福利女王”，我看得出来这个国家深陷种族冲突和宗教激进化的泥潭，而且武装叛乱也正在发酵。美国对自我欺骗上瘾，它想当不同寻常的国家，但它不是。美国跟其他任何国家都一样。

美国有的地方让我觉得像外国。就在默瑟家族决定投资 SCL 之前，尼克斯、朱西卡斯和我拜访过弗吉尼亚农村的潜在支持者。一辆汽车把我们带离华盛顿哥伦比亚特区，穿过富裕的郊区，驶入一条通往幽深丛林的长长的公路。终于，我们抵达一小块空地，空地上有一座农舍，离其他任何一处文明的迹象都有数英里远。我们的司机一言不发，我们的手机断了信号，感觉就像恐怖电影开头的场景。

进了农舍，有人把我们领进一间没有窗户、天花板下悬挂着好几块高科技屏幕的会议室。然后一群全国步枪协会的积极分子走了进来，各自掏出一把枪放在桌子上，行动一致。这种场景我之前只在波斯尼亚见过一次，但波斯尼亚人至少会把枪整齐地摞在一个架子上。这看起来就是黑手党电影的现场版，抑或是阿富汗的军阀来开会。我一声不吭，因为要是有一帮大男人把他们的枪都放在桌子上，你总不能说："对不起，这些枪带点攻击性，我不舒服。"

美利坚合众国有自己的建国神话，也有自己的极端主义群体。我在 SCL 必须观看无数由"伊斯兰国"恐怖组织和游手好闲、自立为王的非洲军阀发布的宣传视频。"圣战"组织成员对枪的崇拜同全国步枪协会成员对枪的崇拜不一样。我知道如果我们确实要研究美国，就必须像研究部落冲突一样研究它——充分了解这个国家的仪式、迷信、神话和种族之间的矛盾。

在派往美国的研究人员中，盖特尔森的成果位列最丰硕之榜。2014 年春天和夏天，他周游美国，召集焦点小组讨论，同人聊天，然后把报告发给伦敦总部。我们根据报告生成理论和假设，然后通过定量研究对此进行测试。盖特尔森是一个特别有魅力又诙谐风趣的英国人，所以人们很容易对他敞开心扉。他迅速观察到美国人和其日常政治之间的脱节。例如，受访者自发地不断谈到同一个话题，那就是在我们看来晦涩难懂的国会议员任期时限问题。他们会一遍又一遍地提到，华盛顿的大问题出在政治家任职太久，结果都被特殊利益集团给收买了。在北卡罗来纳州一个焦点小组的讨论上，有几个参与者用到了"抽干沼泽"（drain the swamp）

这个说法。盖特尔森也把它写进了记录里。后来，剑桥分析在目标选民的在线样本库中使用多变量测试对这一说法进行了研究，想看看它能否引起选民的共鸣。

盖特尔森花了六周时间走访了路易斯安那州、北卡罗来纳州、俄勒冈州和阿肯色州。每到一州，布洛克就会安排人为他开车，搞定后勤事宜。我事先请他关注多元交织性，尤其是要找到那些通常被归为某一类，但其实政治观点大不相同的人。于是他会邀请拉丁裔共和党人、拉丁裔民主党人、拉丁裔无党派人士等来参加焦点小组的讨论。同之前在弗吉尼亚州一样，我们聘用一家市场调查公司为我们招募受访者。

讨论的结果令人大开眼界，即便已经在美国待了很长时间的研究人员也有同感。盖特尔森在旅途中通过电子邮件发来的现场报告勾画出一个处于精神崩溃边缘的国家。

在新奥尔良的一个由拉丁裔无党派人士组成的焦点小组的讨论上，盖特尔森见到了一个硬核保守派。后者宣称："我不会把自己登记成共和党人，因为我是真正的保守派。我的名字可能带有拉丁色彩，但我是纯粹的美国人！"讨论桌的一头坐着一个改信伊斯兰教的秘鲁裔美国女子，她戴着头巾来参加讨论。

当讨论话题转向枪支时，她告诉上述那个男子，如果全国步枪协会由一个像她这样的人领导，他可能会改变心意。他的回答很简单："我会再去买一把枪。"后来，这个女子中途离开小组，去找了一个空房间祈祷。那个保守派超人目瞪口呆："我不知道该做出什么反应。我认为这件事有问题，但我不能不许别人祈祷。"

宗教和枪支远非盖特尔森在路易斯安那州遇到的唯一一个热

点问题。这个州为我们的研究提供了肥沃的土壤，因为它的种族极具多样性。移民问题也能引发激烈的辩论，有好几次讨论差点因此升级成互殴。

有一个叫劳埃德的男子，讲话带着卡津人[①]的口音，盖特尔森听不懂，几乎全程都靠蒙，但有一个观点盖特尔森完全听懂了。此人对所在教区的学校不再教授他的母语——法语极为反感，他认为他的孙女被剥夺了学习她卡津前辈的“文化和遗产”的机会，因此大为光火。

不到15分钟之后，这个人又发起了一轮针对拉丁裔美国人的攻击，指责他们即使到了美国也还是忍不住讲西班牙语。不知为何，同一焦点小组的参与者都没有看出其中的自相矛盾之处——劳埃德一边怒骂西班牙后裔讲西班牙语，一边自己又说着一口旁人听不懂的半吊子法语，还哀叹自己的遗产流失。

种族和民族问题还引发了另外几次不愉快。有一次，某个焦点小组的参加者一致抱怨奥巴马总统。盖特尔森就问他们：“有没有人不觉得总统是令人失望的？”一个在那一刻之前一直给人留下彬彬有礼印象的年轻人打破了室内的沉默。

“我不觉得失望。”他说。

“为什么？”

“嗯，因为他是第一位黑人总统，所以我的期望值不高。”

听了这话，跟他同处一室的人没有一个表示惊讶，不过别的焦点小组似乎戳破了党派的气泡。尽管如此，火力全开的争论并

---

① 移居美国路易斯安那州的法国人后裔。

非常态；大多数参与者尽量避免同他人发生冲突，即便他们显而易见地不同意某个见解。然而，在阿肯色州史密斯堡的一次焦点小组讨论上，意外发生了。一个穿着考究的女士看到奥巴马的照片后说："我要去车里拿枪。"另一个比较年轻的男子厉声说："你怎么敢！那是我们的总统，开玩笑都不行。"

据盖特尔森的观察，这个女士此前从来都没有想到过会有人质疑她对总统的看法。

美国人对枪支的痴迷在焦点小组讨论中不断出现，即便是俄勒冈州波特兰市这样的自由主义堡垒也不例外。在那儿，一个有文身的时髦女可能在列举她的愿望清单时突然停住，转而担忧奥巴马政府会坚决没收她的火器。有一次在俄勒冈，盖特尔森出门为焦点小组买吃的，结果难以置信地看到司机在跑进赛百味门店买三明治前把他那把硕大的手枪留在了驾驶座上。"我以前从来没见过手枪，"盖特尔森事后告诉我，"那时候我在想：车没锁，要是有人看见枪，把手伸进来拿走它怎么办？我要不要把它藏起来？车里似乎有个枪架，我要不要把枪放在那儿？万一我一不小心扣动了扳机怎么办？我花了两分钟的时间坐在那里目不转睛地看着那把枪，就像车里有炸弹一样。"

许多剑桥分析访谈过的俄勒冈人都喜欢谈两件事：大政府和"大环境"。其中有一位是俄勒冈州共和党主席阿特·鲁宾逊。他几次竞选众议员都失败了，但默瑟家族还是继续支持他的政治野心。我去他那位于俄勒冈州凯夫章克申密林深处的家拜访过他，发现就算用另类右翼的标准来衡量，他也算得上精神错乱。

鲁宾逊是一位生物化学家，曾经跟诺贝尔奖得主莱纳斯·波林共事。他在实验室以外有两个爱好：管风琴和尿液。他从世界各地的教堂里抢运回来年久失修的19世纪管风琴，花费数小时耐心地拆开，再组装回去。

鲁宾逊还收集了数千人的尿液样本，因为他想从中发现疾病和长寿的秘密。自从他妻子劳洛丽43岁突发疾病去世后，他就执着于健康和衰老研究。他在自己家里创办了俄勒冈科学和医学研究所，用一台巨大的分光仪分析尿液，判别其中的化学成分。他家到处都是动物——死的、活的都有。猫、狗、绵羊和马匹散养在屋外，屋内墙上挂着斑马皮、鹿头和水牛头，蜘蛛占领了房椽。整栋房子散发着不洁动物的气味，几架从老教堂里抢救来的管风琴已经组装完毕。

鲁宾逊似乎已经精神错乱。他坚持认为气候变化是个骗局，辩称低剂量的电离辐射对人体有好处，还警告说飞机飞过后留下的化学凝结尾会毒害人类。几年后，有人提名他担任特朗普总统的科学顾问。请想象一下我的反应。

世界上有两种亿万富翁：第一种无论挣了多少钱还是嫌不够，第二种则在挣了几辈子都花不完的财富后把注意力转向改变世界。默瑟属于第二种。虽然剑桥分析是作为企业创立的，但我后来得知默瑟从来都没有打算过要它盈利。公司存在的唯一目的就是拆解共和党、重塑美国文化。剑桥分析诞生时，民主党在有效运用数据方面远远走在共和党前面。多年来，他们精心维护托管在选民活化网络公司里的中央数据系统，允许国内所有民主党的竞选宣传团队调用。共和党根本没有可比的系统。剑桥分析可以弥补这个差距。

默瑟把竞选获胜视为社会工程问题。要“改进社会”，先得进行模拟：如果我们能把社会量化到电脑里，对电脑里的社会体系进行优化，然后把优化结果复制到电脑以外，那么我们就能根据他的设想重建美国。除却技术和更宏大的文化战略，投资剑桥分析也是一项聪明的政治举措。当时有人告诉我，因为默瑟投钱给私营企业，而不是捐款给某个政治行动委员会，所以他不必将投资额作为政治捐款进行汇报。他得以两全其美：剑桥分析将会设法影响选举结果，但又不受任何美国竞选经费规定的限制。他巨大的“足迹”将会无人察觉。

这个新实体的结构极其复杂，连项目组里的员工都搞不清楚，他们也不确定自己究竟在为谁工作。SCL 集团作为母公司在特拉华州注册成立了一家新的美国子公司，名为剑桥分析。默瑟为该公司注入 1500 万美元本金，占 90% 的股份，SCL 占 10%。之所以这样设置，是为了让剑桥分析能够作为美国企业在美国开展业务，而 SCL 的国防部门则继续作为“英国”企业运营。这样一来，SCL 不必将所有权结构的变动和默瑟的参与告知英国国防部或其他政府客户。然而，该子公司被授予 SCL 劳动成果的知识产权，导致了子公司实质上拥有母公司的核心资产这样一种怪异的局面。然后 SCL 和剑桥分析签订了一份排他性协议，把剑桥分析名下的所有合同让渡给 SCL，由 SCL 的员工来履行合同，代表剑桥分析工作。再接下来，为了让 SCL 的员工用上已经授予剑桥分析的知识产权，SCL 又收回了这些知识产权的使用许可。

尼克斯最初解释说，这种迷宫式的设置能让我们的运作保持低调。默瑟在金融界的竞争对手留意着他的一举一动，如果他们获悉默瑟买下了一家心理战公司，业内的其他人士可能会算出他的下一步行动——开发复杂巧妙的趋势预测工具，或者会来挖墙脚。我们知道班农想跟布赖特巴特新闻网合作搞一个项目，但我们一开始以为这只是一个迎合他个人偏好的次要项目。当然了，我们都被误导了，他们就是想要打造一个政治军火库。我甚至不清楚默瑟起初是否知道剑桥分析的工具会有多大的成效。他就像任何一家新创企业的投资者一样，把钱砸在有创意、有想法的聪明人身上，寄希望于将来有一天这个想法能变成有价值的东西。

然而，很少有人知道谁是剑桥分析不实信息传播的第一个目标。当初班农和我第一次见面时，他拒绝去蓓尔美尔街上的私人俱乐部，宁可在剑桥见我。尼克斯注意到了这一点，领悟到他平时拉拢客户的那些招数——借助奢华俱乐部、昂贵的红酒和大号雪茄来给人留下深刻印象——在班农身上没用。班农自视为知识分子，剑桥的哥特式建筑和蔓生的绿地才符合他的气质。于是尼克斯就像神话里的变形人一样，迅速改变招数，迎合班农的想法，好让猎物上钩。

他告诉班农，虽然SCL在伦敦有办公室，但我们主要的工作地点在剑桥，因为我们同剑桥大学合作紧密。这完全是他信口开河。不过对尼克斯来说，真相就是他在当时某一刻认为是真的的东西。他一旦吹嘘了我们在剑桥有办公室，就再三提到这个办公室，还鼓励班农有空去看看。

“亚历山大，我们在剑桥没有办公室，”我被他的疯狂激怒了，“你瞎吹什么呀？”

“哦，我们有，只是目前还没开张。”他说。

就在班农下一次到访英国几天前，尼克斯让伦敦办公室的职员在剑桥弄了一个假办公室，还租了家具和电脑。班农按计划抵达的那一天，他说：“好，大家听好了，今天我们在剑桥办公室上班！”于是我们都收拾好东西去剑桥干活。尼克斯还雇了几个临时工和几个衣着暴露的女孩子在剑桥办公室里充当职员，为班农的到访做好准备。

这件事太荒谬了。盖特尔森和我互相发短信，分享有关波将金村的网页链接。波将金村是沙皇俄国时期为了讨好叶卡捷琳娜大帝在 1787 年的巡视特意建造的假村庄。我们将剑桥办公室命名为波将金站，无情取笑想出这个傻主意的尼克斯。但我和班农在酒店的第一次会面两个月后，我们一起穿行在剑桥分析的假办公室时，我看到他两眼放光。他信了，而且喜欢得不得了。幸运的是，他不曾注意到某些电脑连电线都没插上，某些雇来的女孩子连英语都不会说。

每次班农去剑桥，尼克斯都会把波将金站布置好。班农从未察觉这是假的。或者他察觉了，但他不在乎，只要公司符合他的愿景就好。到了给默瑟家族投资的新实体起名的时候，班农选择了剑桥分析，他说这是因为我们的总部在剑桥。所以说，剑桥分析的第一个定向目标就是班农本人。波将金站完美体现了剑桥分析的核心和实质，那就是给人们看他们想看的东西，不论真假，从而操控他们的行为，让这门艺术臻至化境。这个战略如此奏效，以至于史蒂夫・班农这样的人都上了亚历山大・尼克斯这种人的当。

第六章

特洛伊木马

剑桥分析是一家在采集大量数据之后将其用于设计和传播定向内容，从而大范围影响民意的公司。不过，如果没有目标人群的心理画像，这些打算都实现不了。后来我们惊讶地发现，通过脸书获得目标人群的心理画像不费吹灰之力，因为脸书对数据采集许可程序的监管非常松散。……“脸书对你的了解胜过你生活中的所有其他人，甚至你太太。”

“你知道，美国国防部高级研究计划局资助了他们的一些项目，”有一次坐火车从伦敦去剑桥的途中，布伦特·克里卡德告诉我，“如果你想扩大团队，就应该去找他们。”作为SCL的心理学家，克里卡德身兼两职，一边为SCL工作，一边在剑桥大学某个心理实验室里从事学术研究。像我一样，他迷恋于我们的项目可能产生的结果，所以他很愿意向公司推荐世界一流的心理学研究者。剑桥大学心理系在运用社交媒体数据进行心理画像方面处于领先地位，突破连连，政府研究机构也因此产生了兴趣。剑桥分析后来的发展在很大程度上依赖于剑桥大学发表的学术研究成果。

剑桥分析是一家在采集大量数据之后将其用于设计和传播定向内容，从而大范围影响民意的公司。不过，如果没有目标人群的心理画像，这些打算都实现不了。后来我们惊讶地发现，通过脸书获得目标人群的心理画像不费吹灰之力，因为脸书对数据采集许可程序的监管非常松散。这个故事得从我刚去SCL上班，剑桥分析还没有作为美国公司的子品牌创立前讲起。布伦特·克里卡德带我参观过剑桥大学心理测量中心。参观之前，我已经阅读过他和他在该中心的同事撰写的多篇论文，对他们把机器学习和心理测量试验整合起来的新颖做法很感兴趣。在我看来，他们研究的问题跟我们在 SCL 研究的问题几乎一样，虽说目的有一点不同——或者说当时我以为不同。

有关怎样从社交数据推断人的心理倾向的论文发表在心理学界的一些顶级学术期刊上，如美国《国家科学院院刊》（*Proceedings of the National Academy of Sciences*，简称 *PNAS*）、《心理科学》（*Psychological Science*）和《人格与社会心理学杂志》（*Journal of Personality and Social Psychology*）等。论文里证据确凿：社交媒体用户的点赞、状态更新、群聊、关注和点击规律等蛛丝马迹一旦集合到一起，就能准确揭示一个人的人格。脸书频频支持对其用户的此类心理研究，还向学术研究人员提供读取用户隐私数据的特权。2012 年，脸书为"利用社交网络系统的传播和特点判断用户人格"申请美国专利。在专利申请书中，脸书解释说，公司之所以对心理画像感兴趣，是因为"推导出来的人格特点同用户画像关联存储，可以用于目标定位、排名、产品版本选择，以及其他各类目的"。所以美国国防部高级研究计划局对把心理画像用在军事信息战上感兴趣，而脸书对把它用在提高在线广告的销售额上感兴趣。

在剑桥大学唐宁学院的一栋建筑前，我发现了一块小小的牌匾，上面写着"心理实验室"。楼里空气混浊，至少从 20 世纪 70 年代以来就没有重新装修过。我们爬了几段楼梯，来到狭窄走廊尽头的最后一间办公室。在那里，克里卡德把我介绍给亚历山大・科根博士。这位剑桥大学的教授专攻心理特质的计算建模。科根看起来有点孩子气，穿着跟举止一样不自然。他傻笑着站在办公室中央，周围满是成堆的论文和当年他在香港上学时随意收集的装饰品。

一开始，我被科根一口带着纯正美国口音的英语糊弄住了，以为他就是美国人，虽说他讲话的语气有点夸张。后来我才知道，他在苏联解体前几年出生于摩尔达维亚苏维埃社会主义共和国，在莫斯科度过了一段童年时期。1991 年苏联解体后不久，他和家人一起移民到美国。从加州大学伯克利分校毕业后，他去香港攻读了心理学博士学位，之后才来到剑桥大学任教。

克里卡德把我介绍给科根是因为他知道科根在实验室里做的研究对 SCL 非常有用。不过，他也知道尼克斯偏好跟人在什么地方见面，所以决定找一个有开胃小菜和红酒的地方把科根引见给尼克斯。尼克斯这人喜怒无常，他可能会因为某人的领带不讨喜或者选了他不喜欢的餐馆而对这人不屑一顾。于是克里卡德在伦敦国王十字火车站附近的大北方酒店楼上的酒吧里订了位子，我们都到那里去碰头。那天科根正好来伦敦，返程前专门挤出时间给我们介绍他的研究工作。尼克斯晚间外出玩乐时常常会喝高，这很正常，但我从未见过他像那晚那样沉醉于别人的嗓音，而不是他自己的。当晚的话题是社交媒体。

“脸书对你的了解胜过你生活中的所有其他人，甚至你太太。”科根告诉我们。

尼克斯从沉醉中惊醒过来，又变成了平常那副让旁人觉得尴尬的模样。“有时候太太最好不知道某些细节，”他浅斟慢饮地说起了俏皮话，“我干吗需要或者想要一台电脑来提醒我——或者她？”

“你可能不想要，”教授回答说，“但是广告主想要啊。”

“这人有意思，但我觉得他听上去不像正宗的剑桥人。”尼克斯嘟囔道。趁着科根去上厕所，他又喝了不少酒。

“因为他不是剑桥毕业的，亚历山大。老天爷……他只是在那里教书！”

克里卡德翻起了白眼，尼克斯分散了我们对更重要的事情的注意力。SCL 看了科根的研究课题后，尼克斯迫不及待地想让他发挥作用。当时 SCL 刚刚从默瑟那里拿到融资，正在筹建美国的新公司。不过，在尼克斯准许科根接触他所看重的在美国的项目之前，科根先得在加勒比海地区证明自己的实力。那时是 2014 年初，科根正在同圣彼得堡国立大学的研究人员合作，进行一个由俄罗斯政府公共研究基金赞助的心理画像项目。科根在圣彼得堡担任顾问的那个团队收集了大批社交媒体用户的档案数据，并将其用于分析网络上的口水战行为。鉴于俄罗斯的这个社交媒体研究项目关注的是适应不良及反社会特质，SCL 认为可以把它运用到特立尼达项目上，因为特立尼达和多巴哥国家安全部的职员有意对该国公民的犯罪倾向做预测性建模实验。

在一封发给特立尼达和多巴哥安全部和该国国家安全委员会的有关“通过（数据）拦截对犯罪心理统计进行画像”的电子邮件中，一个 SCL 员工写道：“我们可能会让亚历山大·科根参与，或者深入研究一下他为俄罗斯人做的有趣的工作，看看它怎样应用或者能否应用到我们的项目中来。”

科根最终同意协助 SCL 的特立尼达项目。关于如何对以往研究已经识别出来的、跟反社会或反常行为相关的心理建构体进行建模，他给 SCL 献计献策。作为协助策划项目的回报，科根想要数据。

他开始跟 SCL 商谈，希望能够把 SCL 收集的 130 万特立尼达人的数据集用在他自己的研究上。我喜欢科根的原因在于他愿意立即动手实现目标，跟那些习惯了在学术生涯上以冰川移动般缓慢速度前进的普通教授不一样。此外，他给人以诚实、雄心勃勃和坦率的印象。当然，为了理念和追求知识，他也会兴奋过头，显得有点天真。

一开始，我和科根相处得颇为融洽。他和我一样对新兴的计算心理学和计算社会学感兴趣，我们会连续几小时地讨论行为模拟的前景。谈到 SCL 时，我可以感觉到他的兴奋。与此同时，科根有点古怪，我注意到他的同事会在背后嘲讽他。不过我并不在意，如果真在意的话，也只是让我因此而跟他更有共鸣——毕竟我自己也经常是他人嘲讽的对象。再说了，不古怪一点的话又怎么会来 SCL。

2014 年 1 月，科根加入特立尼达项目。当时我们跟班农在美国搞的项目也刚刚进入早期试验阶段。我们在定性研究的基础上设想了一些有待测试的理论，但可用的数据还不足以完成心理画像。消费者信息——例如来自航空公司会员、媒体公司和大型连锁商店等的信息——未能生成足够强大的信号供我们进行心理属性预测。这也没什么奇怪的，因为仅仅在沃尔玛购物并不能界定你是什么样的人。我们可以推断出人口统计或财务上的属性，但是推断不出人格——例如，外向人格和内向人格的人都在沃尔玛购物。我们需要的数据集不仅要覆盖相当大比重的美国人口，还得包含跟心理属性有显著关系的数据。我们猜想我们需要的是那种我们在美国以外的其他项目里面用过的数据，例如点击流数据，或者是科根经观察在人口普查记录里注意到的那些变量。

科根为 SCL 做的第一个项目是特立尼达项目，但他对美国项目更感兴趣。他告诉我，如果让他参加美国的工作，他在心理测量中心的团队也会参与进来，填补我们在变量和数据类别上的空白，创建出更可靠的模型。他开始申请读取我们的某些数据集，以便判断训练集里还缺什么。训练集就是我们用来“训练”模型，从而识别出其模式的样本数据集。不过，这并非问题的症结。克里卡德告诉他，我们已经构建了初始模型，也有了训练集，但是我们缺大规模的数据。我们找不到既包含有助于预测心理特质的变量，同时又覆盖广泛人群的数据集。这才是真正的绊脚石。科根说他能为我们解决这个问题，只要我们允许他把数据用在他自己的研究上。他说，要是让他加入美国项目，我们就可以在剑桥大学建立首个全球性的计算社会心理学研究所。我一听就动心了。心理学、人类学和社会学等社会学科都面临一个挑战，那就是它们的数值数据相对缺乏，因为对一整个社会的抽象文化或社会动态进行测量和量化太难了。也就是说，除非你能把所有人的虚拟克隆输入电脑并观察他们的相互作用，否则就做不到。科根的建议让我感觉手里有了一串能够打开社会研究新大门的钥匙，拒绝的话怎么说得出口呢？

2014年春，科根介绍我认识了心理测量中心的其他几位教授。戴维·史迪威博士和迈克尔·科辛斯基博士当时正在研究他们从脸书那里合法采集来的一个巨大的数据集。他们是社交媒体赋能的心理画像领域的开拓者。2007年，史迪威创建了一个叫作“我的人格”（myPersonality）的应用程序。用户注册之后，做一个测试就能够获悉自己的人格画像。获得画像结果后，该应用程序会采集这个画像并将其储存起来，供研究使用。

这两位教授撰写的有关脸书的第一篇论文发表于2012年，迅速引起学界的注意。在科根介绍我们认识后，科辛斯基和史迪威跟我提到，他们在历年的研究中积累了脸书庞大的数据集。他们说，美国军方的研究机构美国国防部高级研究计划局是他们研究的资助者之一，所以他们非常适合为军事承包商工作。在我们的交流过程中，史迪威话很少，但科辛斯基显然雄心勃勃，不断示意史迪威说话，好让我们的谈话进行下去。科辛斯基知道这些数据非常有价值，但他需要史迪威同意才能把数据转让给他人。

“这些数据怎么来的？”我问。

他们告诉我，他们在脸书上发布应用程序来收集数据，脸书基本上问都不问就让他们拿走了。脸书欢迎大家在它的平台上做研究。它对用户的了解越多，就越能拿用户去换取收入。从两位教授的介绍中可以听出来，脸书对数据收集的批准和控制程序松得令人难以置信。只要有人用过史迪威和科辛斯基发布的应用程序，两人就能接收到那个人的脸书数据，外加那个人所有好友的数据。脸书并未规定应用程序在收集用户好友的数据前必须征得其好友的同意，因为在它看来，成为脸书用户就等同于允许脸书拿走用户数据——即便用户的好友根本不知道某个应用程序正在采集他们的私人数据。脸书用户的平均好友数量在150人到300人之间。我的思绪转向班农和默瑟，因为我知道他们一定会喜欢这个创意——尼克斯也会因为他们喜欢而喜欢。

“让我确认一下，”我说，“如果我在脸书上开发了一个应用程序，然后1000个人用了这个程序，我就拿到了……差不多15万人的个人资料？真的吗？脸书真的允许你们这么做？”

“没错。”他们说。要是有 200 万人下载了这个应用程序，我们就能获得 3 亿份个人资料，当然还要刨去其中重合的好友。这将是一个庞大得令人震惊的数据集。在这之前，我使用过的最大的数据集就是特立尼达那个有着 130 万份个人档案的数据集。我以为这个数据集够大的了，可跟脸书的相比，它的量级完全不在一个档次上。在别的国家，我们得获得特别许可才能读取数据，或者得花几个月的时间搜刮、收集某些人群的数据，而那些人群的规模要比脸书的小好几个量级。

“那你们是怎么诱导大家下载这个应用程序的呢？”我问。

“我们付钱给他们。”

“多少钱？”

“一美元，有时候两美元。”

要记得，我们公司有 1500 万美元，花钱如流水。这两位教授刚才却告诉我，只要花……100 万美元左右就能买到几亿数据。我不用想都知道该怎么做。

我问史迪威我能否用他们的数据运行一些测试。我想借此看看特立尼达项目的结果能否复制，因为我们在特立尼达读取过网络浏览历史之类的相似数据。如果测试结果表明来自脸书的个人资料如我希望的那样具有价值，那我们不仅仅能如默瑟所愿创造出一个强大的工具，更酷的是，我们还会把一个全新的学术研究领域变成主流，那就是计算心理学。我们正站在行为模拟这一门崭新的科学的前沿，其前景让我雀跃不已。

脸书创建于 2004 年，当时是大学生与同龄人交流的一个平台。几年后，这个网站发展成世界上最大的社交网络，几乎所有人——甚至你的父母——都在上面分享照片、发布无伤大雅的状态更新、组织派对。在脸书上，你可以点赞某个品牌的页面、某个话题以及朋友们的发帖。点赞功能的目的是给用户一个打造个性的机会，也让他们借此了解自己心仪的品牌、乐队或名人的最新信息。脸书把点赞和分享视为它所谓的“社群”的基础。当然了，这也是脸书盈利模式的基础，广告主可以根据脸书的数据优化他们的定向传播。脸书还建立了一个应用程序接口，方便用户使用在脸书上发布的应用程序，这些程序能够获取他们的个人资料，以便“提供更好的用户体验”。

21世纪初的研究人员很快就意识到，一个又一个国家的人民都把他们自己的数据整合到了一个地方。脸书上的个人主页包含个人在家居环境中的“自然”行为的数据，不过窥探这些数据的研究人员没有留下足迹。每一次下拉屏幕、每一个动作、每一次点赞都会被追踪。什么都找得到——细微的个人差异、兴趣、厌恶的人或事物，而且这一切都是可以量化的。这就意味着来自脸书的数据的生态效度①越来越高，因为这些数据不是在研究人员的提问下生成的，不存在研究人员注入的偏差。换句话说，人类学或社会学运用的传统的被动定性观察的许多优点得以保留，但现在由于许多社会和文化互动被采集并储存为数字数据，我们又获得了量化研究才有的泛化优点。在此之前，如果有人想获得这样

---

①研究结果能够推论到样本的总体和现实环境中去的程度，表示出研究的代表性和普适性。

的数据，只能找银行或电信公司，而后者受到严格监管，不得透露此类私密信息。然而，社交媒体同银行或电信公司不一样，几乎没有法律约束它对极精细的个人数据的读取。

虽然许多用户经常会把线上活动和真实生活区别开来，但他们使用社交媒体后生成的数据——从看完某电视剧本季大结局之后的感想到点赞某些人在周六晚上外出时拍下的照片——是从网络之外的线下生活里生成的。换句话说，脸书的数据就是真实生活的数据。而且随着人们的生活重心日渐向手机和网络倾斜，真实生活数据只会越来越多。这样一来，分析师往往就没必要向用户发问了：你只需创建算法，由算法在用户自然生成的数据里寻找离散规律。一旦你那样做了，系统本身就能从你从未注意过的数据里揭示出规律。

脸书用户把自己的资料都收集到了一个地方，还采用了同一种数据形式。我们不需要连接 100 万个数据集，也不需要进行复杂的数学运算来填补缺失的数据。信息早已到位，因为每个人都自动奉上了他们的实时自传，就在脸书上。如果你打算另起炉灶创建一个观察和研究人的系统，这个系统不会优于脸书。

事实上，2015 年由吴友友、科辛斯基和史迪威完成的一项研究表明，他们设计的一个计算机模型可以精准地通过脸书上的点赞数据预测出人类行为。只要有某人的 10 个点赞数据，该模型对此人行为的预测就会比此人的一个同事还准确。如果有某人的 150 个点赞数据，该模型对此人行为的预测准确率就会比此人的家人还高。如果有某人的 300 个点赞数据的话，该模型对此人的了解胜过此人的配偶。部分原因在于，朋友、同事、配偶和父母往往只看到你生活的一部分，而且你的行为受到你和这些人的关系的调控。你的父母可能从来没有见过你在凌晨3点吞下两颗摇头丸后胡言乱语式的疯狂，你的朋友或许从未目睹过你在办公室上司面前的缄默恭敬。他们对你的印象都不太一样。但脸书窥探到了你同他人的关系，用你的手机跟踪你，记录你上网时点击了什么、买了什么。于是，这个社交网站上的数据越来越能反映"真实"的你，胜过你的朋友或家人对你的判断。在某些方面，计算机模型对某人习惯的了解甚至超过他本人——这个研究结果迫使研究人员在论文里添加了一则警告。"计算机在人格判断方面优于人类，"他们写道，"这既给心理评估、市场营销和个人隐私带来了重大机遇，也给它们带来了挑战。"

有了足够多的来自脸书的数据，我们终于有可能首次尝试在计算机里模拟人类社会。其意义震撼人心：从理论上来说，你可以模拟一个未来社会，制造种族冲突或贫富不均等问题，然后静观事态发展。接着你可以回溯，改变输入数据，探索缓解这些问题的方法。换句话说，你可以为现实世界中出现的问题的解决方案建模，但是在电脑里进行实验。在我心目中，社会即游戏的整个构想是史诗级别的。科根向我提议的那个研究所让我着迷，我很想把它建起来。不仅仅是我们这一小群人对此热衷，世界各地的教授都跟我们一样心潮澎湃。科根跑去哈佛大学见了几个人，然后给我发电子邮件，把他们的反馈告诉我。他说："这个操作可以改变游戏规则，变革社会科学。"起初，史迪威和科辛斯基看起来也很兴奋。然后，科根向他们透露说剑桥分析有2000万美元的预算，之前的学术同志情谊立马烟消云散。

科辛斯基发邮件给科根，要求拿到50万美元的前期经费，外加他们所拥有的脸书数据的“使用费”的50%。那时候，我们甚至还没有进行过现场测试，不知道这个设想的大规模实施能否成功，他们却已经狮子大开口了。尼克斯让我回绝他们，科根因此惊慌失措，以为这个项目要流产了。于是，在我回绝科辛斯基金钱要求的第二天，科根说他可以自己做，按他原先提的要求来——他会帮我们弄到数据，剑桥分析支付成本价，而他可以把数据用到他自己的研究上。科根说他能使用更多已经从脸书那里获准收集好友数据的应用程序。我立马戒备起来，认为科根可能还是打算悄悄地使用史迪威和科辛斯基开发的应用程序，但他坚持说他已经自行开发了应用程序。“好吧，”我说，“证明一下，转储数据给我。”为了确保这些数据不是来自史迪威和科辛斯基的应用程序，我们给了科根一万美元，让他测试他的新应用程序，获得新数据集。他同意了，而且没有为自己要钱，只想要一份数据拷贝。

虽然那时候科辛斯基从来没对我说过这话，但他后来说他打算把脸书数据的使用许可费交给剑桥大学。然而，剑桥大学强烈否认自己参与过任何脸书数据项目，所以现在我不清楚该大学当时是否知晓这个潜在的财务安排，也不清楚它会不会接受这笔资金。

接下来一周，科根发给SCL几万份脸书用户的档案数据，然后我们做了一些测试以确认这些数据的价值符合我们的预期。结果甚至比我们想象的还要好。它包含几万个用户的完整的个人资料——姓名、性别、年龄、居住地、状态更新、点赞、好友，应有尽有。科根说他在脸书上开发的应用程序甚至还可以调阅私信。

“好吧，”我告诉他，“我们开始吧。”

我跟科根开始时，很想建立一个研究所来保管我们收集的脸书、点击流和消费者数据，供心理学家、人类学家、社会学家和数据科学家使用——任何对此感兴趣的学者都可以使用。让我在伦敦艺术大学的时尚学教授们高兴的是，科根甚至同意让我插入几个服装款式和美学方面的测试项，方便我撰写博士论文。我们打算走访世界各地的大学，不断扩大数据集，这样的话，我们就可以开始为社会科学领域的话题建模。哈佛医学院的一些教授建议我们读取他们几百万病人的基因档案，这下连我都对这个创意的演化表示惊诧了。科根告诉我，想象一下，如果把个人真实的数字行为数据库和他们的基因数据库打通，威力会有多大。科根很激动——有了基因数据，我们就可以运行强大的实验，找到先天重要还是后天重要这个辩论的终解。我们知道自己正站在一股大浪潮的风口浪尖上。

我们的第一批数据来自一个叫 Amazon MTurk（亚马逊土耳其机器人）的微任务网站。起初，MTurk 仅供亚马逊公司内部使用，以支持一个图像识别项目。该公司需要训练算法，让它们学会识别照片。该项目的第一步是对照片进行人工标注，然后人工智能才能用标注正确的照片集进行学习。亚马逊愿意为每个人工标注支付一美分的酬劳，结果成千上万的人报名参加这个工作。

亚马逊公司看到了商机，于是在 2005 年把 MTurk 剥离出来，让其独立经营，称之为“人工的人工智能”。现在，其他公司可以在这个平台上花少量的钱请人在空余时间完成一些微任务，例如录入收据扫描件、识别照片等。这其实就是让人从事机器的工作，甚至MTurk这个名字也值得玩味。MTurk是“Mechanical Turk”（土耳其机器人）的简写，这是18世纪时的一台会下棋的“机器”，当时引起世人的惊叹，但真相是机箱里面藏了一名矮小的男子，是他操纵着特制的杠杆移动棋子。

心理学家和大学研究人员很快就发现，用MTurk来动员大批人员进行人格测试是一种很好的方式。有了它，研究人员就不需要四下征集愿意做问卷的大学本科生，更何况由大学本科生组成的样本并没有真正的代表性，而是可以吸引到世界各地形形色色的人。他们可以邀请MTurk会员做一个一分钟测试，然后支付一点点报酬。测试结束时，屏幕上会出现一个支付码。接受测试的人可以把这个支付码输入亚马逊页面上，亚马逊就会把报酬转到他们的亚马逊账户里。

科根开发的应用程序同MTurk相呼应：要是有人同意接受有偿测试，他们则必须在脸书上下载科根的应用程序才能拿到这一小笔报酬。他们往应用程序里输入一个特殊代码，该应用程序就会提取问卷调查的所有答案，存入一张表。随后它会提取该用户的所有脸书数据，存入第二张表。再之后，它会提取该用户所有脸书好友的数据，存入第三张表。

用户会填写各种各样的心理测量问卷，但每张问卷的开头都是一个经过同行评审及国际验证的人格测量工具，名为“大五人格量表”（IPIP NEO-PI）。这个测量工具里包含几百道测试题，例如“我跟他人保持距离”“我喜欢听到新见解”和“我不假思索地行动”。回收的问卷同脸书上的点赞数据结合后就可以做出可靠的推断。例如，外向型人格更偏好电子音乐，开放性得分高的人更喜欢魔幻电影，神经质得分高的人喜欢浏览“我讨厌我父母看我的手机”之类的页面。不过，我们能推断出来的不仅限于人格特质。也许下面的推断没什么让人惊讶的，但在脸书上给小甜甜布兰妮·斯皮尔斯、魅可化妆品或Lady Gaga点赞的美国男子是同性恋的概率比较高。虽说每一个单独的点赞都不足以预测出什么东西来，但当它同成百上千个其他的点赞结合起来之后，再加上别的选民或消费者数据，就可以做出强大的预测。心理画像算法一旦受过训练、得到过验证，就可以用在脸书好友的数据库上。虽然我们没有专门用于对好友进行画像的问卷调查，但我们可以查看他们的点赞页面，这表明算法可以读取那些数据，推断如果该用户的好友填写问卷的话会怎么回答。

这个项目持续了一整个夏天，我们探索过的心理学建构体越来越多，而科根的建议也开始同班农的要求完美匹配。科根勾勒了下一步研究的走向，他说我们应该开始考察人们的生活满意度、公正意识（对他人公正还是抱有怀疑态度），以及一个叫作“感官刺激和极端兴趣”的建构体。后者在法医心理学中日渐被用于理解越轨行为，这种行为可以细分为“尚武精神”（枪支、射击、武术、十字弓、刀具）、“极端神秘主义”（毒品、黑魔法、异教信仰）、智力活动（唱歌和音乐制作、国外旅行、环保）、“轻信神秘现象”（超自然现象、飞碟）和“有益健康的爱好”（露营、园艺、徒步）。我最喜欢的是一个总分为五分的量表，测量人对“星座的信仰”。办公室里的几个同性恋者开玩笑说，我们应该把它剥离出来，开发一个“星象匹配度”功能，将其连接到同性恋交友软件“基达”上。

通过科根的应用程序，我们不但获得了一个助力我们创建高质量算法的训练集——因为数据极其丰富、密集、有意义，而且还额外获得了成百上千个好友的档案。所有这些好处的代价不过是每安装一次付费一到二美元。第一轮数据采集结束了，我们的预算还没花完。管理学总说项目运行有一条黄金法则：你可以低成本、快速或者高质量地完成一个项目，问题是，你只能在其中三选二，因为你永远不可能同时达成这三个目标。这是我生平第一次见到这条黄金法则被打破——科根在脸书上开发的应用程序比我能想象的任何其他工具都更快、更高质量、更便宜。

我们计划在 2014 年 6 月上线这个应用程序。我记得当时天气很热：虽然夏天快到了，但尼克斯为了省钱把空调关了。我们已经花了好几周的时间调校这个应用程序，以确保万无一失，能够收集到正确的数据，而且这些数据导入内部数据库时也不会出差错。平均而言，一份问卷能够带来 300 份其他人的档案，他们每人都有几百个点赞供我们分析。我们需要组织和追踪所有的这些点赞。整个脸书网站上有多少帖子、照片、链接和页面可以点赞呢？几万亿个。例如，俄克拉何马州一个随机选取的乐队的脸书页面在整个美国可能有 28 个人点过赞，但这在特征集里仍算作这个乐队自己的点赞数据。如此大规模的复杂项目很容易出错，所以我们花了很多时间测试处理大规模数据集的最佳方式。一旦我们有了足够的信心，确保一切顺利，项目就该上马了。我们往账户里存了 10 万美元，用来在 MTurk 上招募用户，然后静静等待。

当时我们都站在电脑旁，而科根在剑桥。科根启动了应用程序，然后有人说："可以。"就这样，我们的项目上线了。

上线伊始的情况只能用史上最虎头蛇尾的项目启动来描述。什么动静都没有。五分钟过去了，十分钟，十五分钟，办公室里的人开始焦虑地走动起来。"这怎么回事？"尼克斯咆哮起来，"我们干吗站在这儿？"不过，我知道要过一会儿 MTurk 上的用户才会注意到我们的调查问卷、填写问卷，然后安装应用程序以便领取报酬。就在尼克斯开始抱怨后不久，第一份数据来了。

之后是洪水大浪。我们收到了第一份档案，两份，二十份，一百份，然后是一千份——全都在几秒钟之内涌入了我们的系统。朱西卡斯在档案计数器上安装了一个随机作响的提示音，主要是因为他知道尼克斯喜欢傻乎乎的音效，而且看到尼克斯很容易被那些老套的技术花招所吸引让他觉得很好玩。随着档案数字的急剧上升，朱西卡斯的计算机嘟嘟嘟地响个不停。越来越多的好友档案进入数据库，计数器尾数上的零越来越多，数据表的个数也呈指数级增长。任何人看到了都会激动，但对我们当中的数据科学家来说，这相当于给他们打了一针高纯度的肾上腺素。

我们文雅的首席技术官朱西卡斯抓起一瓶香槟酒。他这人待人友好，喜欢派对，一直坚持办公室里要放一箱香槟酒以备庆祝之需。这下可用上了。他在立陶宛苏维埃社会主义共和国衰落时期一个赤贫的农场长大，后来历经多年，将自己重塑为剑桥精英，一个信奉今朝有酒今朝醉的花花公子，因为明天你就可能离开人世。朱西卡斯做什么都会极端、过火。正因为如此，他此前为办公室买了一把拿破仑战争时期的古董军刀，现在它派上用场了。既然有军刀，开香槟干吗要走寻常路?

他抓起一瓶巴黎之花美丽时光香槟（他的最爱），解开固定软木塞的外包装，倾斜瓶身，优雅地一挥军刀，瓶塞就被干净利落地削掉了，香槟喷了出来。我们注满酒杯，欢庆成功。这是我们当晚喝掉的许许多多瓶香槟中的第一瓶。朱西卡斯后来解释说，用军刀开香槟不是暴力破解，你得研究瓶身，精确优雅地击中它最薄弱的地方。如果找对了地方，你只需要施加很小的外力——基本上就是让酒瓶自己打开。你黑进了酒瓶设计的缺陷。

默瑟刚投资那会儿，我们以为自己能有几年时间把项目完全搞起来，但班农立马打破了我们的幻想。“九月份就得搞好。”他说。我说是不是有点太快了。他说：“我不管，我们刚给了你们一千多万，这就是你们的截止日期。想办法去吧。”2014 年中期选举即将到来，他要在那之前让“里彭项目”——里彭是共和党成立的地方，在威斯康星州，班农用它来命名我们当时的那个项目——投入使用。我们许多人都朝班农翻白眼。自打投资我们公司后，他变得越来越古怪。不过我们觉得还是要安抚他对政治的痴迷，这样我们才有可能创造出颠覆科学的东西来。只要目的正当，就可以不择手段。我们不断用这话安慰自己。

为了视察项目进展，他来伦敦的次数增加了。其中有一次他到访的时候，我们的应用程序刚刚上线不久。我们再次坐进会议室，会议室前面有一块巨大的屏幕。朱西卡斯做完简要介绍后转向班农。

“随便说个人名吧。”

班农似乎被逗乐了，说了个人名。

“好的，现在随便说个州。”

“我不知道，”他说，“内布拉斯加州吧。”

朱西卡斯在查询框里输入了人名和州名，屏幕上跳出一个链接列表，全是内布拉斯加州叫这个名字的人。他点击了其中一个，有关她的一切都显示在屏幕上。有她的照片，她的工作地点，她的家，她的孩子们，孩子们的学校，她开的汽车。2012 年她把票投给了米特·罗姆尼，她爱水果姐凯蒂·佩里，她开奥迪，她有一点点简单……我们知道她的一切，而且她的许多档案信息还在实时更新中，所以要是她正好在脸书上发帖，我们就能看到。

我们不但有她所有的脸书数据，而且还把这些数据同我们买来的商业数据和州管理局数据融合起来。此外，我们还有从美国人口普查数据里得出的估算值。我们有她的抵押贷款申请数据。我们知道她挣多少钱，有没有枪。我们有她的飞行里程信息，所以知道她出行乘飞机的频率。我们看得出来她是否结了婚（她没结婚）。我们了解她的健康状况。我们还有她家的卫星图片，很容易就能从谷歌地球获得。我们在电脑里重建了她的人生。她对此一无所知。

“再给我另外一个名字。”朱西卡斯说。他又示范了一遍。然后又一遍。到第三个画像的时候，尼克斯——他几乎一直都心不在焉——突然坐直了。

“等等，”他说，眼睛在黑框眼镜后面瞪得溜圆，“这种个人资料，我们有多少份？”

“你这人怎么搞的？”班农插嘴道，恼火地看了尼克斯一眼，觉得他对项目很不上心。

“我们现在有几千万份个人资料，”朱西卡斯说，“按照这个速度，到年底我们就可以累积到两亿份，只要经费充足。”

“我们对这些人了如指掌？”尼克斯问。

“对，”我告诉他，“重点就在这儿。”

尼克斯眼睛一亮。这是他头一回真正弄明白我们在做什么，他对“数据”和“算法”这样的东西一点兴趣都没有，可是一旦在屏幕上看见了真人，并知晓此人的一切，他就被迷住了。

“我们有他们的电话号码吗？”尼克斯问。我告诉他有。然后，在他那偶尔爆发一次的奇思妙想的驱使下，他打开免提电话，要我们报电话号码给他。朱西卡斯一边报，他一边用力按下数字。

铃响了几声后，有人接听了。我们听到一个女人说“喂？”。尼克斯用他最优雅的腔调说：“您好，女士，非常抱歉打扰您，但我是从剑桥大学给您打来的电话。我们在做一项调查，请问珍妮·史密斯女士在吗？”那个女人说她就是，于是尼克斯开始根据我们从她数据里了解到的情况向她发问。

“史密斯女士，可否透露一下您对《权力的游戏》这部电视剧的看法？”珍妮对这部电视剧赞不绝口，正如她在脸书上的评论。“上次大选您是不是把票投给了米特·罗姆尼？”珍妮确认了这一点。尼克斯又问她的孩子们是否在某某小学上学，珍妮也确认了。我转头看班农，他咧嘴大笑着。

尼克斯挂断电话后，班农说：“让我试一次！”会议室里的所有人都轮流试了一次。想想看，这些人坐在艾奥瓦州、俄克拉何马州或印第安纳州家中的厨房里，跟一帮远在伦敦的家伙打电话，后者眼前有他们家的卫星图片、全家福照片等他们所有的个人信息，真是离奇。现在回想起来，班农——当时还寂寂无闻，一年多后才会因为担任唐纳德·特朗普的顾问而臭名昭著——坐在我们的办公室里随机打电话给美国人，问他们很个人的问题，真是疯狂，而且接电话的人还很乐意回答。

我们成功了。我们在电脑里重构了几千万个美国人，几亿份美国人的数据还在路上。这是一个史诗性的时刻。我为我们创造出了这么强大的东西感到自豪。我相信接下来几十年人们一直都会谈论它。

第七章

黑暗三人格

自由地探索，不受琐碎的组织内斗的羁绊，或首次尝试的理念不因其新而遭到冷落，这于我而言是第一次。……剑桥大学的教授们经常夸奖我们这个项目极具开创性，心理学和社会学有可能因此而前进，这让我感觉自己肩负某种使命。

到了2014年8月，即我们的应用程序仅仅上线两个月后，剑桥分析就收集到了超过8700万个脸书用户的完整的数据，其中多数用户来自美国。因为MTurk上所有用户的资料都有了，所以我们转用另外一家叫Qualtrics的公司。这是一个总部设在犹他州的调查平台。剑桥分析几乎立刻就成了该公司最大的客户之一，印有Qualtrics标志的礼品袋接踵而来。朱西卡斯会在他那剪裁得体的萨维尔街西装里穿一件印有“我♥Qualtrics”的T恤到处走，大家觉得既好笑又荒谬。剑桥分析会收到来自普罗沃的发票，每次都是为他们“脸书数据采集项目”新增的2万名用户开的。

剑桥分析刚一开始收集这些脸书数据，帕兰提尔公司的高管就来打听。当他们得知我们团队已经收集的数据量——而且脸书听任剑桥分析这么做——之后，兴趣明显大增。来跟剑桥分析见面的高管想知道这个项目的运作原理。很快，他们就联系我们的团队，希望能够使用我们的数据。

当时，帕兰提尔还在为美国国家安全局和英国政府通信总部效力。那里的员工告诉剑桥分析，如果两家合作，就有可能在法网上打开一个很有意思的漏洞。2014 年夏天在位于索霍广场的帕兰提尔英国总部召开的一次会议上，有人指出政府安全机构以及帕兰提尔这样的承包商不可以大规模地采集美国公民的个人数据，如果这样做就是违法，然而——注意了——民调公司、社交网络和私营企业可以这么做。而且我得知，虽然直接监视美国人被禁止，但是美国情报机构可以利用美国人或美国企业向它们“自愿提供”的有关美国公民的信息。听到这里，尼克斯身体前倾，说道：“你的意思是说……像我们这样的美国民调公司。”他咧嘴笑了。当时我以为没人当真，但我很快就意识到自己低估了大家对获取这些数据的兴趣。

帕兰提尔的某些员工想到，脸书有潜力成为美国国家安全局能想象到的最好的秘密监视工具，条件是有另外一个实体“自愿提供”数据。这里我必须声明，这些谈话都是假设性的，帕兰提尔高层是否清楚这些讨论的详情未知，帕兰提尔公司是否有收到过来自剑桥分析的数据也未知。这些员工向尼克斯建议，如果剑桥分析允许他们访问采集到的数据，那么他们至少在理论上可以合法地把数据传递给美国国家安全局。在这种情况下，尼克斯告诉我，我们迫切需要跟帕兰提尔达成一个协议，“捍卫我们的民主”。当然了，这才不是尼克斯愿意让他们获取数亿美国公民的所有私人数据的真正原因。我们第一次见面时尼克斯就吐露过，他的梦想是成为“宣传界的帕兰提尔”。

帕兰提尔的一位首席数据科学家开始定期来剑桥分析办公室，跟我们的数据科学团队一起构建画像模型。他偶尔还会带同事来，但对于这整个安排，剑桥分析其他团队的成员都被蒙在鼓里——或许帕兰提尔内部也是同样的情况。我无法推测出其中原因，可帕兰提尔的员工会收到剑桥分析数据库的登录名和发件人一栏明显就是假名的电子邮件，例如“房地美博士”（房地美是 2008 年住房危机期间受到美国联邦政府救助的抵押贷款公司）。不过我确实知道，帕兰提尔的数据科学家在着手开发他们自己的脸书数据采集应用程序和数据抓取工具后，尼克斯请他们晚上加班，研发用于复制科根同期获取的数据的应用程序，甩掉科根。脸书应用程序不再是唯一采用的工具，剑桥分析开始测试各种看似无害的浏览器扩展工具，如计算器和日历，以便获得用户在脸书上的会话凭证。这样一来，剑桥分析就能以目标用户的名义登录脸书，采集他们和他们好友的数据。这些扩展工具事先被递交给几大常用网络浏览器的独立审核流程，而且都获得了批准。

我不清楚当时帕兰提尔公司的这些高管究竟是以官方名义还是非官方名义到访剑桥分析的，帕兰提尔公司此后一直坚持只有一名员工以个人名义在剑桥分析工作。老实说，到了这个地步，我真不知道该相信谁、相信什么。跟他同非洲项目的承包商打交道的做法一样，尼克斯经常会把一大包一大包的美钞带进办公室，同承包商进行现金结算。承包商干活的时候，尼克斯就坐在他的办公桌后面点数绿钞票，把它们分成一小堆一小堆的，每堆都有几千美元。有时候，承包商一周就能拿到几万美元。

多年前，尼克斯申请加入英国的外国情报机构军情六处，结果被拒绝了。他经常拿这事开玩笑，说他之所以被拒是因为自己不够无趣，与大家格格不入。但这次拒绝显然让他很受伤。现在他几乎一点都不介意谁能看到剑桥分析的数据，为了听到别人夸他有多了不起，他愿意显摆给任何人看。

2014 年暮春，默瑟的投资到位后，剑桥分析大肆招聘心理学家、数据科学家和研究人员。尼克斯引进了一个新的管理团队来组织快速增长的研究业务，虽然我保留了研究总监的头衔，但新来的运营经理们全权监督和规划这个快速成长的部门。似乎每天都有新项目出现，我有时候都搞不清楚项目是怎么获批开工的，为什么获批。我向尼克斯抱怨说自己对谁在做什么一无所知，他却觉得没问题，只是一心扑在声望和金钱上。他告诉我，卸掉部分担子和工作但头衔不变，大多数人都会觉得这是个美差。

这时候，我的确觉得一切都开始变得怪怪的，但每次跟同事们谈论起来，我们都设法相互安抚，为公司发生的一切找到合理的解释。尼克斯会讲那些上不得台面的事情，可他就是那样的人，没人会认真对待他。在默瑟扶植班农后，我要么忽视一些事情，要么为某些事情找了借口。事后想起来，它们显然都是红旗警告。班农有他“小众”的政治利益，但默瑟似乎为人严肃，不会涉猎班农那些没有价值、用于助兴的政治表演。如果要回答默瑟为何乐意砸钱在我们这么一个高度投机性的项目上，潜在的财务利益这个解释要合理得多。毫不夸张地说，默瑟在剑桥分析尚未收集到任何数据、不曾研发出任何软件之前就给了它几千万美元。从任何投资者的角度来看，这都是一笔高风险的种子资本[①]投资。然而，剑桥分析也知道默瑟既不愚蠢也不鲁莽，他投资前必定仔细计算过风险。当时，团队里有许多人都单纯地认为，为我们的创意冒了这么大的财务风险，默瑟一定期望我们的研究能让他的对冲基金赚得盆满钵满。换句话说，我们这家公司的成立不是为了推动另类右翼的崛起，而是为了帮默瑟挣钱。尼克斯对金钱毫不掩饰的热爱更是证实了大家的猜测。

当然了，现在我们后知后觉，知道事实并非如此。我没别的话可说，只能承认当时的自己比我想的还要天真。虽然相比同龄人，我的经验要丰富得多，可我那时只有 24 岁，显然还有很多东西要学。我加入 SCL 是为了帮助公司探索反激进化等领域，从而协助英国、美国及其盟国对抗新近涌现的线上威胁。我逐渐习惯了这类工作不同寻常的环境。在外人看来，这里似乎怪事连连，但我却觉得正常。信息战可不是什么普通的朝九晚五的案头工作，而且你遇到的人或情境都有点奇特。无论何时，但凡有人问起在某个遥远的国度开展的秘密项目是否符合道德标准，这人的天真和不通世情一定会遭到嘲笑。

自由地探索，不受琐碎的组织内斗的羁绊，或首次尝试的理念不因其新而遭到冷落，这于我而言是第一次。虽然尼克斯是个浑人，但他的确放手让我尝试新理念。科根加盟后，剑桥大学的教授们经常夸奖我们这个项目极具开创性，心理学和社会学有可能因此而前进，这让我感觉自己肩负某种使命。要是他们在哈佛

① 资助一家公司最初阶段的那笔资金，常被用于启动一个商业经营的想法。

大学或斯坦福大学的同行也对我们的工作感兴趣的话，我想我们肯定是摸到了门道。科根提议建立的那个研究所真的让我大为振奋。我预见到解锁这些数据后，世界各地的研究人员将在多个领域有所突破。我的话可能有陈词滥调之嫌，但当时我真心觉得自己在干一件大事——不只为默瑟，也不只为公司，而是为科学。然而，在这种感受的主导下，我让自己容忍了不可容忍之事。我告诉自己，为了真正认识社会，我必须钻研人性的黑暗面，哪怕它令人不适。要是我们不研究种族偏见、权威主义或者厌女倾向，我们怎么弄得懂它们呢？不过当时我还没有弄清楚研究某物和实际创造某物之间的界限。

班农取得了对公司的控制权。这位文化斗士野心勃勃，而且非常高深莫测。他认为，侧重选民种族的民主党人的身份政治，其实不如共和党人的身份政治强大，因为后者一贯坚称美国人的身份超越肤色、宗教偏好或性别。住在拖车公园里的白人男子不会认为自己归属特权阶层，虽然其他人可能会因为他的肤色而有此感觉。每一个人的头脑里都蕴含着多重身份认知，而班农的新工作就是想办法针对不同的身份认知进行目标定位。

我告诉班农，剑桥分析注意到的最突出的一点是许多美国人都觉得自己困居柜中——不只是同性恋者。我们先是通过焦点小组讨论识别出这一点，然后通过对在线样本库进行定量研究加以证实。异性恋白人男子，特别是年纪较大的那个群体，从小就被灌输了一套价值观念，认为自己享有一定的社会特权。从前，白人直男周围有女性或有色人种时说话不必有节制，因为不经意间表现出的种族主义和厌女倾向是他们的常态化行为。随着美国社会规范的演变，这些特权逐渐被削弱，许多此类白人直男的行为首次受到质疑。如今在工作场所跟女秘书“信口调情”会危及你的工作，在非裔美国人聚居的城区谈论“暴徒”会让你的同侪避之不及。这些遭遇往往令他们不适，而且威胁到了他们“普通人”的身份。

以前不习惯抑制自己的冲动、注意自身的肢体语言和缓和言辞的男子不得不费心费力地改变，不断纠正自己的公众表现。他们觉得自己遭受了不公的待遇，因而愤愤不平。让我觉得有意思的是，这些愤怒的直男的话语跟同性社群追求自由的话语非常相似。这些男子开始体会到密闭柜中的苦楚，不喜欢那种必须改变自己才能被社会认可的感觉。虽然同性恋困居柜中的原因跟种族主义者和厌女者困居柜中的原因大相径庭，但这些白人直男还是在自己的头脑里感觉到了一种主观上的压迫性体验，而且他们已经准备好“出柜”，让美国重回伟大——对他们而言的伟大。

“你想想，”我对班农说，“茶党[①]集会传递的信息跟同志骄傲大游行传递的信息一样：请勿践踏我！让我做我自己！”愤怒的保守派人士感觉他们不再能当“真男人”，因为女人不肯和那些沿袭千年男性行为的男人约会。为了取悦社会，他们不得不隐藏真我，为此他们很恼火。在他们心目中，女性主义把“真男人”锁进了柜中。这令人蒙羞，而班农知道受辱男人的力量势不可当。这是他很愿意探索（和利用）的一种心态。

剑桥分析创立后刚刚崭露头角的非自愿独身者社群正是他

① 指在美国兴起的反对奥巴马税收政策的新兴政治力量，借用的是1773年“波士顿倾茶事件”的历史典故。

心中的目标。非自愿独身者指的是那些被社会——特别是被女性——无视和严惩的男子，该社会不再看重普通男性。非自愿独身者社群是男权运动的一个分支，其部分动因是随着日益增长的经济不平等，千禧一代的年轻人无法像父辈一样从事高薪工作。除了丧失经济特权，传统和社交媒体所偏好的越来越不可企及的男性形象的标准也让他们深受其害（公众对男性所承受的身材压力和性别压力的认知不如他们对女性在这些问题上的认知）。长相在约会中日益重要，越来越多的人通过快速左滑屏幕上的照片（不喜欢）还是右滑屏幕上的照片（喜欢）决定是否与其约会。此外，随着女性在经济上的日益独立，她们有条件对伴侣精挑细选。既不够好看、收入又不够高的"普通男人"就经常面临爱意被拒之门外的严酷现实。

部分此类男性开始在4chan这样的网络论坛上集结。后来这些论坛逐步衍生了众多板块，有表情包、奇幻饭圈、小众色情、流行文化和身处日渐碎裂的社会中的不得志男性的反文化思潮。21世纪初的那10年间，不得不独居的青年男子开始进行虚无主义的讨论。他们创造了描述自身处境的新词汇，包括"贝塔男"（下等男人）、"阿尔法男"（上等男人）、"自愿独身者"、"MGTOW"（男人有男人的活法，离开女人）、"非自愿独身者"和"机器人"（罹患阿斯伯格综合征[①]的非自愿独身者）。

尽管身为白人直男本来就享有一定特权，但这些群体缺乏身

① 发生在儿童期，一种以社交活动异常、局限而刻板的兴趣及重复行为为特征的广泛性发育障碍。

份认同、方向和自我价值感，所以一旦找到什么能让他们有归属感并团结起来的东西，他们就紧抓不放。非自愿独身者将自己界定为社会上的“贝塔男”，他们中有许多人都会谈到接受“黑药丸”（black pill）的那一刻——想到他们所相信的都是某些与性魅力和浪漫吸引力有关的固有真理的时刻。他们在论坛上讨论的话题包括“自杀燃料”，罗列他们在日常生活中遭受的强化他们无望感和自惭形秽感的被拒事件。许多非自愿独身者的这种愤怒和绝望演变成了极端的厌女倾向。

黑药丸的信条冷酷又死板，宣称女人只看重外表，性吸引力按一定的特征划分为三六九等，种族也是划分标准之一。非自愿独身者会转发一些图表和评论，表明白人男性具备先天优势，因为所有族群的女性均乐意接纳白人伴侣，而亚洲男性则明显处于劣势。胖人、穷人、老人、残障人士和有色人种都被归入美国最没人要的群体。非自愿独身者中的非白人还会使用“JBW”——“就因为他是白人”——这样的说法，来试图解释他们眼中自身所具有的天生的种族劣势或者用于纾解自己心中的不平。他们公开承认白人特权的频率令人吃惊，但非自愿独身者的话语会把白人特权框定为白人天生的种族优越性的一部分，至少在性选择方面如此。

非自愿独身者之间经常分享笑话和表情包，抵制他们所谓的“终身监禁”，发动贝塔男暴动或叛乱，为性的再分配进行斗争。然而，这种诡异的幽默背后涌动的是由于一辈子都在遭受拒绝而产生的怒气。在下滑屏幕浏览这些受害者的叙事的时候，我不禁回想起极端“圣战”分子在媒体上招募时的叙事。两者有着同样天真的浪漫主义色彩，让受压迫的人打破索然无味的社会施加给他们的枷锁，摇身一变，成为名声大噪的叛逆英雄。同样，这些非自愿独身者被社会上的“赢家”所深深吸引，例如唐纳德·特朗普和米洛·扬诺普洛斯。依照他们扭曲的观点，这两人是竞争心超强、残忍对待他们的阿尔法男的典范，正适合带领他们冲锋陷阵。这类人中有许多蠢蠢欲动的年轻人愿意把当前的社会夷为平地。班农试图通过布赖特巴特新闻网向他们提供一个发泄渠道，但他的野心不止于此。他认为在他未来进行“叛乱”之时，这些年轻人会是他在早期招募到的成员。

2014年夏天剑桥分析成立时，班农的目标是通过改变文化来改变政治，来自脸书的数据、算法和叙事是他的武器。首先，我们运用焦点小组讨论和定性观察来解锁某个既定人群的认知，了解他们在意的东西——任期限制、暗深势力、抽干沼泽、控枪和建高墙挡住移民这些话题。这些我们早就在2014年探讨过了，比特朗普竞选要早好几年。接着，我们想出如何影响民意的假设。剑桥分析通过在线样本库或实验在细分的目标人群身上测试这些假设，用数据来判断这些假设是否成立。我们还收集脸书用户的资料，寻找规律，以构建一个神经网络算法来帮助我们做预测。

少数特定人群表现出自恋（极端以自我为中心）、马基雅维利主义（无情的利己主义）和精神病态（情感抽离）的特质。跟所有人身上都或多或少体现的属于正常心理的人格五因素——开放性、尽责性、外向性、宜人性和神经质——不同，“黑暗三人格”属于社会适应不良，也就是说，一般而言，有此类人格障碍的人更可能做出反社会的行为，包括犯罪行为。根据剑桥分析收集的数据，研究团队可以识别出具有神经质和黑暗三人格特质的人，以及那些比普通公民更容易因冲动引发怒气或者接受阴谋论的人。剑桥分析会瞄准他们，通过脸书群组、广告或文章等向他们灌输特定叙事。这些叙事都是公司事先通过内部测试获得的，更可能煽动具有此类特质的极小众群体。剑桥分析希望挑动这些人的神经，让他们参与到政治中来。

之所以这样做，是因为当时脸书的算法有一个特别的属性。要是某个脸书用户关注沃尔玛这样的大众品牌的页面或者某部在黄金时段播出的情景喜剧，他接收到的新闻推送就不会有太大变化。但如果某个用户点赞了某个极端团体，如“骄傲男孩”（Proud Boys）或“非自愿独身者解放军”（Incel Liberation Army），那么算法就会把这个用户同其他用户区别开来，此后推荐引擎就会优先推送这些极端话题，做到新闻的量身定制。也就是说，脸书网站的算法会汇聚并推送类似的报道和页面，目的是提高该用户的参与度。在脸书看来，参与度的提升是唯一重要的度量标准，因为参与度越高，用户停留在脸书页面上看到广告的时间就越长。

这就是硅谷赫赫有名的衡量标准“用户参与度”的阴暗面。社交媒体极度倚重参与度的提升，所以它们经常侵害大脑的适应机制。碰巧，社交媒体上最抓人眼球的内容往往不是恐怖到令人发指就是让人一看就怒火中烧。进化心理学家认为，人类为了在前现代时期生存下来，养成了对潜在威胁的不成比例的高关注度。相比惊叹于头顶美丽的蓝天，我们直觉上会对横陈地面的腐烂尸体身上的血迹和创伤更敏感，因为关注后者能提高我们的生存概率。换句话说，我们人类在进化的过程中学会了密切关注潜在威胁。为什么看到惊悚视频时你的视线就挪不开？原因就在于你是人。

社交媒体平台还使用旨在激活我们大脑里“玩乐回路”和“可变强化程序”的设计，频繁但无规律地给我们奖励，既吊起我们的胃口又令我们捉摸不透，无法做出规划，从而在我们的大脑里建立起一个自我强化的不确定性、期待和反馈的回路。老虎机中奖的随机性让玩家无法制定制胜战略或做出规划，所以为了中奖，玩家只能一直玩下去。中奖的频率正好让你在失败之后愿意重整旗鼓继续玩。在赌博界，赌场挣钱靠的是赌徒玩的把数。在社交媒体界，社交平台挣钱靠的是用户的点击数。所以新闻推送页面可以无限滚动——用户不断刷屏、浏览内容跟赌徒一次又一次地扳动老虎机没有多大差别。

2014 年夏天，剑桥分析开始在脸书和其他平台上投放模仿真实论坛、群组和新闻来源制作的虚假网页。这是剑桥分析的母公司 SCL 在世界其他地方对抗叛乱时所使用的司空见惯的战术。目前还不清楚究竟是公司里的哪个人拍板下令传播不实信息的，但许多此前数年满世界跑搞心理战的宿将对此一点都不觉得诧异。他们不过是把承接的英美客户的项目里对待巴基斯坦人或也门人的那套方法用到了美国人身上。剑桥分析从在局部区域投放不实信息入手。它会创建一些右翼网页，给它们取含义模糊的名字，例如“史密斯县爱国者”或者“我爱我的国家”。基于脸书推荐算法的工作原理，这些页面会出现在早已点赞过相似内容的用户的新闻推送里。要是用户加入了剑桥分析创建的假群组，该公司就会在群组里发布可以进一步煽动和激怒用户的视频和文章。群页面上的对话怒气冲天，大家纷纷感叹某事的可怕或不公。剑桥分析打破了社会壁垒，培养出跨群体的关系。与此同时，它还在不断地测试和优化所传播的信息，以期实现最高的用户参与度。

现在，剑桥分析拥有了以下三类用户：第一类是自我认定为极端群体成员的用户，第二类是专属用户，第三类是可以用数据操控的用户。许多对剑桥分析的报道给人一种错觉：每个人都是剑桥分析的定向传播目标。事实上，剑桥分析瞄准的人并不多。它不需要创建一个浩大的目标人群，因为多数选举都是零和博弈：如果你比对手多拿到一张选票，你就胜出。剑桥分析只需要影响一小群人，然后就可以静观它所创造的叙事的传播。

一旦某个群组达到一定的人数，剑桥分析就会举办一场线下活动。剑桥分析的团队会选择一个小型聚会场所——咖啡店或酒吧，以给人留下参加者众多的印象。假设你有一个 1000 人的群组，按脸书的标准，这个规模一般。即使这个群组里只有一小部分人出席，那也有几十人。40 个人挤在本地的一家咖啡店里，给人的感觉就像一大群人。参与者们惺惺相惜，同仇敌忾，偏执又多疑。很自然地，他们会觉得自己加入了一个伟大的运动。此外，他们之间的交流会为彼此的偏执和对阴谋论的恐惧添一把火。有时候，某个剑桥分析的员工会扮演“同盟者”——这是军队为了激起目标群体的焦虑感常用的一种手段。不过大多数时候，这些聚会不需要外人煽风点火。受邀者之所以被选中，是因为他们具有某些特质，所以剑桥分析一般知道他们见面后会有什么样的反应。这种聚会从共和党初选州的各县开始，随后扩散到全美各地，而参与者在见证了所谓的“我们对抗他们”之后，情绪越来越激动。从前，他们于深夜独坐在卧室里，点击一个又一个的链接，展开数字狂想。如今，数字狂想变成了他们的新现实。他们所认同的叙事活生生地展现在他们面前，同他们对话。这个叙事到底是不是真实的已经不再重要，只要感觉真实就够了。

最终，剑桥分析成了美国及其盟国在别国采用过的一个战术的数字化、大规模部署且自动化的版本。我刚去 SCL 上班的时候，该公司已经在南美某个国家开展了反毒品计划。当时采用的战略，从某种程度上来说，就是识别贩毒团伙内部的某些目标人物，挑起内乱。SCL 首先会寻找那些最低垂的果实，即由 SCL 的心理学家推断出来的那些性格不稳定、更容易产生偏执想法的人。然后，SCL 会想办法暗示他们——“老大们正在侵占你应得的那一份”或者“他们会叫你当替罪羊”。其目的就是策反他们。有时候，如果一个人不断接收到同样的信息，他们就会信以为真。

一旦最初选定的那些个体暴露在新叙事下的次数足够多，安排他们相互见面的时机就成熟了。这样他们就能形成一个团体，而后进行组织。他们会相互交流听来的谣言，相互加剧彼此的偏执。接着，你就可以引入下一个层级的定向瞄准目标：那些在谣言的狂轰滥炸下开始半信半疑的人。就这样，你一步一步地从内部动摇一个组织。剑桥分析想在美国做同样的事情，而社交媒体就是它的先锋。一旦某个县成立了团体并开始活动，你就介绍他们跟隔壁县的类似团体认识，然后你重复做这件事。假以时日，你就掀起了一个由神经质、相信阴谋论的公民参与的全州性运动——另类右翼运动。

内测还表明，剑桥分析试验性推送的数字和社交广告的内容能有效提升用户的在线参与度。剑桥分析在给某些定向目标推送线上试验广告前，已经把他们的画像同他们的投票记录匹配起来，所以知道他们的用户名和在真实世界中的身份。接着，剑桥分析开始利用这些广告的参与率来测算广告对选民投票率的潜在影响。一份公司内部的备忘录特别强调了一个包括前两次选举未参选的已登记选民的实验的结果。根据剑桥分析的估算，即使点开剑桥分析推送的新广告的那些非经常性参加投票的选民中只有 25% 最终出门投票，共和党在几个关键州的参选率也能提高 1% 左右。而在旗鼓相当的竞选中，1% 往往能决定成败。史蒂夫·班农得知后非常高兴，但他要剑桥分析继续探索，而且进入更隐秘的地方去探索。他想测试美国人心理的可塑性。他敦促我们在研究中纳入包含种族偏见的提问，以便观察人们在刺激下能走多远。剑桥分析开始测试一些有关黑人的提问，例如，没有白人的帮助他们能在美国成功吗？基因是否预先决定了他们会失败？班农相信，民权运动限制了美国的“自由思考”。他决意解放人民，向他们揭示那些在他看来是被禁止的关于种族的真相。

班农猜想，有一大批美国人因为害怕被贴上“种族主义者”的标签而缄口不言。剑桥分析的研究结果证实了他的猜测，美国大地到处都有为了不遭排斥而不敢发声的种族主义者。不过，班农的关注范围不限于他那崭露头角的另类右翼运动，他还想到了民主党人。

虽说典型的民主党人在支持少数族裔方面讲得很动听，但班农看出他们是在用表面上的觉悟掩饰自己潜在的家长式作风。他认为民主党里充斥着“乘坐豪华轿车的自由主义者”——这是1969年纽约市长竞选期间冒出来的新词，旋即就被民粹主义者挪用于诋毁民主党那些不切实际的社会改良家。这些白人民主党人士一方面支持校车制，另一方面却把自家孩子送到以白人为主的私立学校去；或者他们对外宣称很关心市中心区，自己却住在有围墙、有警卫的小区里。“民主党人老是把黑人当孩子看待，”班农有一次在电话里说，“他们将黑人纳入规划……给他们福利金……搞平权运动……送白人小孩到非洲去发放救济粮。但民主党人总是不敢问这个问题：为什么这些人老要别人照顾？”

他的意思是说，白人民主党人士无意间暴露了他们对少数族裔的歧视。他有这样一个假设：虽然民主党人自以为喜欢非裔美国人，但他们并不尊重这些人，许多民主党的政策源于他们默认这些人无法自助自立。1999年，总统候选人乔治·W. 布什的演讲稿撰写人迈克尔·格尔森杜撰出一个短语，叫作“对低期望的轻度偏执”（the soft bigotry of low expectations）。这个短语完美地反映了班农的看法：民主党人喜欢把着人的手帮扶，促成不良行为，引起差劲的学业表现，因为他们并不真心相信少数族裔学生的成绩能跟同龄的非少数族裔一样好。

班农本人的看法还要更直白、更激进，他认为民主党人不过是利用美国少数族裔来实现自己的政治目标。他深信，民权运动之后形成的民主党人用政府救济换取非裔美国人选票的社会契约并非道德启蒙，而是精明算计的结果。根据他的构想，民主党人为了将他看到的辩解为这个社会契约背后令人难堪的真相，唯一的途径就是政治正确。要是有“理性主义者”大胆说出这种“种族现实”，民主党人就会把他们钉在社会耻辱柱上。

多年来，声称某些种族的基因优于其他种族基因的论调和理论层出不穷，“种族现实主义”不过是这些老调的最新翻唱。例如，种族现实主义者相信，美国黑人的标准化考试成绩之所以较低，不是因为试题的设计有偏差，也不是因为黑人长期以来深受压迫和歧视，而是因为他们的智力天生就比不上美国白人。这是一个受到白人至上主义者追捧的伪科学概念，其根源在于数百年来作为奴隶制、种族隔离和犹太人大屠杀等人类历史灾难基础的“科学种族主义”。在班农和布赖特巴特新闻网领导下的另类右翼将种族现实主义视为基本理念。

如果班农想成功解放他眼中的“自由思考者”，他需要一种方法来让人免疫，从而使其免受政治正确的影响。剑桥分析不仅开始研究公开的种族主义，还研究种族主义的诸多其他化身。当我们想到种族主义时，我们往往想到仇恨。然而，种族主义还有其他的表现形式。比如厌恶性种族主义，就是一个人有意或无意地回避某个种族团体（例如有围墙、有警卫的小区，性回避和恋爱回避等），又如象征性种族主义，也就是一个人对某个种族群体有负面评价（例如刻板印象、双重标准等）。不过，由于“种族主义”这个标签在现代美国社会背上了污名，所以我们发现美国白人往往无视或低估已经被他们内化的偏见，对任何认为他们有这种偏见的推论反应强烈。

这就是所谓的“白人脆弱”：北美社会的白人处在一种对种

族劣势无知无觉的环境中，他们希冀各个种族和谐并存，从而对种族摩擦的耐受能力较差。我们在研究中发现，白人脆弱使得白人无法直面自己内心的偏见。这种认知失调也意味着，受试对象经常会夸大他们对少数族裔的正面回应，以便符合自己“不是种族主义者”的认知。例如，在看过一系列带照片的假设性小传后，某些在之前隐性种族偏见的测试中得分较高的受试对象会给少数族裔小传打出比内容一模一样的白人小传高的分数。看到了吧？我给黑人打的分数高，因为我不是种族主义者。

这种认知失调让我们看到了机会：许多受试对象之所以对自身的种族主义思想做出反应，不是因为他们担心自己可能会在结构性压迫中助纣为虐，而是为了保护自己的社会地位。班农觉得这足以让他相信自己有关民主党人的理论没错——民主党人只是口头上尊重少数族裔，但内心深处跟其他美国人一样，都是种族主义者，区别在于活在哪种现实中。

班农构想了一个用来帮助白人种族主义者逾越白人脆弱、成为解放自我的自由思考者的载体。2005 年他加入总部设在香港的网络游戏娱乐有限公司时，该公司低薪雇用了大批游戏玩家，让他们玩《魔兽世界》，赢取游戏内的道具。这些道具原本可以在游戏界面上进行合法交易或转卖，但网络游戏娱乐有限公司把这些数据资产卖给了西方玩家来获取利益。其他玩家大都视这种行为为作弊，于是有人对这家公司提起了民事诉讼，还有人在线上抵制该公司。或许班农早在这时就领教到了线上社群的怒意，据称某些线上评论是“反对中国”的尖酸话语。班农开始定期浏览红迪网和4chan网，捕捉匿名制网络下人们流露出的隐藏的怒气。在他看来，这些人暴露了真实的自我，打破了政治正确的禁忌，把公共场合下自己不能说的“真相”说了出来。通过阅读这些论坛上的讨论，班农意识到他可以利用这些论坛和其中匿名之下所涌动的怨恨和烦恼。

发生在2014年夏末班农被引荐给SCL之前的玩家门给班农带来了东风。从许多方面来看，玩家门为班农的另类右翼运动创建了一个概念框架，因为班农知道有几百万个紧张愤怒的年轻人随时可能在沉默中爆发。网络骂战和霸凌成了另类右翼的重要工具。但班农走得更远，他让剑桥分析研究家暴施虐者和霸凌者采用何种战术来削弱受害者的抗压能力，随后大规模效仿。班农把剑桥分析转化成一个自动实施霸凌和大规模精神虐待的工具，剑桥分析的旅程从识别一系列在它看来会同隐性种族偏见相互作用、相互影响的认知偏差开始。在多次实验的过程中，我们打造出了一个心理战工具军火库，可以通过社交媒体、博客、群组和论坛进行系统化部署。

班农首先要求我们的团队研究一下哪些人觉得自己受到了政治正确的压制。剑桥分析发现，由于人们经常高估他人对自己的关注程度，所以让大家关注导致社交不适的情境，例如因为念错了看上去就像外国人的人名而惹上麻烦，可以有效诱发目标群组的偏见。剑桥分析经测试得出的最有效的定向传播信息中有这么一条，让受试对象“想象有一天，你身在美国，但没有一个美国人的名字你念得出来”。受试对象眼前会出现一系列不常见的人名，然后有人提问：“这个名字的发音难度有多大？你记不记得有人曾因念错了某个种族的名字而遭到嘲笑？有没有人借政治正确的名义让别人哑口无言或者拿政治正确当晋升工具？”

听说自由主义者在寻找新方法取笑和羞辱他们，又得知政治正确是一种迫害手段，人们对此反应强烈。剑桥分析采用的一个有效手段是给受试对象看取笑跟他们一样的白人的博客，例如《沃尔玛奇葩》(*People of Walmart*)。多年来，班农一直在4chan和红迪网等网站观察线上社群，他深知由愤怒的年轻白人组成的亚群体经常转发自由主义精英嘲弄“普通”美国人的内容。美国历来不缺拙劣模仿中西部“乡下人”的作品，但社交媒体提供了一个非凡的机会，揭开“普通”美国人的伤疤，提醒他们东西海岸的精英有多势利。

剑桥分析开始用这些内容去触动一个有关种族间相互争夺注意力和资源的信念——种族关系是一场零和博弈。他们拿走的越多，你能拿到的就越少。他们主张政治正确，结果你无法发声。把政治正确界定为身份威胁后会催化出一种飞去来器效应[①]，接收到反叙事的人先前的偏见或信念会加强，而非削弱。也就是说，定向传播对象观看过某些候选人或名人批评种族主义的视频后，不但不会质疑自己心中原有的种族主义观念，反而会更加深信不疑。运用这种方法，如果你在目标受众接收反叙事之前递给他们一面叫作“身份”的透镜来塑造他们的种族主义观念，他们就会把反叙事解读为对自己身份的攻击。这对班农来说很有用，因为它等同于给班农的目标受众打了预防针，让他们不为批评种族民

---

① 行为反应的结果与预期目标完全相反的现象。

族主义的反叙事所动。它创造了一个恶性的强化循环，让受试群体的种族主义观念随着暴露在批评下的次数的增多而越发激进。其中部分原因可能在于，我们的大脑在处理深信不疑的观念时最活跃的部位正是我们思考自己是谁、自己的身份是什么时的部位。后来，媒体激烈抨击唐纳德·特朗普的种族主义或厌女言论时，这些抨击可能产生了类似的效果。对特朗普的批评坚定了特朗普支持者的决心，他们把这种批评内化为对自己身份的威胁。

剑桥分析挑起人们怒气的这种方法同一大批研究的结论吻合。研究证明，愤怒干扰信息搜寻。这就是为什么人们在狂怒时会妄下结论，即使事后悔之莫及。在一次实验中，剑桥分析给在线数据库里的受试对象看一些主题不会引起争议（例如手机使用率或某款车的销售情况）的简单柱状图。大部分人都能正确解读这些图表，然而，不为受试对象所知的是，这些图表上的数据其实是从有政治争议性的话题里抽取出来的，例如收入不平等、气候变化或枪支暴力导致的死亡。后来，当同样的图表上方的主题被切换到真正有争议的话题的时候，因为身份受到威胁而发怒的受试对象误读这些图表的概率超过了前一轮的解读。

剑桥分析观察到，受试对象发怒时，他们对完整、理性的解释的需求也会大大降低。尤其值得一提的是，愤怒改变人的心态，让他们更想不由分说地惩戒他人，特别是外群体的人。他们也会低估不良后果的风险。由此剑桥分析进一步发现，哪怕美国同中国或墨西哥打响贸易战意味着美国人会丢工作、少挣钱，事先被挑起怒气的那些人为了惩戒移民群体和都市自由主义者，也愿意打响贸易战，承受国内经济重创。

班农深信，如果你能向人们揭示政治正确的“真实面目”，他们就会清醒过来，看清真相。于是，剑桥分析开始向受试对象发问，如果想到他们的女儿嫁给了墨西哥移民，他们会不会不舒服？如果受试对象回答说不会，他们就会收到下一个提示：“你刚才是否觉得必须那样回答？”受试对象被告知，他们可以修改对上一题的回答，结果很多人真的改口了。收集到脸书用户的数据后，剑桥分析开始进一步试探，把白人男子女儿的照片抽取出来，同黑人男子的照片配对，以向白人男子展示政治正确的“真实面目”。

剑桥分析的研究团队还发现，目标对象的态度同一个被称为公正世界假设（just-world hypothesis，简称 JWH）的心理效应有关系。这个假设其实是一种认知偏差。有些人相信自己生活在一个公正的世界里，不幸要么是“事出有因”，要么会因为宇宙中的某种“道德平衡”而得到补偿。我们发现，表现出公正世界假设偏差的人在假想的性侵场景中更倾向于责怪受害者。如果世界是公正的，那么随机的不幸事件不会降临到无辜者身上，因此，一定是受害者的行为有什么问题。对某些人来说，找理由责怪受害者能起到心理上的预防作用，因为这能帮助他们克服不可控的环境威胁所诱发的焦虑，同时还能安慰他们，让他们觉得自己还是会受到公正待遇的。

剑桥分析发现，公正世界假设同许多态度相关，但同种族偏见的关系尤其特殊。相信公正世界假设的人更倾向于赞同种族间的社会经济差距要怪少数族裔这个观点。换句话说，已经给了黑人这么多时间让他们迎头赶上，但他们就是扶不起的阿斗。受试对象被告知，少数族裔无法取得成功的看法或许不是什么种族主义的观点，可能它只是个现实的观点。

剑桥分析接着又发现，特别是在那些信奉福音派世界观的人心中，公正世界确凿存在，因为如果人们遵守上帝的规定，上帝就会赐予他们成功。换句话说，过上好日子的人没有什么先天禀赋，而且即便他们是黑人也能取得成功。剑桥分析开始向这些受试群组推送宗教价值被放大的叙事。“上帝公平公正，对吧？有钱人受上帝赐福是有原因的，对吧？因为上帝是公平的。如果少数族裔抱怨自己得到的少，或许背后有什么原因，因为上帝是公平的。还是说你敢质疑上帝？”

这样一来，剑桥分析就有办法培养出针对“他者”的更多的惩戒观。如果世界是公平的，且统领人世的上帝维持着正义，那么难民的苦痛必有其来由。随着时间的推移，受试对象会对美国法律保护下的合法的难民庇护申请一事越来越不屑一顾，转而把注意力集中在申请庇护的难民为何应当受到惩罚以及如何惩罚上。在某些情况下，申请庇护的理由越是充分，定向传播目标的反击就越严厉。受试对象对假想的难民日益漠然，同时越发重视维护自己的世界观，不愿意它被改动。如果你强烈同意世界是公正的这个观点，相反观点的证据会让你深感威胁。

对班农心目中的自由思考者来说，种族现实不仅是他们的现实，还是上帝的现实——这种相互关联在美国由来已久。当年，奴隶首次被贩运到美国时，牧师就援引了《圣经·以弗所书》中的内容为这一行为辩护——“你们做仆人的……用诚实的心听从你们肉身的主人”，这句话说明蓄奴是神圣的。19 世纪早期，圣公会主教斯蒂芬·埃利奥特声称，主张废奴的人不敬畏神。他写道，这些人应当“考量一下他们干涉这种制度的行为是否违背和妨碍了显而易见的天意”，因为全靠黑奴制，数百万的“半野蛮人”才“找到了天堂之门”，“沐浴在救世主的圣恩下”。美国内战结束后，南方各州实施了“黑人法典”，剥夺了刚被解放的黑人公民的自由权。在孟菲斯和新奥尔良等城市，白人政治家和市政官员散布恐惧，挑起血腥暴乱，导致几十名黑人丧生。19 世纪末 20 世纪初实施的《杰姆·克劳法》[①] 使得公共空间的种族隔离又持续了几十年。人头税的征收导致许多南方黑人无力投票。内战结束后几乎销声匿迹的三 K 党在 20 世纪早期卷土重来，部分原因是它把自己包装成了一个民族爱国主义组织。

1964 年的《民权法案》和 1965 年的《选举权法案》代表美国黑人权利的巨大飞跃。这两项影响广泛的法律承诺纠正多年来对黑人社区犯下的错误，它们保证黑人享有投票权，强制解除公共场所的种族隔离，要求各联邦政府计划向黑人提供平等的就业机会，制定非歧视措施。它们也掀开了无耻地煽动白人恐惧这一政治运动的新篇章。

20 世纪 60 年代末期，理查德·尼克松为了吸引白人选民从民主党转投共和党实施了“南方战略”，使得矛盾加剧。尼克松在 1968 年总统大选期间强调两大支柱，分别是“各州的权利”和“法律与秩序”。在 1980 年总统大选期间，罗纳德·里根反复提到“福利女王”——一名据说光靠揩政府的油就能买一辆凯迪拉克轿

---

①泛指美国南部各州自 19 世纪 70 年代开始制定的对黑人实行种族隔离或种族歧视的法律。

车的黑人妇女。1988 年，乔治·W. 布什的竞选团队投放了著名的威利·霍顿广告，用顶着一头乱发的黑人罪犯正在为非作歹的画面来吓唬白人选民。

史蒂夫·班农打算证实美国心理中最丑陋的偏见，让有这些心理的人相信自己是受害者，相信自己的真实感受已经被压抑得太久。美国的灵魂深处涌动着一股一触即发的张力。班农早已意识到这一点，而现在他有数据为证。班农相信，历史将会证明他是对的，而且如果工具使用得当的话，他的预言可以早日实现。因为国家机构臃肿，金融体系腐败，所以当代年轻人缺少机会，只要稍加挑拨，他们就会反叛，只是年轻人还不知道这一点。班农要让他们理解他们在他的革命预言中所扮演的角色——他们将会引领历史的代际“转向”，成为可以描绘新的社会图景的“艺术家”，让这一社会在“打破重建”后充满意义和目的。他说，历史上的伟人都是艺术家：佛朗哥和希特勒是画家，本·拉登则是诗人。他认为社会运动塑造新美学。班农发问，为什么独裁者上台后先要把诗人和艺术家关起来？因为他们自己往往就是艺术家。在班农看来，目前这场运动有望成为他的伟大演出。他的预言将会通过使他最喜欢的书里所描写的场面成真而得以实现，例如《第四次转折》（*The Fourth Turning*）预言了一次迫在眉睫的危机，被遗忘的一代人奋起反抗；又如在《圣徒的营地》（*The Camp of the Saints*）里，移民乘坐大篷车入侵，西方文明不胜重负，轰然崩塌。

不过，班农需要一支军队来释放混乱。在他看来，这是一场叛乱。为了激发追随者的绝对忠诚和全身心的投入，他愿意采用任何行之有效的叙事。对班农来说，利用认知偏差不过是一种手段，可以让他的目标受众甩掉他们从小到大在一个索然无味、毫无意义可言的社会里所形成的条件反射式的想法。班农想要他的目标受众发现自我并做真实的自己。然而，剑桥分析在 2014 年开发出来的工具的真正目的并非关于自我实现，它们被用来强化人们内心最深处的恶魔，以便掀起班农所谓的运动。公司向那些具有特定心理弱点的人进行定向传播其实是在欺骗他们，诱惑他们加入由假先知领导的“异教”，让他们把理性和事实拒之门外，用数字手段把他们和对异教不利的叙事隔离开来。

在我最后一次同班农进行交流时，他告诉我，为了从根本上改变社会，“你必须打破一切”。那就是他想做的——打破建制。班农指责“大政府”和“大资本主义”抑制了人类体验中不可或缺的随机性。他认为目前的行政国家控制欲太强，擅自代替人民做选择，从而导致他们的人生缺少意义。他要解放人民，他要制造混乱，终结行政国家显而易见的暴政。史蒂夫·班农不希望，也不能容忍政府主宰美国的命运。

第八章

决意离开剑桥分析

就在几个月前，我还觉得社会和文化研究其乐无穷。而现在，那些研究造就了这个怪物，太可怕了。我很难解释公司当时的氛围，但就好像人人都恍恍惚惚，不知道自己所从事的工作的真相。可是我已经清醒过来了，正冷眼旁观这个令人反感的理念落地成真。我恢复了思考能力。

因为剑桥分析的母公司是搞外国信息战起家的，所以剑桥分析在伦敦的办公室几乎每天都有新人到访。这家公司就像一扇旋转门，外国政治家、掮客、安全机构员工和由穿着清凉的私人女秘书陪伴的商人进进出出。其中有很多人显然是希望影响外国政府的俄罗斯寡头的手下，但是他们对外国政治的兴趣很少出于意识形态的考虑。他们要么想找人帮忙把钱藏到某个隐秘的地方，要么想把世界上某个地方某个遭到冻结的银行账户里的钱取出来。公司员工被告知直接对这些人的来去视而不见，不要问太多问题，不过员工们会在公司内部的聊天对话里开他们的玩笑。来访的俄罗斯人特别值得一提，因为他们往往属于我们遇到过的比较古怪的客户。每当公司对这些潜在客户进行背景调查时，我们就会听说一些小道消息，得知这些大人物令人发笑的癖好和奇特的性冒险。而且我承认，我的确对公司同一些可疑客户的会面视而不见。我知道，如果我问太多尼克斯不爱听的问题，我就是自找麻烦。不过在当时，也就是 2014 年春天，离美国总统大选仅有两年时间，我们接触到的俄罗斯人还没有什么真正可疑的地方，其“可疑”之处在公司里已司空见惯。只有一个例外。有那么一个潜在客户，他让公司的高管一面喜不自禁，一面难以捉摸。

2014 年春天，俄罗斯一家叫卢克石油（Lukoil）的大型石油公司联系剑桥分析，问了一些问题。起初，尼克斯负责接待，但很快，石油公司高管们问的问题他答不上来了。他给卢克石油的首席执行官瓦吉特·阿列克佩罗夫发了一份我写的白皮书，其内容是剑桥分析在美国从事的数据目标定位项目。之后，卢克石油要求安排一次会议。尼克斯说我应该参加。“他们理解怎么在选举情境下从事行为上的微目标定位（正如你那出色的文件 / 白皮书所言），但他们无法把选民同他们的消费者关联起来。”尼克斯在一封电子邮件里写道。

老实说，我也没法把选民同消费者关联起来。卢克石油在全球经济中举足轻重，是普京统治下最大的私营企业，但是我看不出来一家俄罗斯石油公司跟剑桥分析在美国的工作有什么明显的联系，尼克斯也摸不着头脑。“哦，你知道这种事的，”他告诉我，“你稍微把裙子往上拉一拉，他们就会付你钱。”换句话说，他对细节不感兴趣。要是卢克石油想花钱买我们的数据，我们干吗要在意他们拿数据去做什么？

第一轮接触卢克石油后不久，还是 2014 年，剑桥分析起草了一份有关公司能力的备忘录交给尼克斯。这份简报用委婉的语言讨论了万一有个需要特别情报服务或者在社交媒体上大规模传播不实信息的项目的话，公司至少在理论上能实施到什么地步。（因为这是一份内部备忘录，所以此处的“公司”指 SCL；剑桥分析只是为了服务美国客户新挂的一块牌子，员工全是 SCL 的人。）“SCL 聘请了以色列、美国、英国、西班牙和俄罗斯的一些退休了的情报及安全机构的官员，人人都有丰富的技术和分析经验，”备忘录上写道，“我们的经验表明，在很多情况下，利用社交媒体或‘外国’出版物来‘曝光’对手往往比利用存在潜在偏见的本地媒体渠道有效。”备忘录还讨论了怎样运用“情报网”“渗透”对手的宣传战，获得“破坏性信息”，构建由脸书和推特账户组成的大规模社交网络，从而获得公信力、培养追随者。对许多 SCL 的客户而言，这只是一款标准的产品——私人情报、欺诈、贿赂、勒索、渗透、美人计，以及通过社交媒体上的假账号散播不实信息。只要出价合适，SCL 愿意不择手段地协助客户竞选成功。而现在，有了更丰富的数据集和人工智能，还有一千多万美元的投资，新近成立的剑桥分析希望能向前跨出一大步。

卢克石油的高管莅临伦敦，尼克斯为会议准备了一套幻灯片。我舒舒服服地坐在椅子上，很想听听他究竟会讲些什么。最先放映的几张幻灯片介绍了 SCL 在尼日利亚的一个项目，其目的是动摇当地选民对公民制度的信心。这几张幻灯片有一个大标题——“选举：免疫”，介绍当时 SCL 为了影响选举结果怎样散布谣言和不实信息。在尼克斯播放的视频里，情绪激动的选民表示他们深信即将举行的尼日利亚选举将会受到操控。

“是我们让他们那样想的。”他开开心心地说。

接下来的一组幻灯片描述了 SCL 具体是怎样操控尼日利亚的选举的，还配有视频，视频里的选民说有关暴力和动乱的谣言让他们很担心。“也是我们让他们那样想的。”尼克斯说。

我默默地观察这些俄罗斯高管。他们在做笔记，不时点个头，就好像他们眼前看到的材料都是家常便饭。接着，尼克斯给他们放映了一些介绍我们数字资产的幻灯片。然而，卢克石油的业务活动主要集中在俄罗斯或独立国家联合体市场，而我们没有这些地方的数字资产。我们规模最大的数据集来自美国。再接着，尼克斯开始介绍微目标定位和人工智能，以及剑桥分析在已有数据的基础上正在做什么。

我还是很迷惑。介绍结束后，高管们问我有什么想法。我支吾了一会儿，然后说："嗯，我们有多样化的经验和来自许多地方的数据……所以你们到底为什么对这些感兴趣呢？"

其中一人回答说，他们也还没想清楚，但希望我们多给他们介绍一下剑桥分析拥有的数据和能力。可我才是需要答案的那个人。为什么一家在美国几乎没有经营活动的俄罗斯石油公司要获得我们已有的美国数字资产呢？如果这是一个商业项目，那为什么亚历山大给他们看在非洲散布不实信息的幻灯片呢？

不过，公司给客户看的不仅仅是内部数据资产。公司很愿意向潜在客户显摆自己对美军行动的熟悉程度。在另外一次会议上，公司用了些手段拿到了位于弗吉尼亚州兰利的美国空军目标中心制作的一套内部使用的幻灯片，用来向某些潜在客户简要说明美国如何"把社会文化行为因素结合到作战规划里"，以便获得"把定向传播目标'转化为武器'"的动能，放大针对美国敌人的非动能。每当被问到他的打算，尼克斯总是顾左右而言他。我觉得这很不符合他一贯的作风——他拿开玩笑的口吻说起公司贿赂政府部长或者设下美人计的次数还少吗？然而，他不能——或者是不愿——解释为什么我们一直同这家“客户”沟通。而且在讨论中，他还一直跟对方说：“我们早就在现场派驻了人员。”

在同卢克石油开第一轮会议之前几个月，剑桥分析联系上了一个叫萨姆·帕滕的人。他是个满世界跑的政治特工，一生多姿多彩。20 世纪 90 年代，帕滕先是在哈萨克斯坦的石油行业供职，然后进入东欧政界。剑桥分析招到他的时候，他刚刚为乌克兰的亲俄政党完成了一个项目。当时，他同一个叫康斯坦丁·基利姆尼克的苏军总参谋部情报总局（格勒乌）的前官员合作。虽然帕滕否认他给过这个俄罗斯搭档任何数据，但后来人们发现，曾经担任过数月唐纳德·特朗普竞选经理的保罗·马纳福特的确为了另外一件事给过基利姆尼克选民投票的数据。21 世纪初，帕滕和基利姆尼克在莫斯科见过面，后来又在乌克兰为保罗·马纳福特的咨询公司工作。帕滕被招进剑桥分析后不久，他俩就成为正式的业务合作伙伴。

帕滕在国际影响力的暗箱操作领域如鱼得水，他和陆续加入剑桥分析的共和党人的关系也很好，所以一开始给他分配的工作地点是美国。他的任务是为剑桥公司在美国的研究工作提供后勤保障，包括焦点小组讨论和数据收集，外加编写一些民意调查中要提的问题。2014 年春天，他开始在俄勒冈州工作，接手了盖特尔森主管的一些项目，在美国公民中开展社会研究和态度研究。

过了没多久，我们的研究中就冒出了一些怪异的提问。有一天，我在伦敦办公室里审阅从现场发来的报告，注意到我们在美国的一个项目涉及跟俄罗斯有关的信息测试。当时，我们在美国的业务扩展迅速，项目猛增，招了好几个新人，所以很难追踪每一个研究项目的动态。我想，大概有人已经开始探索美国人对国际话题的态度了。然而，我搜了一下我们的提问库和数据，发现只有俄罗斯的数据。我们在俄勒冈州的团队已经开始向当地人发问——“俄罗斯享有对克里米亚的主权吗？”“你对弗拉基米尔·普京这位领导人有什么看法？”在焦点小组讨论中，主持人把普京的很多照片传给大家看，然后请参与者指出哪张照片里的他看起来最强势。我开始观看一些焦点小组的录像，感觉太怪异了。弗拉基米尔·普京的照片和俄罗斯叙事被投影在墙上，调查员询问一群群美国选民，他们看到一位强势的领导人后有什么感受。

有意思的地方在于，虽然俄罗斯成为美国的敌人已有几十年，但普京还是因为其强势而受到敬仰。

“他有权保护他的国家，做他认为对他的国家最有利的事情。”一个焦点小组讨论的参与者说道，其他参与者则点头同意。还有一个参与者告诉我们，克里米亚对俄罗斯的意义就像墨西哥对美国的意义，但是普京跟奥巴马不一样，他采取行动了。天色已暗，我独自坐在办公室里看这些怪诞的视频，听美国人讨论普京对克里米亚的主权诉求，想知道这是为什么。当时盖特尔森在美国，他接起我的电话后，我问他能否告诉我是谁批准了针对普京的研究。他不知道。“它就这么出现了，”他说，“所以我以为有人批准过。”

帕滕对东欧政界感兴趣这个念头从我脑海里一闪而过，但我没有重视。2014 年 8 月，帕兰提尔的一名员工发了一封电子邮件给我们的数据科学团队，其中包含一个链接，指向一篇有关俄罗斯窃取数百万互联网浏览记录的文章。“看看人家是怎么收集数据的！”他们开玩笑说。两分钟后，我们的一位工程师回复了：“我们可以利用类似的方法。”或许他是开玩笑，或许不是，但正如写给尼克斯的那份备忘录里所强调的那样，公司早已雇用俄罗斯的情报人员从事其他项目。

2014 年 5 月以来一直担任项目首席心理学家的科根往来于英国和圣彼得堡、莫斯科之间。他不愿透露自己在俄罗斯的项目的细节，但是我知道他在对社交媒体用户进行心理测量画像。科根在俄罗斯做的研究的重点是识别出有心理障碍的人，然后探索他们在社交网络上开展骂战的可能性。他在圣彼得堡国立大学从事的研究受到俄罗斯政府的资助，专门研究黑暗三人格特质和网络霸凌、骂战及网络骚扰方面的参与度之间的关系。他还研究脸书上的政治主题，发现在精神病态测试中得分高的用户最有可能发帖议论有关权威主义的政治话题。根据科根的俄罗斯研究团队撰写的一份研究简报，他同临床心理学家和计算心理学家合作，研究“通过一个特别的网络应用程序获取的来自俄罗斯和美国的脸书用户的数据”。到了夏末，科根开始就“社交媒体画像的潜在政治应用”这一话题在俄罗斯开讲座。我记得他跟我提起过，他在圣彼得堡的工作和在剑桥分析的工作有“重合之处”，不过这可能是个巧合。我在国会做证时是这么说的，我个人不相信科根有恶意，他只是粗心加天真。客观说来，他数据的安保工作做得很差。

早在科根加盟之前，剑桥分析的母公司 SCL 就已经积累了丰富的网上宣传经验，但科根的研究适用于向具有权威主义特质的选民进行定向传播，识别出能触动他们并获得他们支持的叙事。

科根加盟后，剑桥分析内部的心理学团队开始复制他在俄罗斯进行的一些研究：为神经质和黑暗三人格得分高的人画像。这些目标爱冲动，更愿意相信阴谋论，而且只要外部推动得当，就会产生极端思想或行为。

领导有毒，企业才会有毒。我认为剑桥分析反映了尼克斯的品性。他不但以威胁人为乐，而且还具有一种神奇的天赋，总能找到伤人最痛的地方。比如说，他老是叫我“瘸子”或者“笨手笨脚的病人”，因为他知道这会让我觉得自己很没用。可同时他也知道，他越是这么叫我，我工作就会越卖力。虽然我恨他，但出于某种原因，我决定证明他是错的。这种持续不断的言语暴力是有原因的：只有“真相”才能激励人，让他奋起工作，达到尼克斯的期望。他还嘲笑员工，贬低他们。他像暴躁的龙卷风一样吹过办公室，留下一地的欺辱。

有一次，我们以为尼克斯会动手伤人。我甚至都记不得他为什么动怒，反正他就是翻了脸，把一个实习生办公桌上的所有东西都推到了地上。他尖声叫喊，身体离那个实习生很近，连唾沫星子都飞到了实习生的脸颊上。我们当中块头最大的塔达斯·朱西卡斯站起身走过去。“亚历山大，听起来你需要喝一杯，”他说，“和我一起去俱乐部怎么样？”尼克斯离开后，那个实习生喘着粗气呆坐在那儿，直到另一个同事建议他下班走人。我们一起动手把尼克斯留下的残局收拾干净，后来尼克斯回来时心情好了很多，似乎之前什么都没有发生过。

有时候，他发完脾气会怪罪那个出气筒。“你老是气得我大声嚷嚷。”他会这么说，好像他没法控制自己的嗓门。最让我不安的是，他发完脾气后我还没从那种氛围中恢复过来，他就已经矢口否认自己发过脾气了。被人直截了当地告知让你难过不安的事情根本就没发生过对你的影响很大，到后来你都开始担心自己是不是疯了。“你得成熟起来，别那么敏感，”尼克斯会说，“要是你老是跟我说我发脾气了，我没法信任你。”

我们俩有一次吵得很凶，余波绵延到很久以后。剑桥分析正式成立那会儿，他们叫我签雇佣合同，我却老是拖着不签。签了合同我就有股份拿，可我对长期供职于剑桥分析这事很是不安。我脑袋里有个声音警告我不能签。

我的拖延让尼克斯恼火。终于，他按捺不住火气，把我叫进一个房间，反锁上门，然后朝我吼，斥责我。我还是不肯签，他就把我身边的椅子推倒在地。他一开门我就冲出办公室，两周没去上班。我们俩都知道，他需要我胜过我需要他，因为只有我能构建出他已经许诺给默瑟家族的东西。但他过于固执和傲慢，不肯向我道歉，所以过了一段时间后，他让朱西卡斯向我转达歉意。我不情不愿地回去上班，不过还是没签合同。

剑桥分析的客户名单越来越长，最后成了一份美国右翼的名人录。特朗普和克鲁兹竞选团队各向公司支付了500多万美元，密苏里州的罗伊·布伦特和阿肯色州的汤姆·科顿为了竞选美国参议员成了公司的客户。当然了，还有那位竞选众议员失败的阿特·鲁宾逊，就是那个收集尿液和教堂管风琴的俄勒冈州共和党人。2014年秋天，杰布·布什到访公司。虽然从默瑟那里拿到了1500万美元，但尼克斯从未费心了解过美国政治，所以他叫盖特尔森一起参加会面。布什是一个人来的，一开场就告诉尼克斯，如果他决定竞选总统，他希望可以按他自己的主张竞选，不必“逢迎”党内的“疯子”。

“当然，当然了。”尼克斯回答。这预示着他整场会议都打算虚张声势、胡说八道。会议结束后，有可能签下又一个美国大客户让他兴奋不已，他坚持要立刻打电话给默瑟，报告这个好消息，他显然把默瑟反复强调过的支持特德·克鲁兹这事抛在了脑后。尼克斯打电话给丽贝卡·默瑟，还开了免提，好让大家都能听到她对这次了不起的会议的反应。

“刚才杰布·布什州长到我们办公室来了，他想跟我们合作。你觉得怎么样？”他扬扬得意地说。丽贝卡过了一会儿才出声，语气平平：“嗯，我希望你在会议上明确告诉他了，这不可能。”然后她挂断了电话，不留情面。

也不是只有那些有望当上总统的人才来找剑桥分析帮忙。为了欢迎福音派领袖拉尔夫·里德，尼克斯计划在蓓尔美尔街牛津剑桥俱乐部的宴会厅举办午宴。午宴上，里德花了两小时畅谈他的目标以及剑桥分析可以做些什么来帮他重塑美国的道德观念，对抗同性婚姻和其他的文化问题。离场时，尼克斯有点喝醉了。回到办公室后，他用他那典型的粗鲁语气向所有人宣称：“哼，绝对是个不敢出柜的同性恋。”

我在SCL和剑桥分析上班的大多数时间里，我们做的所有事情感觉都不像真的，部分原因是在那里我见到了许多卡通式人物。这份工作越来越像一场智力大冒险，就像玩难度不断升级的电子游戏。要是我这么做会怎么样？我能把这个人物由蓝转红或者由红转蓝吗？坐在办公室里盯着电脑屏幕，很容易螺旋式地滑落到一个更幽深更暗黑的地方，忽略我实际上所参与的工作。

但我终于无法漠视发生在眼前的事情了。怪异的政治行动委员会纷纷上门拜访，后来当上国家安全顾问的约翰·博尔顿旗下的超级政治行动委员会向剑桥分析支付了100多万美元，以了解怎样煽动美国青年的尚武精神。博尔顿担心，千禧一代道德观念薄弱，不愿意跟伊朗或其他“邪恶”的国家开战。

尼克斯要我们为所有在美国的客户做研究时使用假名，还要我们声称这是为剑桥大学工作。我试图在一封发给员工的邮件里制止这一做法。“你不能对他人说谎。”我写道，还提到了可能的法律后果。我的警告被忽略了。

这时候，我感觉自己变成了某个我不懂、控制不了、从本质上来说令人厌恶的东西的一部分，可同时我也觉得自己迷失了方向，身处困境之中。我开始去深夜俱乐部或派对彻夜狂饮。有好几次我晚上下班后就直接出去玩一通宵，然后再回去上班，中间都不睡觉。我在伦敦的朋友们发现我不太对劲，盖特尔森后来对我说：“你状态不对，克里斯，你还好吗？”我不好，我很沮丧。我想朝尼克斯吼回去，但是做不到。我出门寻欢作乐，有时候独自一人，震耳欲聋的音乐和时时在舞池里触碰到的他人的身体让我觉得自己还活着，这一切不是梦。而且如果音乐够响的话，你可以朝世界大吼，没人会注意到。

我们在剑桥分析从事的工作似乎每过一天都会变得更邪恶一点。剑桥分析内部的通信将一个项目描述为针对非裔美国人的“选民脱离”（选民压制）方案。共和党客户担心参与投票的少数族裔越来越多，特别是与他们那日益衰老的白人大本营有关的选票，所以正在寻找办法让有色人种困惑，失去参与投票的动力，剥夺他们的权利。当我发现剑桥分析即将启动一个选民压制项目后，我再也忍不下去了。我想起自己在2008年奥巴马竞选期间多次出席群众集会的那些时光，我扪心自问，我到底是怎么跑到这里来的？我告诉一位新来的经理，不管客户的要求是什么，以选民压制为目标的项目都是违法的。我的意见再次被忽略。我打电话给公司在纽约的美国律师，留言请他们回电，但他们从没有回过。

2014年7月，鲁迪·朱利亚尼所在的布雷斯韦尔-朱利亚尼律师事务所（Bracewell & Giuliani）发送了一份绝密备忘录给班农、丽贝卡·默瑟和尼克斯，同时抄送了我。剑桥分析向该所咨询过有关外国势力影响美国竞选的法律意见。备忘录概括介绍了《外国代理人登记法》，特别指出：该法案严禁外籍人士管理或影响美国地方、州或联邦层面的竞选活动或政治行动委员会。备忘录建议尼克斯立即从剑桥分析的实质性管理中撤出来，直至找到可以迂回操作的漏洞。布雷斯韦尔-朱利亚尼律师事务所的这份备忘录还建议利用美国公民“过滤”掉剑桥分析非美籍员工所从事的工作。读完备忘录后，我把尼克斯拉进一间会议室，劝他听从警告。

他没听，剑桥分析反而要求非美籍员工在飞往美国前签署一份弃权声明，自行承担违反选举法的任何责任。他们未被告知朱利亚尼律所给出的法律意见。这把我惹恼了，我朝尼克斯发火。

“要是他们遭到起诉了该怎么办，亚历山大？”我吼道，“你要负责。”

“了解规则是他们的责任，不是我的，”他回答，“他们是成年人。他们能够自主决策。”

然而我担心的是他的决策，而且不只是我一个人担心。心理学团队的一个同事向我报告某些新项目的进展时也表达了同样的忧虑，担心研究成果可能会被用来放大，而不是调和剑桥分析所聚焦的人群的种族主义思想。“我觉得我们不应该继续做这项研究。”他说。

起初，种族是剑桥分析探索的诸多话题之一。这本身没有什么不同寻常的，因为种族冲突在美国的文化和历史中一直扮演着重要的角色。参与项目的心理学家起初以为，研究成果要么会被用于形成关于各种人群的偏见的被动信息，要么会被用来弱化这些偏见产生的影响。然而，企业研究不像学术研究那样有一个先决条件，那就是传统的伦理审查，所以公司从来都没有考虑过研究成果可能被误用的问题——谁都没有想过会出什么岔子。

我知道班农会继续大声地抱怨美国的变化太多，预言大冲突即将到来，或者把印度教中的“法”误读成近似拜物教式的东方主义。但是许多在剑桥分析研究团队工作的人并不把他当回事，觉得他不过是我们在所供职的这个奇特的世界里不得不安抚的又一个怪胎。剑桥分析有许多员工之前为了 SCL 的信息战项目满世界地跑，经历过更加极端的情况，相比之下，班农还算温驯。

然而，接受默瑟投资后的剑桥分析发展迅猛，我无法完全了解我们所参与的这些与种族有关的项目的规模。尼克斯和班农招来的新经理开始把我排除在他们的会议之外，原本项目策划会的邀请函会自动发给我，后来也不发了。我以为这是尼克斯又一轮的权力炫耀，所以只是觉得恼火，而不是起疑。但是团队里的一名心理学家开始主动来找我，向我展示某些新上马的与种族有关的项目。他给我看了一个包含所有正在美国进行测试的研究问题的主控文档，我读了没几行，心就一沉。我们正在测试怎么利用认知偏差来改变人们对种族外群体的认知。我们采用的提问和图像显然是有意设计的，旨在激发受试对象的种族主义思想。我看到一段视频，里面有个参加我们现场实验的男子被剑桥分析一个研究人员的引导性提问激得勃然大怒，满嘴都是辱骂种族主义的言辞。我终于开始直面自己协助创造出来的怪物。

在侵入美国人思维的过程中，我们有意激活人们心底最恶的一部分，从偏执到种族主义。我立即想到，当年斯坦利·米尔格拉姆观察他的研究对象时是不是也有同感。我们所服务的客户的价值观同我的价值观截然相反。班农和默瑟很乐意雇用他们试图压制的人——同性恋者、移民、女性、犹太人、穆斯林和有色人种，以便把我们的看法和经验转化为武器，推动他们的事业。我所供职的公司不再对抗那些束缚女性、残酷地对待非信徒、折磨同性恋者的激进的极端主义者；我就在为极端主义者工作，帮他们在美国和欧洲建立他们自己的反乌托邦。尼克斯心知肚明，但根本就不在乎。他只需要成交带来的廉价刺激，为此他讨好偏执者和恐同人士，不仅希望他的员工视而不见，还希望我们背叛自己人。

到头来，我们正在创造的是一台用仇恨和狂热的偏执玷污美国的机器。我不能继续忽视这种做法的不道德和非法性。我不想同流合污。

然后，2014 年 8 月，一件可怕的事情发生了。一名 SCL 的老员工，也是尼克斯长期以来的好友兼知己，因患有重症疟疾而从非洲返回。他来办公室的时候眼睛红红的，汗流浃背，口齿含糊，不知所云。尼克斯还因为他迟到朝他大喊大叫，我们其余人则劝他快点去医院。然而，他到了医院还没看上病，就身子一软摔下了一段楼梯，头部重重地撞在混凝土地面上，陷入昏迷。他大脑充血，部分颅骨被摘除。医生担心他可能再也无法恢复正常的认知功能。

尼克斯从医院探视回来后，问人力资源部门公司投了什么责任保险，还问他必须给他那忠诚的朋友支付多久的费用。要知道他的朋友还昏迷不醒，颅骨也切掉了一部分。这实在是冷酷到了极点。就在彼时彼刻，我意识到尼克斯是恶魔。更糟糕的是，我知道他不是唯一的恶魔。

班农也是恶魔。而且我担心，只要我在公司待得够久，我也会变成恶魔。

就在几个月前，我还觉得社会和文化研究其乐无穷。而现在，那些研究造就了这个怪物，太可怕了。我很难解释公司当时的氛围，但就好像人人都恍恍惚惚，不知道自己所从事的工作的真相。可是我已经清醒过来了，正冷眼旁观这个令人反感的理念落地成真。我恢复了思考能力，尼克斯的邪恶梦想在现实世界中造成的后果萦绕于我的脑海。深夜难寐，我就睁眼盯着天花板，沉沦于痛苦和困惑之间。有一次，我在加拿大时间凌晨3点的时候打电话给我父母，问他们该怎么办。“读一读这些迹象吧，”他们说，“要是你睡不着——要是你惊慌失措，没日没夜地打电话找答案，你其实知道应该怎么做。”

我告诉尼克斯我要离职。我想摆脱他那心理变态般的愿景——还有班农的，越快越好，否则我就有罹患同种精神疾病的风险。

尼克斯不同意，他要我忠诚。他让我觉得，要是我抛弃了公司里的朋友，我就是坏人。是我招聘大家为班农做项目的，他们信任我，我不想背叛他们。

“克里斯，你不能抛下我，让我和尼克斯在一起。”马克·盖特尔森说。他加入公司的最大动因就是跟我共事。“要是你走，我也走。”

我不想抛弃我的朋友和同事，但我憎恨剑桥分析现在的面目和它正在对世界做的一切。我告诉尼克斯，我们可以商量一下，看看我怎么逐步退出最好，不过最终我一定要离开。他做了他习以为常的事情——带我去吃午饭。

餐厅在格林公园，离白金汉宫不远。一落座，尼克斯就说：“好吧，我预料到有一天我们会进行这样一场谈话。你想要多少钱？”

我告诉他，这事跟钱没关系。

“得了吧，”他说，“这家公司我已经开得够久了，知道一切都是为了钱。”

他提到，不像某些同事，我从来都没有要求过加薪，虽然他给我的薪水很低。这是真的：我的薪酬在办公室里属于较低的，大约只有别人工资的一半，而因为里彭项目被招进公司的人拿到的钱有我的三四倍。我摇了摇头，尼克斯说：“行了，我把你的工资翻个倍，这应该可以了吧。”

“亚历山大，”我说，“我不是在跟你玩游戏。我要走了。我不想在这儿干了。我受够这一切了。”我加重了语气，他似乎终于意识到我是认真的，因为他靠近我说：“可是克里斯，这是你的小宝贝。我知道你，你不会把你的小宝贝抛弃在街头的，对不对？”他一定认为这是一个能够打动我的理由，因为他继续动之以情。“这个小宝贝刚刚出生，你难道不想看着它长大？知道它上哪所学校？能不能进伊顿公学？见证它的人生成就？”

口吐莲花地来了这么一连串比喻，尼克斯甚是得意，但我一点都没被他打动。我告诉他，与其说我觉得自己像个父亲，不如说我是个捐精人，眼睁睁地看着小宝贝长成神憎鬼厌的小孩却无力阻止。尼克斯立马掉转枪头，建议我们在剑桥分析下设一个“时尚事业部”。

“天哪，亚历山大，你是认真的吗？心理战，茶党……外加时尚潮流？不行，亚历山大，太可笑了。”

终于，他火了。“总有一天你会变成第五只甲壳虫。”他说。

“第五只甲壳虫？”我想。这是哪个埃及寓言？跟圣甲虫有关系吗？他到底是什么意思？直到后来我才意识到，他指的是在我出生前三十年组建的甲壳虫乐队。

后来我让步了，同意继续在公司工作到 11 月初的中期选举。即便如此，尼克斯还是坚持认为我走人是个错误。

“你都不明白你在这里创造了多么伟大的东西，克里斯，”他说，“只有等到我们大家都坐进了白宫你才会明白——我们中的每一个人，除了你。”

真的？就算是尼克斯，这话也有点过了。他告诉我，白宫西翼的办公室里有望镶上我的名牌。我太傻，都不知道自己放弃了什么。

“如果你走的话，一切结束，”他说，“别再回来。”

班农接手并释放混乱后不到一年，我就离职了。但现在回想起来，我都弄不懂自己怎么能待那么久。那时候的每一天我都在无视、忽略警示信号，或者为其找借口。享受着那么多智力上的自由，还有世界一流大学的学者告诉我，我们正处于“变革”社会科学的前沿，我变得贪心起来，顾不得我们所做研究的阴暗面。我的许多朋友也一样。我试图说服科根离开。就算他承认这个项目有可能成为伦理困境，他也还是决定在我离职后继续同剑桥分析合作。我得知科根不走之后，就拒绝帮他为他的项目收集更多数据，因为我担心任何我为他收集的新数据到头来都会落在尼克斯、班农和默瑟手里。我原先设想的学术研究所逐渐演变成剑桥分析不断扩大的合作伙伴网里的一枚小卒。既然我不肯继续帮助科根，他就要求我处理掉所有从他那里得来的数据。我照办了。不过，我个人为此付出了极大的代价，因为当初科根特意在样本库里加入了时尚和音乐方面的问题，方便我把问卷调查的结果写进我有关时尚潮流预测的博士论文里。写论文的素材没了，我知道我只能放弃攻读博士学位，而那时候学习已经是我活下去的唯一动力。但最让我烦恼的是，我怎么就让尼克斯控制了我，听任他利用我的不安全感和弱点，然后受他驱使，去利用整个国家的不安全感和弱点。我的行为不可原谅，我会永远活在耻辱里。

就在我离开剑桥分析之前，公司正在策划尼日利亚的又一轮选举干预。尼克斯给卢克石油介绍谣言战时就提到过公司在这个非洲国家的战绩，对它可谓熟门熟路了。剑桥分析深知，无数外国利益集团都染指非洲选举，所以不太可能会有人关心剑桥分析有什么盘算——毕竟，那是非洲。20 世纪 60 年代，非洲国家纷纷摆脱殖民统治，但许多西方强国仍然觉得自己有权干涉其前非洲领地的事务，跟以前唯一不同的地方在于得谨慎些。欧洲的繁荣跟非洲的石油、橡胶、矿产和劳动力密不可分。即便前殖民地已经实现了政治独立，这种依赖性照样存在。

在这次的尼日利亚项目里，剑桥分析加大了心理虐待实验的力度。就在剑桥分析驻扎的同一家酒店里，以色列、俄罗斯、英国和法国的“公民参与”项目纷纷躲在遮羞布后面进行得如火如荼。大家都有一个不言而喻的观念：如果是非洲的选举，外国干预算不了什么。

剑桥分析名义上支持古德勒克·乔纳森。他当时是尼日利亚总统，正在参加竞选连任。乔纳森是基督徒，他的竞争对手是温和派穆斯林穆罕默杜·布哈里。聘用剑桥分析的一群尼日利亚亿万富翁担心，如果布哈里胜出，他会收回他们的石油和矿产勘探权，从而大大缩减他们的财源。

剑桥分析的做法一如既往，关注点不在为古德勒克·乔纳森摇旗呐喊上，而在毁掉布哈里上。那些亿万富翁其实并不在乎谁赢得大选，只要胜利者清清楚楚地明白他们的实力以及他们愿意做什么就好。当年 12 月，剑桥分析聘用了一个叫布里塔尼·凯泽的女子担任“商务拓展总监”。凯泽出身名门，令尼克斯垂涎欲滴。第一次见面，尼克斯就跟凯泽调起了情，告诉她：“让我灌醉你，窃取你所有的秘密。”凯泽在芝加哥郊外一个富裕的地区长大成人，就读于马萨诸塞州的一所贵族私立学校菲利普斯学院（两位布什总统的母校）。上完爱丁堡大学后，她参与了利比亚的一些项目。在利比亚，她认识了一个叫约翰·琼斯的律师。后者的客户不仅包括穆阿迈尔·卡扎菲的儿子赛义夫·卡扎菲，还有维基解密的朱利安·阿桑奇。琼斯在英国律师界备受尊重。凯泽为他做咨询，从而结识了阿桑奇。她在 2014 年年末开始为剑桥分析工作，当时我正准备离职。

为了影响尼日利亚大选的结果，剑桥分析双管齐下。首先，他们会四下挖掘对布哈里不利的信息——黑材料。其次，他们会制作一个视频，吓唬有意投票给他的人。凯泽出差去了以色列。据她说，她在那里的熟人介绍她认识了一些顾问。我从公司里有关尼日利亚项目的内部通信中看到，剑桥分析还雇用了几个来自不同国家的前情报员。现在我们不确定剑桥分析内部是否有人以及是谁有意付钱给黑客购买他们的服务，但显然有关政治对手的高度敏感的材料——可能是黑客入侵得来的或者偷来的——不知怎的就被公司搞到手了。黑进竞争对手的电子邮件账号、数据库，甚至私人病历后，剑桥分析发现布哈里可能得了癌症，但是还没公开。利用黑客盗取材料并不只是发生在尼日利亚，剑桥分析还获取了加勒比海的一个岛国圣基茨和尼维斯反对党领导人的黑材料。

非法侵入他人的医疗记录和电子邮件足以让人不安，但剑桥分析制作的宣传视频更恶劣。这些广告被投放到包括谷歌在内的主流网络上，定向瞄准尼日利亚亲布哈里地区的民众。就在某个尼日利亚人上网浏览新闻的时候，一个看似平常的博人眼球的广告跳了出来——要么是八卦标题，要么是性感女郎的照片。要是这个人点击了链接，就会打开一个除了中间的视频框别无他物的页面。

视频都很短，只有一分钟出头，而且通常在开头会有一个画外音。“2015 年 2 月 15 日即将到来，”一个男声缓慢道来，“黑暗，可怕，高度不确定。”“要是布哈里决意实施伊斯兰教法，尼日利亚会变成什么样？”视频给出的答案是，如果那一天真的来临，将会发生你能想象到的最可怕、最惊悚的杀戮。突然，视频切换到另一个场景。一个男人用一把钝刀慢慢地来回锯另一个男人的喉咙。血从受害者的颈部喷射出来，他被扔进一条沟里等死，周围的土壤都被染红了。在另一个场景里，一群男人绑住一名妇女，往她身上浇汽油，然后引火点燃。她痛声尖叫。这些都不是演员演的，而是从真实的折磨录像和谋杀录像里截取来的。

剑桥分析有很多员工在我辞职后不久也离开了。他们认为，既然我这个知晓所有秘密的人都觉得公司太龌龊，那公司一定很龌龊，就是这样。尼日利亚项目的龌龊程度更是令人发指，于是又有一批人离开了。到了 2015 年 3 月，所有我挂念的人——朱西卡斯、克里卡德、盖特尔森等——都已经离开了剑桥分析。然而，还是有很多其他人找到理由留了下来。凯泽一直工作到 2018 年，然后在公司因为我向媒体和官方提供的证据摇摇欲坠时站出来公开做证。她后来声称自己不知道剑桥分析当时在招募黑客。她在英国议会的一场质询中说，她只是以为黑客擅长“收集情报”和运用“不同类型的数据软件追踪银行账户之间的金钱往来……我真的不知道其中的运作原理”。

现在回想起我在剑桥分析的时光，有些事情就看得比当时明白，谁叫我那时候逐渐习惯了公司的怪异之处。其实那会儿一直有怪人进进出出——穿深色西装的可疑人物、戴着跟餐盘一样大的军帽的非洲领导人、班农，所以要是每次发生不同寻常的事你都对此警觉，你不会在公司干很久。

现在我知道卢克石油跟俄罗斯联邦安全局——克格勃的继承者——签有正式合作协议。美国众议院情报委员会的一名委员后来告诉我，俄罗斯联邦安全局经常打着卢克石油的幌子收集情报。卢克石油的高管在其他国家施加影响力的行为也有曝光，包括捷克共和国。2015 年，乌克兰安全部门指责卢克石油向顿涅茨克和卢甘斯克的亲俄叛军提供资金。“我只有一项任务同政治挂钩，对国家好就是对公司好。”卢克石油首席执行官瓦吉特·阿列克佩罗夫是这样评论他自己在地缘政治中所扮演的角色的。

事实上，这可能就是他们对 SCL 感兴趣的主要原因。SCL 长期以来一直活跃于东欧，2014 年正值它同北大西洋公约组织商谈一个反俄宣传的新项目之时。此前 SCL 曾经在波罗的海诸国组织过宣传战，把当地的政治问题归咎于俄罗斯。“事实上，失业和其他影响经济的问题才应归咎于俄罗斯。”有关该项目的一份旧报告写道。然而，除此之外，就在卢克石油向顿涅茨克的亲俄叛军提供经费的同时，SCL 的国防部也开始采取反制措施，“收集人口数据，进行分析，为乌克兰政府制定一份数据驱动战略，协助其实现收回顿涅茨克控制权的目标”。这个项目的初衷是“侵蚀和削弱顿涅茨克人民共和国”，俄罗斯情报部门想来会因此把 SCL 视为重点目标，而当时圈内人士都知道它在欧洲的行动借用的是卢克石油的名义。

实际上，我们现在几乎可以确定，尼克斯和我同这些卢克石油的高管会面时其实是在跟俄罗斯情报部门打交道。他们或许是对我们这家同时也为北大西洋公约组织军方工作的企业感兴趣，想要多加了解。那也可能是他们这么关注我们手里所掌握的美国数据的原因，而尼克斯也许给他们留下了只要有人奉承就几乎什么都愿意说的印象。当时尼克斯完全有可能不知道他在跟谁打交道，正如我当时被蒙在鼓里那样。俄方同我们之间的联系更令人忧心忡忡的地方在于，他们并不需要黑进剑桥分析的系统才拿得到脸书数据。尼克斯已经告诉他们可以在哪里获取这些数据了：就在俄罗斯，科根那里。

这倒不是说科根早已知情，但如果真要获取脸书数据，方法简单得如同科根去俄罗斯开讲座期间获得他电脑里的键盘侧录数据。2018 年，英国当局查封剑桥分析的服务器之后，英国信息委员会办公室发表声明，说“某些同调查相关的系统曾经被俄罗斯和独立国家联合体其他地区的 IP 地址访问过”。

如今总结一下我在剑桥分析最后几个月发生的事情，真是令人大开眼界。我们的研究里插入了有关普京和俄罗斯的问题。能够获取脸书数据的首席心理学家在圣彼得堡还有一个接受俄罗斯资助的研究项目，用俄语发表演讲，描述剑桥分析怎样建设美国选民的心理画像数据库。帕兰提尔的高管在我们的办公室里进进出出。一家跟俄罗斯联邦安全局有关联的俄罗斯大企业刺探我们的美国数据资产。尼克斯向俄罗斯人介绍我们散布假新闻和谣言的能力。此外，还有公司的内部备忘录概述剑桥分析正在跟俄罗斯前情报人员合作开发新的网络入侵能力。

班农担任公司副总裁之后的一年里，剑桥分析开始部署一些战术，诡异地预示了2016年美国总统大选期间将要发生的事情。剑桥分析借助黑客获取对手的电子邮件。内部文件表明，有些黑客可能是俄罗斯人。剑桥分析利用这些黑来的邮件暗中打击对手，包括通力协作泄露对方候选人的健康信息。接着，这些窃取来的黑材料还同线上大规模散布的不实信息结合，在社交媒体上进行定向传播。下述事件的重合可能纯属偶然，但许多担纲尼日利亚项目的员工也参与了剑桥分析的美国行动。尼日利亚项目一年后，布里塔尼·凯泽被任命为英国脱欧项目“离开欧盟”的运营总监。萨姆·帕滕后来和保罗·马纳福特一起在特朗普竞选团队工作。2018年，特别检察官罗伯特·米勒起诉帕滕未曾登记自己的外国代理人身份，帕滕后来认罪。他的业务合作伙伴基利姆尼克也遭到起诉，但因为人在俄罗斯而避开了这一起诉。直到再后来，帕滕同疑似俄罗斯情报人员的关系被曝光，我才再次对这些关于弗拉基米尔·普京和克里米亚的项目产生怀疑。

帕滕还主管俄勒冈州的研究项目，其中有许多问题涉及受访者对俄罗斯外交政策及普京的领导力的态度。俄罗斯为什么在意俄勒冈人对弗拉基米尔·普京的看法呢？因为一旦剑桥分析根据俄勒冈州受访者的回答建立起了模型，数据库就能识别出具有亲俄观点的美国人。俄罗斯政府有自己的国内宣传渠道，但它的全球战略之一是在别国培养亲俄群体。如果你有意通过数字化手段传播你的叙事，那么拿到一份更有可能支持你所在国家的世界观的人名录并向人名录里的人进行定向传播，效果会比较好。利用互联网进行宣传、培养当地人的亲俄情绪是一种避开所有西方关于“国家安全”概念的优雅的做法。在大多数西方国家里，公民享有言论自由权，包括同意敌对国宣传的权利。这一权利成了网上宣传的神奇力场。美国情报机构无法制止美国公民自由发表政治言论，即便这个言论是由俄罗斯操控培养出来的。情报部门只能采取先发制人的行动，屏蔽美国社交网络上被武器化的叙事。

俄罗斯历来对美国的言论自由和民主制度嗤之以鼻。在俄罗斯领导人看来，美国的群众运动和抗议史无异于混乱和社会无序史，美国法院引用民权准许同性婚姻不过是西方的堕落，引领美国走向衰弱和道德滑坡。莫斯科有人认为民权和美国宪法第一修正案是美国政治体系里最明显的两个薄弱环节，所以俄罗斯想乘虚而入——黑掉美国的民主制度。他们认为自己能成事，因为美国的民主制度本身就是有缺陷的。俄罗斯人向具有类似俄罗斯世界观的美国公民进行定向传播，传播的内容根据实际情况量身定制，而那些美国受众会点开这些内容，点赞并转发，从而一步一步地制造出社会混乱，创造出其自我实现的预言。这些叙事通过一个言论自由受宪法保护的系统传播，美国政府无法制止，脸书也没办法制止。

剑桥分析是否参与了俄罗斯在美国散布不实信息的活动？没有人能给出确切答案，而且也没有一把“还在冒烟的枪”能证明剑桥分析就是在俄罗斯的协助和怂恿下兴风作浪的罪魁祸首。可是我一直讨厌“还在冒烟的枪”这种表达，因为它在实际调查中毫无意义。现实中的调查员会收集各种细节信息——一个指纹、一份唾液样本、车胎印、一缕头发。在剑桥分析这个案例中，萨姆·帕滕先在乌克兰搞亲俄宣传战，然后为剑桥分析工作；剑桥分析测试美国人对弗拉基米尔·普京的态度；SCL 因为效力于北大西洋公约组织而成为俄罗斯情报工作的对象；布里塔尼·凯泽曾经担任朱利安·阿桑奇法律团队的顾问；为剑桥分析收集脸书数据的首席心理学家屡次出访俄罗斯，开展有关社交媒体画像的讲座，其中有一讲题为“作为有效政治工具的新型传播方式”；剑桥分析的内部系统曾经被俄罗斯和其他独立国家联合体国家的 IP 地址访问过；剑桥分析内部的备忘录提到俄罗斯情报机构；还有亚历山大向卢克石油介绍剑桥分析的美国数据集和传播不实信息的能力。

我跟尼克斯吃午饭告诉他我决意离职的时候，他认为未来事态的发展尽在他的掌握中。“下次你见到我的时候，”他说，“我会在白宫，而你一事无成。”事实表明，他的预言不算太离谱。我下一次见到亚历山大·尼克斯的时候，离我告诉他我要离职已经过去了差不多四年，他当时正在英国议会接受议员们对他的谎言的质询。我目睹他名誉扫地，但他就是他，似乎一点都没觉察到，抑或他觉察到了但根本不在乎。他看到我坐在旁听席上时，只是朝我眨了眨眼睛。

第九章

反民主罪行

因为从事过定向宣传，所以我知道媒体上讨论的大部分内容都跟公投期间个人和团体实际看到的内容不一样。

2016年1月，我决定接受以加拿大国会为据点的自由党党团会议研究局（LRB）的邀约，担任它的顾问。那时候，贾斯廷·特鲁多在2015年10月领导自由党取得联邦选举胜利之后刚刚组阁不久。特鲁多竞选纲领的一个主要主张是恢复在前任保守党执政期间被废止的人口普查，用数据影响政策决策，重新为加拿大的社会项目注入活力。就在他大选胜利后不久，我从前为自由党工作时的一些同事问我有没有兴趣为特鲁多的新研究和情报团队工作，重点研究技术和创新。

我这几年过得特别丧气，先是在英国的联合政府为自由民主党工作，然后跑到剑桥分析，因此迫切地需要做一些对世界有益的事情。这也就意味着接受这份邀约后我应当返回加拿大，不过我商定了一个安排，除了重要会议，我不必待在渥太华。我已经离开加拿大五年多了，在那里没有多少朋友，但是之前发生的事给我留下的创伤还没痊愈，所以我觉得回家安安静静地休息一段时间可能对自己有帮助。

回到渥太华后，我先去了研究局，办理入职手续时，前些年在国会建立选民活化网络公司的记忆如潮水般涌上心头。就在这个地方，我开始为反对党领导人工作，当时的经历塑造了后来的我。现在我又回来了，为了结束我在青少年时期开启的人生篇章。渥太华这个城市跟我多年前离开时一样沉闷，但是有伦敦的生活经验做对照，它的单调就更突出了。加拿大就是这样，渥太华比华盛顿哥伦比亚特区还要平淡无味——它是各国首都里的健怡可乐。

加拿大政府的政治研究机构坐落于皇后街 131 号，跟渥太华的其他地方一样平淡无味，氛围介于太空站和炼狱之间。我穿行于楼内无窗的大厅和毫无点缀的米色房间之间，沉浸在官僚主义美学中，时不时路过的接待台上摆放着小小的蓝色英法双语标识，提醒路人加拿大也说法语。我的工作职责描述预示着千篇一律的无聊——基本技术设置、民调建议、社交媒体监控、些许简单的机器学习工作和创新政策研究。没有什么吸引人的地方，而且具有讽刺意味的是，也没有什么创新之处。不过我能接受，因为我不必真的待在渥太华。我可以迅速逃离自由党党团会议研究局在渥太华的办公室，在加拿大各地做项目，从而保持头脑清醒。

与此同时，英国保守党首相大卫·卡梅伦宣布要对该国的未来进行全民公投，决定英国是继续留在欧盟还是脱离欧盟自谋生路。自从英国于 1973 年加入欧洲经济共同体以来，疑欧派人士一直煽动着脱欧。起初领导运动的是左翼，当时许多工党政治家和工会会员认为联盟式的协议对他们的社会主义梦想不利。然而大部分英国国民欣然接受了这个安排。1975 年的一次全民公投中，约 67% 的英国人投票赞成留在欧洲经济共同体里。

欧洲经济共同体演变成欧盟的时候，英国左右翼大致达成一致，认为欧盟成员国资格对英国有利。但到了 20 世纪 90 年代早期，右翼的英国独立党在抵制欧洲重点关注事项的日益增长的情绪中应运而生。1997 年，前期货交易员暨英国独立党创始人之一奈杰尔・法拉奇将独立党党魁赶下台。2006 年，法拉奇成为独立党领袖。在他的领导下，英国独立党开始在白人工人阶层中煽动反移民情绪，在富裕的白人社区唤起对不列颠帝国过去美好时光的怀念。因为“9・11”恐怖袭击、“伊斯兰恐惧症”以及布什和布莱尔执政时期发生的冲突，整个世界为之改观。随着有色人种难民的命运升级成欧洲危机，卡梅伦改变姿态，安抚民族主义情绪，希冀留住右翼选民。保守党制订了 2017 年年底前举行全民公投的计划，具体时间定在 2016 年 6 月 23 日。

英国全民公投的经费多数来自公共财政。在英国选举委员会指定两个拉票宣传团队分别代表正式的正反方后，投票议题所对应的正反两方均会得到同等数额的公共资金。英国的选举法也规定了适用于双方的严格的支出上限，确保没有任何一方因为经费多于另一方而遭受不公。事实上，这些措施类同于奥运会为了保证比赛的公平性所制定的反兴奋剂规则。如果一方可以调用的资源多于另一方，那么该方的信息就能够传播给更多的选民，因此必须对资源进行管控，以确保选举的公平性。其他团体也可以进行宣传，但它们不会受到公共财政的支持，而且它们之间如果协同作战的话，必须公布支出情况，不得违背官方规定的额度。

政治家和竞选者在 2016 年 4 月 13 日之前可以指定脱离欧盟和留在欧盟的官方宣传团队。“投票脱欧”和“离开欧盟”是主张脱欧阵营的两大主要宣传团队。“英国留在欧盟会更强大”（Britain Stronger in Europe）从一开始就是留欧阵营的官方宣传团队，还有一些专门的团队也主张留欧，例如“科学家赞成欧盟”（Scientists for EU）和“保守派要求留欧”（Conservatives In）等。“投票脱欧”的成员多数是保守党，也有少数疑欧进步论者。另外一个主张脱欧的竞选团队“离开欧盟”几乎就只关注移民这一个问题。它的许多宣传人员散布种族主义论调和极右翼观点，以期激怒公众。每个团队都有自己的定向传播目标和意识形态战略，此外，根据英国法律，他们不得以任何方式合作。英国选举委员会最终授予“投票脱欧”和“英国留在欧盟会更强大”这两个团队官方宣传的资格，但两大主要脱欧团体利用不同的议题触动潜在支持者——这一战术在拉票方面极为成功。

上过大学的城市居民习惯了周围都是移民，而且他们所供职的企业受益于移民熟练的劳动技能，所以他们不为右翼散布的恐慌言论所动，通常支持留在欧盟。收入较低的英国人和居住在乡间或旧时工业中心地区的人更倾向于支持脱欧。国家主权一直都是英国认同的核心组成部分，脱欧派认为欧盟成员国的资格削弱了国家主权，而支持留在欧盟的一方反驳说，保持现状可以给英国带来经济、贸易和国家安全方面的利益。

“投票脱欧”的公众宣传由鲍里斯 · 约翰逊担任首席发言人。这个人曾经担任过伦敦市长，后来当上首相，一直受到保守党人士的青睐，在保守党选民中获得的支持率数一数二。脱欧派的另一位领导人迈克尔·戈夫正好同约翰逊相反。他不像约翰逊那么浮夸，更慎重，受到支持自由市场的英国自由论者的偏爱。他们的口号“投票脱欧，夺回控制权”遭到留欧派的嘲笑，但其实该口号指向的并非欧盟本身。它要吸引的是那些感觉无法掌控自己人生的选民——他们的就业前景黯淡，所受的教育让他们的生活比别人的生活更容易受到经济不景气的影响，英国社会也系统性地忽视他们。成立于 2015 年的“投票脱欧”有两位创始人。一位是英国议会的政治战略家多米尼克·卡明斯，另一位是建立过数个英国右翼游说团体的马修·埃利奥特。“投票脱欧”办公室里有些人政见不合，但他们都团结在卡明斯的幕后领导下。

“投票脱欧”的总部设在泰晤士河畔正对英国议会的威斯敏斯特大厦七楼，而“离开欧盟”的总部则设在一百多英里开外的布里斯托尔，其所在的莱桑德大楼俯瞰一个车水马龙的环岛。同一栋办公楼里还驻扎着百万富翁阿伦·班克斯经营的埃尔登保险公司（Eldon Insurance），班克斯正是“离开欧盟”的联合创始人暨主要出资人。这一宣传团队从 2015 年夏天开始宣传，同年 10 月跟剑桥分析合作。疑欧派人士、知名右翼政治家奈杰尔·法拉奇成为“离开欧盟”的名誉领袖。在史蒂夫·班农把班克斯和法拉奇介绍给美国亿万富翁罗伯特·默瑟之后，剑桥分析同“离开欧盟”签约，用自己的算法和数字化目标定位为后者的脱欧宣传服务。凯泽和班克斯共同召开新闻发布会，正式启动“离开欧盟”。会上还宣布，布里塔尼·凯泽将成为“离开欧盟”的新任运营总监。

就在我返回加拿大前不久，我跟我在英国认识的几位政界人士一起喝酒，其中一位是时任英国内政大臣特雷莎·梅特别顾问的保守派同性恋者斯蒂芬·帕金森。他是托利党人，但是在政界浸淫这么多年的经验告诉我，一般来说，跟不和自己属于同一个党派的人交朋友比较容易，因为他们不会直接跟你竞争同一个职位，而且也不太可能去试着欺骗你。帕金森告诉我，他刚刚向内政部请了假，要去为新成立的脱欧宣传团队“投票脱欧”工作。帕金森投身于此，我并不惊讶。我告诉他，我认识的另外几个人说不定也愿意加入他的团队。

其中一个是叫达伦·格兰姆斯的布莱顿大学的年轻学生。我最初是通过自由民主党人认识达伦的，然而自从 2015 年自由民主党在大选中惨败后，党内爆发了内斗，大家互相争夺领袖职位，打破了达伦的幻想。格兰姆斯决意脱离自由民主党，问我可否引荐他给托利党人，于是我就把他介绍给了帕金森。你可能从未听说过格兰姆斯，但后来他无意间在英国脱欧公投“投票脱欧”团队取得的胜利中扮演了中心人物的角色。

在我离开伦敦前，帕金森和我见过几次面，因为他想听听我对数据分析的看法。当时他没有告诉我这一点，但是他知道剑桥分析的情况，意识到剑桥分析的定向传播工具对英国脱欧宣传的重要意义。他说他要介绍我认识某个人。“他叫多米尼克·卡明斯。”一听到这个名字我就反感。

多米尼克·卡明斯——不是色情片里的人名，虽说听起来挺合适——在联合政府的教育部里获得了马基雅维利式操盘手和极难对付的人物的名声。时任首相的卡梅伦后来认为卡明斯是一个

“职业精神病人”。卡明斯没有辜负他的恶名，一路前进，成为英国历史上最严重的违反竞选财政法事件的背后主脑，运用剑桥分析开发的一些技术来影响脱欧公投，致使更多选票投给脱欧。然而当时我并不知情，等我听说时为时已晚：那时候，他就是一个刺头，一个野心勃勃的保守党职员，以激怒英国政治体系里的每一个人为乐。

帕金森、卡明斯和我在“投票脱欧”未来总部的一间空荡荡的房间里坐下来，讨论选民的目标定位。当时整个楼层还在装修，到处都覆盖着塑料膜。不过，因为大楼就沿着艾伯特路堤而建，所以景观特别壮丽，能看到泰晤士河对岸的英国议会。卡明斯给我的第一印象是邋遢，似乎刚刚从正在下沉的泰坦尼克号里爬上救生艇。他头特别大，头发乱蓬蓬的，部分秃了的脑袋上杂乱无章地长着一缕缕细细的头发。他看上去有点茫然，或者说有点迷醉，就好像解谜解了一半，或者刚刚猛吸了一口上好的大麻烟卷——我判断不出来。

说句公道话，卡明斯是我在英国政界这个充斥着平庸之辈的积弊之所里遇到的少有的聪明人之一。我欣赏这次跟卡明斯见面的地方在于，我们没有讨论从政者通常所痴迷的话题。卡明斯知道，忙着追卡戴珊一家的真人秀节目或访问成人网站 Pornhub 的人数多于观看英国广播公司《新闻之夜》播报当日政治丑闻的人数。所以他谈的是身份、心理、历史，还有人工智能。后来他提到了罗伯特·默瑟创建的那家对冲基金文艺复兴科技公司。卡明斯显然仔细研究过剑桥分析，问了许多公司运作方面的问题。他有意建立一个他所谓的“政界帕兰提尔”——这个说法让我发抖，因为尼克斯之前老是把它挂在嘴边。我翻了个白眼，心想：又来了。

鉴于“投票脱欧”还没有建立选民登记册，我告诉卡明斯，我很怀疑他能否收集到跟剑桥分析相媲美的数据集。我还告诉他，史蒂夫·班农跟奈杰尔·法拉奇过从甚密，所以剑桥分析很可能已经同他们脱欧宣传的竞争对手“离开欧盟”共事。我们会面后不久，“离开欧盟”就正式宣布了同剑桥分析的合作关系，这显然破坏了卡明斯的计划。也是这次会面之后，帕金森邀请盖特尔森和我去“投票脱欧”工作，因为我已经同意为贾斯廷·特鲁多做项目，所以我拒绝了。盖特尔森一开始考虑过跟我一起去加拿大工作，但后来还是决定留在伦敦为“投票脱欧”做事，因为他觉得时机不成熟，不适合迁居他国这么重大的人生转变。出于礼貌，我还是给卡明斯发了一封电子邮件，简单介绍了怎样进行覆盖几千个选民的试点调查，不过我估计他们在公投前这么短的时间框架内最多只能做到这一步——嗯，至少在合法的前提下只能做这么多。

就在我出发去渥太华之前，我另外一个在伦敦的叫沙米尔·桑尼的朋友问我能否为他找一份实习。他和我相识于伦敦的夜间玩乐场所，此后一直通过脸书联系，时不时地交流对政治、时尚、艺术、火辣男孩和文化的想法与意见。桑尼刚刚念完大学，对政治感兴趣，但是他没有这方面的人脉，所以需要引荐。我问他想加入什么组织，他说党派不重要，他最感兴趣的是积累经验。我向留欧和脱欧两方宣传团队的熟人都打听了一下，只有一人给了回复：斯蒂芬·帕金森。帕金森问我想引荐谁，我就把桑尼照片墙（Instagram）上的个人简介用短信发给了他。帕金森显然爱极了桑尼精心展示的图片，回复的短信只有两个字："要的!!"就这样，桑尼加入了"投票脱欧"宣传团队，后来成了英国脱欧的两名吹哨人之一。

主张脱欧的领导人知道，如果只向传统的右翼脱欧支持者宣传的话，他们将无法在公投中取胜，所以"投票脱欧"把工作重点放在建立更为多元化的联合脱欧阵线上。在英国政治中，公投运动的独特性在于，它们齐心协力，尽力跨越党派门户之见，因为公投选票上印的是议题，不是党派名称。没有人会在公投结束后"赢得权力"，只有理念胜出，由执政政府决定是否执行公投结果。卡明斯和帕金森都明白，赢得脱欧胜利的关键在于识别出工党选民和自由民主党选民，还要识别出那些一般不参加投票的人，并说服他们要么投票赞成脱欧，要么保持中立。为此，主张脱欧的一方迫切需要获得自由民主党人、绿党成员、工党成员、LGBTQ 群体和移民的支持——能争取到越多传统上不支持保守党的选民越好。桑尼非常适合帮助他们完成这一使命。

赞成脱欧的一个最令人信服的进步派观点其实相当简单，那就是欧盟倾向于支持欧洲——白人——移民，而非来自英联邦国家、有色人种占多数的移民。根据欧盟规则，从法国、意大利、西班牙、德国和奥地利等国流向英国的移民不需要签证就可以在英国工作和生活，但是来自印度、巴基斯坦、尼日利亚或牙买加等国的移民却需要经历层层筛选和繁复的移民程序。然而几百年来，英国之所以能建立起庞大的帝国，主要靠的就是使用整个英联邦的有色人种的劳动力，征服他们的领土，掠夺他们的资源，任由他们在自己的国家挣扎求生，为大英帝国创造财富，从而支撑起帝国各大城市的繁荣。两次世界大战期间，英国的自由受到其他欧洲国家的威胁，英联邦公民响应号召拿起武器为英国而战。迄今为止几乎没有什么重量级的战争片向他们做出的牺牲致敬，但事实上，英国取得的许多伟大胜利都是印度、加勒比海和非洲的士兵们抛头颅洒热血得来的。不承想几十年后，欧洲的经济情况看起来比那些脱离殖民统治不久的羽翼未丰的国家好了，英国就背弃那些国家，对英联邦公民关闭自己的国境，实施严苛的新移民规定。与此同时，英国开始几近不加限制地接受欧洲公民的移居，这些公民绝大多数为白人。

正是因为深切感受到了这种不公，所以很多有色人种——例如原籍为巴基斯坦的桑尼的朋友和家人——跟欧盟亲近不起来：他们吃过卡夫卡式移民制度的苦头，这种制度需要他们证明自己的每一分价值，所以他们知道那种感觉。他们有切身体会，目睹了这个通过盘剥他们的祖先富强起来的国家派出内政部名下的卡车在印度和巴基斯坦移民聚居的社区里来回行驶，车身上印着大字警告，如“非法来此？速速返回，否则逮捕”，还有“发短信‘回家’给 78070”。与此同时，一个德国人或者意大利人，即便其祖父曾经射杀过响应英国号召入伍的印度或尼日利亚士兵，也照样可以不经盘问地进入英国，之后四下应聘。

留欧阵营鼓吹“支持移民”，以此捍卫欧盟地位，而许多有色人种看到的却是不言而喻的白人至上——这个阵营支持的其实只是某些移民的权利。对桑尼等人来说，英国脱欧的症结在于某些人群被边缘化以及英国没有妥善处理好殖民主义所遗留的问题。

英国掠夺了殖民地长达数世纪，现在却不让来自这些国家的移民和有色人种入境，而脱欧就是纠正这一错误的尝试。正是因为识别出了这股翻腾起伏的怨愤情绪，脱欧运动才得以在某些移民社群和要求移民“回家”的沙文主义脱欧分子之间促成乍一看不可能合作的联盟。

帕金森给了桑尼一份实习，但不支付报酬。桑尼于 2016 年春季以志愿者的身份加入“投票脱欧”。因为外联团队的规模很小，所以他负责的事务很快就成倍增加。他的工作重点是少数族裔和同性恋社群。他访问贫困街区，询问当地居民计划投什么以及为什么。

桑尼第一天上班就注意到了一个身穿绿色夹克和粉红色裤子的花花公子：一副同性恋装扮的马克·盖特尔森。桑尼和盖特尔森立马就相互开起了玩笑，戏称自己为被保守派白人男性包围的怪胎。盖特尔森于 2016 年春季以顾问的身份加入“投票脱欧”，其机敏、才智和对英国自由派人士的敏锐洞悉给员工留下了深刻的印象。他到任后旋即着手为几个外联团队建立网站，许多网站的品牌和名字都是他想出来的——“绿叶”（Green Leaves）、“骄傲出柜”（Out and Proud），诸如此类。等到我在自由民主党工作时结识的那个 22 岁的时尚专业的学生达伦·格兰姆斯加入团队后，他俩就开始设想建立“投票脱欧”的一个升级版的分部，名字就叫 BeLeave。

那时候我已经回到加拿大，不过我们都通过脸书保持联系。在为 BeLeave 设计品牌的过程中，格兰姆斯用应用程序 Messenger

把他的创意发给我看。虽然我自己忙着为渥太华新上台的自由党政府创建项目，但考虑到他在自由民主党吃过苦头，我愿意帮他的忙。他碰到的一个棘手问题是挑选恰当的品牌标识色。“投票脱欧”的官方颜色是红色，所以他们需要其他的颜色。我说：“为什么不用潘通的年度流行色呢？”2016 年潘通的年度流行色是“静谧蓝”和“粉晶”。达伦做了一个品牌标识模型，我看了以后给他回了一条消息：“它看起来很有同性恋色彩，而且很有千禧一代的特色，一点法西斯意味都没有。”

BeLeave 试图吸引赞成脱欧的选民的温柔一面，强调诸如公平对待移民、终结欧盟和非欧盟公民之间的所谓“护照歧视”、消除欧盟保护主义政策对非洲农民的不公正影响和环境保护之类的议题。帕金森要求桑尼把工作重心从联络少数族裔转移到 BeLeave 之后，桑尼和格兰姆斯——两个 20 岁出头的实习生——基本上就撑起了 BeLeave，“投票脱欧”的高级职员偶尔给他们一些指点。强烈反对移民的选票落袋后，脱欧阵营只需要争取到一小部分思想上更倾向于自由派的选民就能获胜。数据是向这些选民定向传播的关键。

然而“投票脱欧”没有它需要的数据，又不能去找唯一可以提供此类数据的剑桥分析，因为后者已经与“离开欧盟”合作。如果“投票脱欧”也找剑桥分析帮忙的话，就会违反禁止宣传团队之间互相协作的法律。后来我得知，他们聘请了另外一家公司，但那家公司的起源同我刚去 SCL 工作、刚开始组建技术团队的那段历史有交集。

那是 2013 年 8 月，我正在招人。我回想起自己在加拿大自由党的时光，想起从我还在学校时就开始关心我的导师杰夫·西尔韦斯特。这位受过训练的计算机软件工程师在加拿大自由党内提倡全新的数据战略，不过在这之前他就深谙企业数据系统。他身材魁梧，蓄着胡须，让我想起电视剧《公园与游憩》（*Parks and Recreation*）里的罗恩·斯旺森。西尔韦斯特一贯体贴周到，但在政界浸淫多年后，他也会讲冷笑话，有点愤世嫉俗。他住在不列颠哥伦比亚省维多利亚市的郊区，周末担任当地一支童子军的队长，帮着指导青年人。在西尔韦斯特手下实习的前几个月，我协助他进行难民和政治避难申请的个案调查，他向我证明我们确实能够改变他人的生活。他是我认识的最高尚的人之一。

加入 SCL 后不久，我给西尔韦斯特写了邮件，向他介绍公司的业务——不仅介绍了为北大西洋公约组织做的心理战项目，还介绍了 SCL 怎样在非洲防治艾滋病。他很快就回复了："你们需要在加拿大建立一个办事处！"特立尼达项目成立后，他的愿望成真了。SCL 需要找人建立并管理数据基础设施，而西尔韦斯特的资历恰好匹配。西尔韦斯特为此建立了一家名为 AIQ 的新公司，挖来了加拿大的政界人士扎克·马辛厄姆担任项目经理，后者深谙不列颠哥伦比亚省争斗不休的政治。AIQ 的注册地为加拿大，全名为 AggregateIQ，但它同 SCL 签订了知识产权协议，授权 SCL 使用它的工作成果。就像企业为了避税在全球各地注册实体一样，SCL 和后续成立的剑桥分析频繁利用以不同名字注册的离岸公司所构成的网络，避开选举或数据保密监管机构的审查。

AIQ 的总部设在温哥华岛维多利亚市潘多拉大道的一栋砖砌建筑里，隔一个街区就是海边。SCL 和剑桥分析的员工喜欢来这里——跟纷扰繁杂的伦敦比，这里风景优美，海风习习，令人放松。随着 AIQ 的壮大，公司招来了众多才华横溢的工程师，形成一支多元化团队，为 SCL 承接的项目工作。

AIQ 同 SCL 签订的特立尼达项目的合同包括搭建采集脸书数据、点击流数据和网络服务提供者发送日志所需的基础设施，通过 IP 地址和用户代理确定用户的家庭住址，让原本匿名的互联网浏览数据变得有名有姓。SCL 的业务逐步转到剑桥分析的过程中，AIQ 日渐成为剑桥分析后端的技术团队所不可或缺的一部分。发展到一定阶段后，剑桥分析认为需要把自己构建的模型加载到一个可以进行社交媒体和数字广告定向传播的平台上。这个平台被命名为里彭平台，由 AIQ 负责建设，是剑桥分析进行广告目标定位的平台。科根采集到脸书数据后传给 AIQ，然后 AIQ 把数据加载至里彭平台。用户可以在这个平台上根据数百个不同的心理测量和行为因素对选民进行细分。在 2016 年美国初选期间，AIQ 的员工出差到美国南方的得克萨斯州，在那里为参议员特德·克鲁兹的竞选团队增建数据基础设施。

布里塔尼·凯泽和萨姆·帕滕加入剑桥分析，接手尼日利亚项目后，让 AIQ 负责发布剑桥分析制作的选民压制和选民恐吓方面的宣传内容。AIQ 先把女性被活活烧死、喉管割开的男人被自己的血呛死等视频上传好，然后根据剑桥分析提供的选民画像对特定地区和选民进行定向传播。2015 年，当我获悉西尔韦斯特在做这个项目时，真的觉得匪夷所思：我当年的导师根本就不是那种高高兴兴地传播酷刑视频的人呀。多年以后，我再次见到西尔韦斯特，向他问起尼日利亚项目。除了因为不自在而发笑，他毫无悔意。不知道为什么，他对自己创立的公司作为剑桥分析的承包商给世界造成的混乱心安理得。

2016年6月16日下午，一个叫乔·科克斯的主张留在欧盟的工党国会议员步行前往位于西约克郡伯斯托尔的图书馆，准备参加每两周一次的选民见面会。这些选民要么需要帮助，要么想要提出议题。然而，就在科克斯刚踏上图书馆大门外的台阶时，一个头戴棒球帽的男子朝她走过去，举起一把短管霰弹枪，大喊一声“英国优先！”，然后近距离击中了她。接着，此人把41岁的科克斯拖到两辆停着的轿车之间，连连举刀刺她，还朝试图制止他的极度震惊的旁观者挥刀，口中不停叫喊着“英国优先！”“我为英国而战！”。最后，他再次把枪上膛，击中了科克斯的头部。身为两名幼童母亲的科克斯倒在人行道上，奄奄一息。

乔·科克斯遇刺案令英国举国震惊。在英国，枪支暴力远没有美国那么常见。其他的议会议员聚集在议会广场上为她守灵，哀悼者送来的鲜花组成了一座临时纪念碑。杀手的身份不久之后就被查明了，他是一名白人至上主义者和纳粹同情者，只是为了进一步恶化离欧和留欧两大阵营支持者之间的紧张情绪。为了平息这场风暴并哀悼科克斯，离欧和留欧两大宣传团队同意暂停所有的宣传活动，为期三天。这是一个不同寻常的决定，因为再过一周就要公投了。但AIQ继续为“投票脱欧”秘密部署数字广告，因为他们知道英国媒体无法判断他们是否还在照旧投放线上广告。看来，有过在尼日利亚发布酷刑和杀戮视频的经验之后，在全民哀悼被害议员期间多投放一点数字宣传广告没什么了不得的。

这时候，英国的政治环境十分动荡。支持留欧和脱欧的议会议员（多数支持留欧）都受到了生命威胁，因种族而起的暴力事件骤升，社交媒体上每天都吵得不可开交。没有人能对英国的政治形势无动于衷，继续冷眼旁观下去。英国人民都被惊醒了，而且愤怒了，非常愤怒。

此时，许多来自脱欧方的宣传除了面向有色人种和欧洲移民，还针对政治家口中的“都市精英”。“投票脱欧”逃避了责任，但他们显然有意把种族迫害这个问题留给“离开欧盟”，而后者则高高兴兴（且充满自豪）地从事起这份事业。就在乔·科克斯被害前几天，“离开欧盟”的法拉奇启用了一张宣传海报，上面有一大篷车棕色皮肤的移民，他们的头顶上方写着“断裂点”。有人认为这张海报类似于20世纪30年代的纳粹宣传，当时海报上画的是成群结队的犹太人蜂拥进入欧洲的场景。

我在加拿大旁观剧情的展开，告诉自己“投票脱欧”跟“离开欧盟”不一样，因为我有很多朋友在“投票脱欧”上班。法拉奇的宣传团队才是利用剑桥分析的种族主义团队，我想，“投票脱欧”不可能迎合那种说辞。我想错了。

到了拉票宣传的最后几周，“投票脱欧”分配到的700万英镑差不多花完了。英国法律禁止它收受更多资金或同其他拉票团队合作，但是卡明斯要继续花钱，于是决定另辟蹊径。“投票脱欧”的大部分广告费都用在了AIQ身上，卡明斯非常欣赏AIQ数字化的目标定位能力。AIQ能够瞄准特定选民，吸引他们，激怒他们。AIQ的许多定向传播目标以前不太参加投票，所以即使民调显示留欧派领先，这表明的却是AIQ能吸引到一贯被传统的宣传团队和民调公司排除在外的其他小众的选区。然而，AIQ 意识到，如果要保持势头，就得需要更多的钱，花费会超过“投票脱欧”的法定支出上限，而且这些更多的钱必须马上到位。于是 BeLeave 项目成了关注的焦点。截至那个时间点，BeLeave 一直由“投票脱欧”办公室里的几个实习生运营，完全依靠内部人员。它没有发布过付费广告，所有的创意内容都是桑尼和格兰姆斯在业余时间搞定的。“投票脱欧”会提供一些指导，也会为某些事由拨款给他们，但金额很小，都是一百英镑一百英镑地给。

差不多就在这个时候，帕金森开始邀请桑尼去他家待几个小时，因为他知道桑尼家在伯明翰。他俩开始交往了。桑尼那时候 22 岁，尚未向家人坦承他的性取向。他没有经验，也很困惑，不知道该怎么应对跟自己上司的亲密关系。不过，有这么一位在英国政府高层工作的资深政治顾问关心他、指点他，让他产生了一种敬畏之情。帕金森会带他外出玩乐，告诉他自己很满意他的工作成绩，还说如果桑尼的表现一直这么出色的话，将来可以从事这一行。桑尼同意将两人的恋情保密。

选民也开始注意到 BeLeave 的工作成果。桑尼和格兰姆斯创作的一些内容被疯狂传播，效果甚至比“投票脱欧”的付费广告还好。BeLeave 的图像内容专注于类似卫生棉条税这样的进步议题，认为英国一旦脱欧，不需要欧盟其他 27 个成员国的同意就能废除这么一个明显歧视女性的税项。进步的、唤起人们觉悟的、主张社会正义的 BeLeave 这一疑欧品牌看似有其明确的市场。离 6 月 23 日公投还有几周，负责“投票脱欧”外联的克利奥 · 沃森安排格兰姆斯和桑尼同一个潜在捐赠人会面。他俩在“投票脱欧”

的总部见到了那个金主，并向他简要介绍了他们发布的帖子的效力——他们自力更生所做的宣传的效果在某些情况下好于“投票脱欧”的付费广告。

见面前格兰姆斯把演讲内容发给我，征求我的意见，问我应当如何优化脸书上的定向传播，以及他应该需要多少预算。我发消息给他，指导他采用哪些测量指标、怎么说服金主。他们的演讲内容不错，但那个金主最终还是决定不捐钱。这个金主退出后，“投票脱欧”的一位高级总监找到这两个年轻的实习生，告诉他们已经找到了获得 BeLeave 经费来源的新方法，不过他俩得先签一些文件。桑尼和格兰姆斯同“投票脱欧”的律师们见了面，被要求作为一个独立的宣传团体另起炉灶，开立自己的银行账户，制定自己正式的章程。“投票脱欧”的律师已经代拟了新团体的章程，叫两个实习生在文件上签名。当时桑尼和格兰姆斯都没有意识到，因为 BeLeave 同“投票脱欧”关系密切，所以继续花钱是违法的。声称 BeLeave 宣传团体独立于“投票脱欧”并且有自己的预算等同于让这两个年轻的实习生承担这个所谓的“独立”团体违反宣传经费法律的风险。可没有人告知这两个实习生其中的风险，而且他们一如既往地在“投票脱欧”的总部上班，参加“投票脱欧”的活动，还帮着分发传单。

一周后，格兰姆斯和桑尼被告知，“投票脱欧”答应给他们的经费终于到位了，而且金额超出他们的请求。事实上，经费多出了几十万英镑。“投票脱欧”开始安排把 70 万英镑转给 BeLeave。这将成为“投票脱欧”整个拉票宣传活动中最大的一笔支出，但是格兰姆斯和桑尼必须同意一个先决条件。“投票脱欧”担心的是，如果这两人名下的“独立”团队收到了这笔钱，按照法律他们有权任意使用。于是“投票脱欧”告诉两个实习生，其实这笔钱不会转进他们新开设的银行账户，而是直接转给 AIQ，格兰姆斯和桑尼只需要在一沓 AIQ 的发票上签字。桑尼很失望，问是不是至少能报销他的差旅费用和餐费（他是财务主管兼秘书）。然而，他“投票脱欧”的主管告诉他这不可能。格兰姆斯和桑尼根本就不知道他们刚刚同意的是完全违法的行为。他们信任“投票脱欧”的律师和顾问们，可这些人却一再告诉他们一切正常。

这场骗局更恶劣的地方在于，“投票脱欧”的律师们把两个实习生的名字写进了 BeLeave 的文件里，导致事发后格兰姆斯不得不承担法律责任。此种策略在英国竞选宣传比较龌龊的流派中不算罕见，特别是托利党中，曾经有好几次被查获使用过这种手段：资深的竞选顾问不想承担违反选举法的风险，于是就找个没什么经验的人，通常是某个殷切的年轻志愿者，指定这人担任竞选的代理人，让他为竞选承担法律责任。这样一来，如果任何违规行为暴露了，替罪羊就是现成的，而真正的违规者却毫发无损，继续享受权力带给他们的快感，把被遗弃的志愿者和他们破碎的人生抛在脑后。

全民公投的那天终于到了。6 月 23 日，英格兰南部暴雨如注，雨水延缓了匆忙赶去投票的伦敦人的脚步。到了晚上，泛滥的雨水导致火车站封站，地铁停开。“投票脱欧”团队的多数人，包括格兰姆斯和桑尼，一整天都在跑那些很可能支持脱欧的选区，鼓励人们外出参加投票。多佛尔是英国人乘船或乘火车通往欧洲的门户，也是英国人进入英吉利海峡前的终点站。志愿者们冒着暴雨花了数小时在多佛尔挨家挨户地拉票，右翼小报《太阳报》的头版只有一行耳熟能详的黑体字：英国离开（BELEAVE IN BRITAIN）。

直到公投当晚我才得知 AIQ 参与了脱欧宣传，因为帕金森用手机给我发了一张他和马辛厄姆在“投票脱欧”总部拍的合照——两人在起雾的窗户前咧着嘴笑，背后是议会延绵的轮廓线。怪异的是，虽然返回加拿大之后我见过西尔韦斯特几次，跟他说过话，但他从来没有提起过 AIQ 同脱欧宣传的关联。根据后来披露的各个宣传团队的经费支出表，AIQ 拿走了“投票脱欧”40% 的预算，还从 BeLeave 等其他赞成脱欧的宣传团队那里拿走了几十万英镑。

这下我明白卡明斯是怎么绕过剑桥分析早已同“离开欧盟”合作的这个事实了——他用了剑桥分析在别国注册、名字无人知晓的一家子公司。AIQ 拥有剑桥分析的基础设施，处理它的所有数据，而且可以执行跟它一模一样的功能，只是没有贴上剑桥分析的标签。（“投票脱欧”否认其拥有剑桥分析收集的脸书数据的访问权限。）当时没人愿意告诉我，因为人人都知道我跟剑桥分析不欢而散，还有许多前同事也是如此。西尔韦斯特和马辛厄姆之所以选择秘而不宣，是因为这是他们最盛大的政治表演。西尔韦斯特可以非常自在地跟人谈论他们在非洲或加勒比海地区做的上不得台面的事情，但是脱欧不行。

因为从事过定向宣传，所以我知道媒体上讨论的大部分内容都跟公投期间个人和团体实际看到的内容不一样。我几乎立即就意识到英国正在发生极其险恶的事情。即便如此，还是有 72.2%

的选民参与了投票。赞成留欧和赞成脱欧的选票数量连续几小时都处于胶着状态，但最终，脱欧派因为获得了 51.89% 的选票而成为赢家。我当时并不知道“投票脱欧”已经任命托马斯·博里克为宣传团队的首席技术官。在加入“投票脱欧”前，博里克和亚历山大·尼克斯以及 SCL 一起在加勒比海的几个岛国开展过一些数据采集项目。（不过，没有证据表明博里克参加了 SCL 在该地区的非法活动。）公投后，博里克披露说“投票脱欧”和 AIQ 在公投前几周共向目标选民宣传了 100 多个广告，并配以 1433 条不同的信息。卡明斯后来透露，这些广告被观看了超过 16.9 亿人次，但此次定向传播的目标选民只有几百万而已。这样一来，这些目标选民的新闻推送就被“投票脱欧”操控了。

英国人民是 AIQ 部署的大规模信息战的目标，而留欧阵营的问题在于他们完全不了解对手的力量。正如剑桥分析所察觉的那样，被激怒的人不需要太多全面的理性解释，并且更倾向于不由分说地惩罚他人。剑桥分析发现，这种愤怒不仅让目标选民听不进脱欧会影响经济的说辞，甚至还会导致某些人宁可经济不好也要让都市自由派、移民等外群体吃苦头——实际上，这些人的投票就是他们的一种惩罚方式。

事实证明，用这种方法对抗留欧派的“恐惧项目”是有效的。这个项目试图将选民的注意力集中在退出欧盟可能产生的灾难性的经济风险上。简而言之，让愤怒的人害怕要困难得多。愤怒导致的情感偏差调和了人们对负面结果的估计，所以人一生气就容易鲁莽——这一点不仅适用于投票，还能解释酒吧斗殴。如果你参与过酒吧斗殴，你就知道如果想让你的对手在冲动前三思，那么能想象到的最不能做的事情就是大声威胁他。你越威胁，他就越冲动。

留欧派将注意力集中在经济上，但他们还忽视了一点，那就是宣传前先问问大家对经济的看法。剑桥分析发现，许多不住在城里的英国人和较低社会经济阶层的人往往将经济这个概念外化为只有富人和大城市的居民参与的活动。经济不是他们在当地的某个商店里所打的那份工，经济是银行家做的事情。所以有些群体觉得经济风险，甚至贸易战让他们自在。在他们看来，后者引发的混乱只会影响到在“经济”里上班的人。而且他们听到的经济论调越是有说服力，他们就越坚信自己“实际上”听到了担心财富流失的胆小精英们的哀号。他们因此感到自己有力量，并且想要运用这种力量。

脱欧派胜出后，全英乃至全世界都是一阵目瞪口呆、惊慌失措。大卫·卡梅伦神情阴郁地在唐宁街 10 号门口发表讲话，表示他将在 10 月份辞去首相职务。欧元和英镑大跌，全球股市下泻。要求重新公投的请愿书开始流传，公投结果出来后 72 小时内就有 350 多万人在上面签字。美国人的反应以惊讶和困惑为主。权威人士开始分析英国脱欧对美国人的影响，奥巴马总统则采取“保持冷静，继续前行”的态度，向所有人保证“有一点不会改变，那就是我们两国之间的特殊关系”。

当时，很可能会被共和党提名竞选总统的唐纳德·特朗普正好在苏格兰他自己名下的坦伯利高尔夫度假村巡视。他说脱欧派取得胜利“是一件了不起的事情”，选民们夺回了他们自己的国家。

“人们想夺回他们自己的国家，他们要独立，”特朗普说，“人们很生气，全世界的人都在生气……他们因为边境生气，他们因为莫名其妙的人进入他们的国家拿走一切生气。他们对很多很多事情生气。”

世人那时候还不知道英国脱欧其实是个犯罪现场，英国是班农多年前发动的战事的第一个牺牲品。英国脱欧运动中那些所谓的“爱国者”大声疾呼要从远在天边的欧盟的魔爪下拯救英国的法律和主权，却用无视英国法律的手段夺得公投胜利。为此他们找了很多同剑桥分析有关联、注册在英国以外、受外国管辖的公司为他们效力，避开负责保护我们民主制度完整性的机构的监察。英国脱欧大崩溃中浮现出一个清晰可见的模式，这个模式将在美国重现——先前不为人知的外国实体开始通过部署大量来源不明的数据集来影响国内选举。因为社交媒体公司对在它们平台上投放宣传广告不加审查，所以没有人会时刻警惕并制止敌对实体播撒混乱的种子、瓦解我们的民主制度。

第十章

飞黄腾达

英国脱欧迫在眉睫，特朗普的声势日益壮大，我意识到自己该发声了。

“我不打算撒谎，但这绝对是我接过的比较诡异的一个案子。”我的律师说。当时我们坐在她伦敦的办公室里阅读一封剑桥分析于 2015 年 6 月发来的诉讼前律师函，该函（错误地）指责我试图建立一家同剑桥分析竞争的公司，帮助特朗普刚刚起步的总统竞选团队。几个月前，也就是 2015 年春季，唐纳德 · 特朗普首次闯入我的生活。那时马克 · 布洛克打电话来邀请我去工作，工作内容跟剑桥分析一点都不一样，这让我精神一振。布洛克解释说，特朗普集团需要找人做市场研究，要么是为了特朗普的真人秀节目《飞黄腾达》（*The Apprentice*），要么是为了他名下的各大赌场。布洛克还打电话给朱西卡斯和盖特尔森，当时两人都还在伦敦。我们仨商量之后同意跟特朗普集团的高管接触一下。

在跟特朗普集团的电话交流中，我们得知《飞黄腾达》的收视率下降，入住特朗普酒店和出没特朗普赌场的客人也比以前少了。网络赌博已经问世，而特朗普名下的各项经营完全依赖唐纳德 · 特朗普性感、精明的亿万富翁这一公众形象，他的团队似乎开始意识到旧式的赌场体系和一名年龄渐长、皮肤橙黄的三线明星无法在潜在新客户的心目中唤起“性感好玩”的感觉。特朗普品牌在走下坡路，公司需要想办法摆脱颓势。

然而，令人泄气的是，特朗普集团的人说不清楚究竟想让我们做什么，高管们甚至不确定我们能否帮上忙、怎么帮忙。我起了疑心，觉得他们只不过想弄到点免费意见。大约一个月后，他们提议开个会，我拒绝了，觉得让朱西卡斯和盖特尔森从特朗普大厦发回报告就够了。会议地点是特朗普大厦内的一家餐厅，谈话从电话交流里的含糊之处开始。我们能否运用数据改善特朗普及其名下产品的形象来复兴特朗普品牌？如果能的话，定向传播对象是谁？

盖特尔森笑着给我打电话，告诉我会议内容。“你不会相信的，”他说，“特朗普计划竞选总统。”与会人员中有一人名叫科里·莱万多夫斯基，他自称是特朗普的竞选经理，并向盖特尔森和朱西卡斯保证特朗普竞选总统一事是认真的。他邀请我们加入竞选团队，出于若干原因，这个邀约我一点都不想接受。其一，这是政治竞选，而我退出剑桥分析并离开伦敦，就是为了远离政治。其二，特朗普看起来很可笑，参加竞选不太可能会成功。其三，他以共和党人的身份竞选，而我不愿意再为右翼政客代劳龌龊之事。研究怎么提高真人秀节目的收视率和帮助一个共和党人竞选总统完全是两码事。盖特尔森同意我的观点，不过朱西卡斯不怎么赞同，不久之后他就担任了共和党竞选宣传的顾问。我们以为特朗普这段插曲已经到此结束。

但几周后，在 2015 年 6 月 5 日那天，我们得知剑桥分析起诉了盖特尔森、朱西卡斯和我。他们声称我们违反了跟剑桥分析签订的保密协议中的竞业禁止条款。根据他们的指控，我们招揽了剑桥分析的客户之一：唐纳德·特朗普。告知我们此次诉讼的函件给了我们两周时间做出回应，所以即便对方的指控明显站不住脚，我还是决定聘请律师尽快把它解决掉。律师同我第一次见面时很困惑，想象一下我们当时的谈话有多诡异。那时候剑桥分析或者史蒂夫·班农还远远没有家喻户晓。"有那么一家心理战公司，"我告诉他们，"它被美国共和党的一个亿万富翁收购了。我辞职后，有人邀请我去跟唐纳德·特朗普谈谈，就是《飞黄腾达》里的那个家伙，你们知道吧？显然，他打算竞选总统，而且他秘密地成了这家公司的客户。所以他们现在起诉我……"

那时候，剑桥分析已经像疾病一样传遍了整个共和党，为竞选众议员和参议员的知名候选人做咨询，承担右翼利益集团委托的文化现象的研究，如美国年轻人当中的尚武精神等。从表面上看，剑桥分析极其成功。但在幕后，这家公司欺骗了整个共和党，尤其是默瑟家族。我觉得这桩诉讼真正揭露的是，剑桥分析一边为默瑟家族看好的总统候选人特德·克鲁兹服务，一边又偷偷地替特朗普效劳。班农的打算不但跟默瑟家族的不一样，而且他还鄙视克鲁兹，无意支持他。

我跟律师解释说，我根本就没有为特朗普工作。律师的回答大致是这样的："好，别担心。律所成天发这种口气严厉的警告函，但一般情况下不会再有后续行动，这可能是他们负责人的安全感不够。我们能处理好。"

然而，这事没那么好解决。事实上，剑桥分析摆明了要一直纠缠下去，让我不断花钱，不得安心，直到屈服。我提出我可以签署一份文件，声明我不会再为任何共和党人服务，但剑桥分析不同意。他们要我不再从事数据工作，这显然不可能。我们之间的拉锯战持续了好几个月，事态变得越来越怪异。在这场法律纠纷中，我发现盖特尔森和我离职后，剑桥分析捏造了两个假员工——一个叫“克里斯·扬”，一个叫“马克·内特尔斯”，在公司网站上以及同客户打交道的过程中使用。最终我同意签一份保密契约，其实就是一份超级保密协议，声明我再也不会讨论自己在剑桥分析的所见所为。那时候我可不知道，我这个未来吹哨人的第一个陷阱已经挖好了。

我回到加拿大为特鲁多的研究团队工作，每天大多数时候都是在开电话会议或者面对面会议。总体而言，我喜欢这份工作的稳定性，也喜欢这个没有敌意的温暖的环境。让我特别高兴的是，这里的老板不会拼命地从心理上虐待他的员工。

2016 年 3 月，加拿大政府的一位高官打电话给我，要求我做一份简报，简报的内容有点超出我的工作职责。他想听听我对正在如火如荼地进行的美国共和党初选的解读，特别是为什么唐纳德·特朗普的民调支持率会猛增。在 3 月 1 日“超级星期二”的共和党的初选中，特朗普拿下了 11 个州里的 7 个州，而且全美上下有成千上万的支持者参加他的竞选集会，为他尖叫捧场。看起来，特朗普的表现越是蛮横，他的民调支持率提高得就越快。在 3 月 3 日举行的总统竞选辩论上，他跟佛罗里达州参议员马尔科·鲁比奥吵了起来，甚至扯出了自己阳具的大小。特朗普吹嘘说：“我向你保证我这方面没问题。”两周后，特朗普在一天之内又拿下了6个州中的4个州，而鲁比奥退出了竞选。特鲁多手下的人不担心——还没担心，但是他们很好奇，因为这位从真人秀明星转型的候选人给他们荒谬怪诞的感觉。为什么他的支持率这么高？美国人在想什么？他们跟许多加拿大人一样，乐于看着不够开化的邻居的表现，一边发笑一边自得地摇头。

加拿大人不太容易理解民粹主义，因为加拿大和英美两国不同，从来都没有过鲁珀特·默多克名下的媒体。加拿大既没有福克斯新闻台，也没有《太阳报》。由于加拿大的银行体系比较有风险意识，所以这个国家没有爆发过住房危机或金融危机。而且加拿大还是经济合作与发展组织里的异类，爱国主义和移民支持在这里呈正相关性。所以，我翻来覆去地给满是困惑的加拿大人解释，因为他们搞不明白英国怎么会脱欧，也搞不明白特朗普怎么会受欢迎。

20世纪60年代末到70年代间，加拿大总理皮埃尔·特鲁多说过，生活在离美国这么近的地方如同“跟大象共眠，无论这头野兽有多友善，脾气有多好……只要它一抽搐、一哼声，我们就会受影响”。即使特朗普未来落败——当时很少有人料到他会赢，他在国际贸易上的立场也已经引发了涟漪。特朗普憎恨北美自由贸易协定，他的言论惹恼了那些同加拿大有紧密贸易关系的美国诸州的选民。这些选民怕的不是特朗普会赢，而是他参选的时间越长，他的反北美自由贸易协定的豪言壮语就越可能影响到这些州的州长和立法过程，从而影响全国上下对国际贸易的看法。

当时，剑桥分析这一传奇还没有在公众的意识里留下不可磨灭的印象，但我的加拿大同事们都知道，我在剑桥分析的研究成果最后被用在了美国的某些竞选战里。随着特朗普不断地“攻城略地”，他们的好奇心越来越重。我向他们描述了剑桥分析的选民操控战术——这家公司怎么识别出有神经质或阴谋论倾向的人，然后向他们定向传播精心设计的宣传，以期加深和强化这些特质。我还解释了剑桥分析从脸书获得用户数据后，怎么能做到在某些情况下对用户行为的预测甚至比该用户的配偶还准确，而剑桥分析又怎样利用这些信息来让共和党人士变得更加激进。

所以，一方面特朗普显然触动了一定比例的美国选民的神经，另一方面剑桥分析也在幕后忙活着把他的竞选活动推到另外一个层面。他们瞄准了一般不投票给共和党人或者根本不参加投票的人群，借此扩大选区，同时他们孜孜不倦地致力于选民压制，下大力气让非裔美国人和其他少数族裔对投票望而却步。为此他们采用的手段之一是兜售左翼所宣扬的有关社会正义的言辞，把希拉里·克林顿描绘成白人至上主义的宣传者，而他们自己就在为白人至上主义者打工。他们的目标是影响思想上较为左倾的人群，让这些人把选票投给吉尔·斯坦那样的第三党候选人。

我是在遭到剑桥分析的起诉后才开始关注特朗普这位候选人的，因为就是在那个时候我才知道剑桥分析为他工作。起初他的竞选工作一团糟，但接下来他开始重复“建墙”和“抽干沼泽”这样的短语，然后他的民调支持率就上去了。我打电话给盖特尔森说：“呃，这听上去很诡异，你不觉得这像旧事重演吗？”因为剑桥分析在特朗普宣布参选前恰好测试过这些短语，还把它们写进了给班农的报告里。也就是说，在整个 2016 年春季，就在剑桥分析表面上为特德·克鲁兹工作的那段时间里，剑桥分析的研究成果似乎（眨眨眼！）长了脚跑到特朗普那里去了。

初选还在进行，很明显，特朗普的赢面越来越大，渥太华人的态度开始从“他疯了，哈哈”转变成“他疯了……而且有可能当上跟我们共眠的那头大象的总统”。

英国脱欧迫在眉睫，特朗普的声势日益壮大，我意识到自己该发声了。我决定联系几位在硅谷工作的朋友，其中一位——我就叫她“希拉”吧——认识技术神童马克·安德森和他人共同创建的风险投资公司安德森·霍洛威茨里的某个人。在20世纪90年代早期，安德森和埃里克·比纳一起开发了马赛克（Mosaic）网络浏览器，颠覆了人们的上网方式。马赛克后来发展为网景（Netscape）公司，跻身第一批取得巨大成功的互联网企业之列，于1995年首次公开募股。此后，安德森投资了Skype、推特、团购网站高朋网（Groupon）、社交游戏服务提供商星佳（Zynga）和脸书等公司，赚了几亿美元。他还担任脸书的董事。

2016年春天，我飞到旧金山向相关人士概述我在剑桥分析的所见所闻。希拉安排我去门洛帕克沙丘路上的安德森·霍洛威茨公司开会。这栋楼从外面看就像高档一点的郊区牙医诊所，但一进到楼里，刚穿过一个相当平庸的大厅，就看到挂满了古怪又昂贵的艺术品的墙面。我在会议室里见到了安德森公司的员工，向他们介绍了剑桥分析，告诉他们剑桥分析盗用了数百万脸书用户的资料，还蓄意利用这些资料去干预选举。

“各位，你们为脸书的大股东兼董事工作，”我说，“脸书应当知晓这一切。”他们告诉我他们会去调查。到底有没有调查，我不知道。

脸书的一个董事显然正在处理这件事，之后我就去了旧金山的教会区参加一个派对，脸书的一个副总裁有可能会到场。结果，这场派对上来了好多脸书员工，全是标准的硅谷人打扮——贴身的灰色T恤，而且要是不听完关于生酮饮食、饮用Soylent代餐，以及食物被高估的原因，你就很难结束谈话。介绍我的人说我来自剑桥分析，于是我很快就成了万众瞩目的焦点，因为他们已经听说过这家公司的很多传闻。他们似乎都知道剑桥分析。我事后才发现，早在2015年9月，脸书员工就在内部讨论过剑桥分析，还要求对其潜在的非法搜集数据的行为进行调查。2015年12月，员工们重申了他们的调查要求，后来美国证券交易委员会起诉脸书的诉状里引用了这些员工的话。他们认为剑桥分析是一家“（至少可以说）有问题的数据建模公司，深入渗透了我们的市场”。然而，在派对上向我发问的脸书员工感兴趣的明显不是剑桥分析危及了民主，而是剑桥分析的成功秘籍。连脸书的那个副总裁也没表现出多大的忧虑。如果我不喜欢剑桥分析，他说，那我就办一家公司跟它竞争，就像响应优步的宣传成立来福车（Lyft）一样。一家完全有实力采取有意义行动的企业的高管竟然提出这样的建议，我觉得这有悖常理，更别说不负责任了。不过我很快就意识到，硅谷就是这样运转的。如果遇到任何问题，即便是危及竞选诚信这样严重的问题，他们的第一反应不是“我们怎么来解决它？”，而是“我们怎么用它来挣钱？”。除了商机，他们眼里什么都看不到。我的时间白白浪费掉了。我后来参加的美国监管机构展开的调查判定，至少有30个脸书员工知晓剑桥分析，但是在我向公众揭露真相前，脸书没有采取任何措施以向监管机构报告这一切。

之后，安德森·霍洛威茨公司的员工邀请我加入一个非公开的脸书群聊，群名叫作“未来世界”。硅谷各大企业的高管在群里讨论技术行业所面临的问题，包括我提出的问题。安德森也开始跟其他的硅谷高管聊到他们的平台可能遭到了滥用。他请若干硅谷名人到他家边吃晚饭边聊天。这个吃饭群被他们叫作“军政府”——夺权后统治国家的权威式团体。

“要是我们的通信引起了官方的关注，”一名群成员在给安德森的电子邮件里写道，“而其原因是他们的监测算法捕捉到了我们对‘军政府’一词的讽刺运用，那一定让人啼笑皆非。”

2016年初夏，俄罗斯叙事开始沸腾起来。6月中旬，黑客组织Guccifer 2.0泄露了一批从民主党全国委员会那里窃取来的文件。一周后，就在民主党全国代表大会召开前三天，维基解密公布了数万份黑来的电子邮件，导致伯尼·桑德斯和希拉里·克林顿与民主党全国代表大会主席黛比·沃瑟曼·舒尔茨决裂，舒尔茨立刻辞职。当然了，尼克斯也终于开始在丽贝卡·默瑟的命令下四处打听希拉里·克林顿的电子邮件，最后向维基解密提议，由剑桥分析来协助传播黑来的材料。这件事我是从一个还在剑桥分析上班、认为一切正在失控的前同事那里获悉的。

就在民主党人试图将他们的全国代表大会拉回正轨之时，唐纳德·特朗普又朝该党扔了一颗隐喻式手榴弹。在7月27日举行的新闻发布会上，他随口邀请俄罗斯继续干预竞选。“俄罗斯，如果你在听，”他咆哮道，“我希望你能找回消失的那三万份电子邮件。”他指的是希拉里·克林顿因为使用私人电子邮件服务器遭调查，删除，而不是交给调查员的那些她认为具有个人性质的电子邮件。

从夏天到秋天，特朗普和普京相互吹捧，而我开始回想当年自己还在剑桥分析时注意到的公司同俄罗斯的奇特关联。科根和圣彼得堡的联系，跟卢克石油高管开的会，萨姆·帕滕吹嘘自己为俄罗斯政府工作，提到俄罗斯情报部门的剑桥分析的内部备忘录，那些莫名其妙地插进我们研究里的有关普京的提问，甚至还有凯泽跟朱利安·阿桑奇和维基解密的明显的联系。当时我以为这些都是怪异但相互独立的事件，不过现在看来，似乎并非如此。

7 月 19 日，共和党全国代表大会正式提名特朗普为总统候选人。如果我的直觉没错的话，剑桥分析不仅运用我开发的数据工具操控美国选民支持特朗普，还可能或有意或无意地跟俄罗斯人合作影响竞选结果。既然我已经跳出剑桥分析这座山，站在山外面看它，那我就好比有透视眼。我知道这家公司愿意堕落到怎样的深渊，知道它的内核毫无道德可言。我觉得恶心。我知道我得告诉别人——拉响警报。

我去找特鲁多政府里的某个人，就叫他“艾伦”吧，跟他说了我的忧虑。我描述了俄罗斯、维基解密和剑桥分析之间盘根错节的关系。我告诉他我开始相信剑桥分析是俄罗斯计划的一部分，并建议把细节分享给美国政府里的人。

我们无意越界，而且我们希望尊重美国选举。我们担心，即便我们只是想警告美国注意潜在的安全威胁，特别是来自俄罗斯的威胁，这个警告本身就有可能被误读为外国人士试图干预选举，而我们绝对没有这个意思。我们最终确定了一个替代方案——去伯克利参加一个以数据和民主为主题的研讨会。我们知道白宫的几名官员也将与会，打算找机会跟他们私下聊聊。

我还和另一个人充分交流了所有这一切，这个人就是奥巴马的前目标定位经理肯·斯特拉斯玛。此前我在纽约见过斯特拉斯玛，跟他讲了剑桥分析的数据目标定位。因为他的公司在 2016 年选举期间刚刚为伯尼·桑德斯提供过微目标定位服务，所以他自然是很感兴趣。

7 月末，希拉里·克林顿获得民主党总统候选人的提名后，斯特拉斯玛打电话给我说："既然我们已经输了，我准备看看能不能跟希拉里的数据团队谈谈。"他问我愿不愿意跟对方会面，简述我对特朗普竞选团队的怀疑。当然愿意，我告诉他。不幸的是，我们一直没能联系上克林顿的团队。

8 月，我和贾斯廷·特鲁多办公室的几个顾问一起去伯克利开研讨会。我们计划只在那里待几天，所以我请另外一个硅谷的朋友替我们安排一些会面，其中最重要的就是同白宫幕僚会面。我就叫这个朋友"柯兰尼"吧。

我知道跟白宫官员见面的时间不会长，也就是说我们只有一次机会，让对方明白我们的想法。考虑到我的听众可能不熟悉剑桥分析，听不太懂我们说的事情，也无法理解其重要性，所以我请柯兰尼为我们找一个隐秘的地点，我们可以先在那儿扎好营，为会面做好准备。

“你想要多隐秘？”她回复说，“我可以帮你找到一个连手机信号都没有的地方。”

“有点过了，但是也行。”我笑道。她给了我们一个地址。

第二天下午，我们根据GPS的指引开车前往那个地址，结果到了一个造船厂，柯兰尼正在那里等我们。她带我们走过一个仓库，下了一个船坞。好诡异，而且越来越诡异，因为我们得在巨大的斑海豹之间小心落足。穿过海豹群之后，我们来到一条135英尺[①]长的挪威制造的渡船前，这条渡船有些地方锈迹斑斑——绝对过不了船检。船体原本刷的白漆已经变成灰色，船底布满藤壶。有人放下来一架舷梯，好让我们爬上船去。船在水中荡漾。

柯兰尼找到了我们能想象的最安全的环境：一艘黑客船。它停泊在旧金山附近，船上驻扎着少数从事创业和其他不明技术活动的编码员。究竟是什么技术活动，我们没问。鉴于当时的情境，不问才是明智之举。此次伯克利之行，这艘船就是我们的大本营。

第二天，我们来到研讨会现场，为我们的非官方会晤做安排。艾伦特别急切地向我们强调这次谈话我们代表的是个人，而非特鲁多政府。这次会晤将把不代表加拿大政府的加拿大政府雇员介绍给不代表白宫的白宫幕僚，会晤的主题是美国选举和剑桥分析

① 1英尺合30.48厘米。

卷入的共和党活动，包括剑桥分析庞大的监控数据库以及它同外国情报机构之间的可能联系。

白宫来的某人询问我们是否可以到外面去谈，因为他们全天都幽闭在研讨会会场里。于是就出现了下面这个相当怪诞的画面：一群政府的高级顾问挤坐在加州大学伯克利分校附近的一张野餐桌旁，讨论剑桥分析和俄罗斯政府对美国总统大选的干预，吸大麻、背双肩包的学生不时从我们身边漫步而过。

我直奔主题，警告美国人剑桥分析可能参与了俄罗斯对美国大选的干预。“我们知道特朗普竞选团队里有人跟外国情报机构有联系，”我说，“他们已经建立了一个庞大的社交媒体数据库，而且正在针对美国选民进行部署。”

我详细说明了剑桥分析跟俄罗斯的关系，描述了尼克斯给卢克石油做的介绍。我告诉他们，该公司会削弱人们对选举流程的信心。

他们的反应是……无聊到打哈欠。其中一个美国人说他们做不了什么，因为怕被指责利用联邦政府的名义影响选举。（我清楚记得他用了“拨动表盘”这个说法。）奥巴马政府的这群人似乎非常在意避免败坏在他们看来希拉里·克林顿必胜这件事的名声。现在看起来很荒谬，但当时的谣传是这样的：特朗普竞选总统注定会失败，其后他打算创建特朗普电视台，同福克斯新闻台竞争。谣传还说，他声称此次选举受到了操控——要么是暗深势力影响了选举结果，要么是希拉里·克林顿作弊，要么两者兼而有之。奥巴马政府担心特朗普会寻找一切可抨击的事由来质疑选举结果的合法性，所以不愿意给他留下任何实质性的把柄供他抱怨。

白宫的人跟我说起特朗普电视台的时候，我觉得挺有道理的。我想他们应该知道自己在做什么；再说了，毕竟这一切都发生在他们的国家里，不是我的。我们握手告别。他们的反应并非罕见。2016 年年初，脸书的高管察觉到俄罗斯黑客刺探过脸书平台，企图入侵与总统大选有关的人的账号，但他们决定不告知公众或官方，因为他们不想损害公司的声誉。（脸书直到 2017 年 9 月才首次公开了俄罗斯信息战对脸书平台的影响范围，比该公司觉察此事晚了一年多，而且当时针对在脸书平台上散布不实信息的所谓"五级火警"的调查已经进行了七个月。）最终，因为民主党人对威胁无动于衷，也因为硅谷没有能力在不创建"另一种按需服务的优步"的前提下解决该问题，我对美国人的警告没有起到作用。要是你试图拉响警报，旁人却不断地告诉你"别担心"或者"别捣乱"，你会开始怀疑自己是不是反应过度。我既没有加入希拉里·克林顿的竞选团队，也不在白宫上班。我只是个隔空呐喊的加拿大人。

当然了，这个笑话里不好笑的那部分在于，希拉里·克林顿和奥巴马团队都极其不愿干预选举，而联邦调查局局长詹姆斯·科米却在最后一刻姗姗入场，决定重启希拉里邮件门的调查，结果大家都出局了。那时候在加拿大的我感觉就像眼睁睁地看着一个有自毁倾向的朋友终于走上了绝路，你只能目瞪口呆地站在那里，动弹不得，心里想着：我告诉过你的！但这一次，这个朋友不仅烧掉了自家的房子，还把整个小区都烧掉了。

8月末，参议员哈里·里德公开要求联邦调查局调查俄罗斯对选举的干预一事。然而当时大多数人还是相信希拉里·克林顿会赢。与此同时，剑桥分析正式宣布自己在和特朗普竞选团队合作。当时在渥太华的我紧张了，因为我很清楚剑桥分析的数据的威力和影响范围。这家公司为特朗普工作就够不妙了，但要是在这一形势下加上俄罗斯的干预的话，情况就非常令人担忧了。

特朗普竞选成功的概率成了特鲁多办公室的热门话题，但多数人仍拿它当笑话。如果有一个尺度表，量值范围在不可思议、难以想象和骇人之间，这事的超乎想象程度会是怎样的？有一次开会时，有好几个人取笑特朗普。*天哪，这些美国人！他们每次都能再蠢一点！*哄堂大笑。嗯，差不多是哄堂大笑。我没笑，因为我了解大规模心理战的威力。

德语里有个说法叫“Mauer im Kopf”，大意为“心中的墙”。1990年东西德统一后，两德之间原本的边境不复存在，检查站被取消，铁丝网被拆除，柏林墙终于倒塌。然而，即便统一了15年，许多德国人也还是高估东西德城市之间的距离。一种挥之不去的心理距离似乎出卖了这个国家的地理统一，在国民心目中建起了一堵虚拟的高墙。虽然原先那堵钢筋混凝土的高墙早已倒塌，但它的阴影还在，被刻进了德国人的灵魂中。当这位新候选人异军突起，要求美国修建边境墙的时候，我明白这不是一个字面上的要求。民主党人和共和党人似乎都不知道该怎么应对这么一个荒谬的竞选纲领，不过，他们跟这匹黑马不一样，他们无法窥视美国人内心的波澜，也看不到这些人要求的不仅仅是一堵实体墙。

这并不是修建字面意义上的墙——墙这个概念本身就为实现班农的目标做好了铺垫，他们要求修建的是美国版的“心中的墙”。

艾伦也没笑。在一次会议上，他说：“我真心认为特朗普会赢。”旁人看了看他，翻了翻白眼。有人说：“得了吧。”然后他把视线转向我，我说：“是啊，我也觉得他会赢。”话刚一出口，我就倒吸了一口凉气，完全明白了这一切：当年我参与构建的工具可能在唐纳德·特朗普当选美国总统这一进程中起着举足轻重的作用。

几周后，一封来自脸书的信件寄到了我父母家。我不清楚脸书是怎么弄到他们的地址的。我妈妈把信转寄给我。寄件方是脸书聘请的珀金斯·科伊律师事务所（Perkins Coie），希拉里·克林顿竞选团队也用这家律所支付后来被称为“特朗普-俄罗斯档案”的私人调查费用。脸书的律师们想确认剑桥分析获得的数据是否只用于学术目的，以及使用完毕后是否已经删除。既然剑桥分析已经正式助力特朗普的竞选工作，那么很显然，脸书认为其平台被盗取数百万用户的个人档案来获取政治利益会给它带来不好的影响，更别提剑桥分析因此获得了巨额的商业利润。此份律师函未曾提及脸书的数据被用来颠覆世界。当然了，该信只是一种可笑的、毫无说服力的表态，因为当初脸书明确许可剑桥分析所用的数据采集应用程序把数据用于非学术目的——这是我同科根合作时特意向脸书申请来的。脸书那种震惊又虚伪的反应更是让我困惑不已，因为在2015年11月左右，脸书聘请科根的合作伙伴约瑟夫·钱塞勒担任“量化研究员”。根据科根的说法，脸书是在被告知人格画像项目后才决定聘用钱塞勒的。后来，等到真相公开时，脸书扮演起了震惊受害人的角色，但它没有说清楚当时为什么愿意聘用一个跟科根合作的人。不过，脸书后来发表了一个声明，说“他之前的工作与他在脸书的工作无关”。

剑桥分析当然不可能删掉脸书数据。可我已经离开剑桥分析一年多了，还遭到了它的起诉，所以根本不想为它辩护。我回复律师函，说我手头没有涉事数据，我不知道这些数据在哪里，还有谁手里有这些数据，也不知道剑桥分析拿这些数据在干什么——脸书也不知道。可我的偏执已经发展到不愿意同剑桥分析有任何牵扯的地步，所以我没有直接把回信扔进加拿大国会的外发邮件箱，而是步行去市中心寄。我一点都不想让剑桥分析玷污我为特鲁多工作的地点。

2016 年 9 月 22 日，参议员黛安娜·范斯坦和众议员亚当·希夫发表声明，指出俄罗斯正试图破坏选举。在 9 月 26 日的第一轮总统竞选辩论上，希拉里·克林顿拉响警报。“我知道唐纳德高度赞扬弗拉基米尔·普京，”她说，“（普京）纵容网络攻击者黑进政府文档，黑进个人文档，黑进民主党全国委员会。我们最近得知，这是一种受到他们偏爱的搞破坏和收集信息的手段。”

“我认为没人知道是不是俄罗斯侵入了民主党全国委员会，”特朗普回应道，“她口口声声说俄罗斯，俄罗斯，也许真的是俄罗斯。我的意思是说，可能是俄罗斯，还可能是许多其他人。或许就是某个坐在床上、体重 400 磅[①] 的人，明白吗？”

10 月 7 日，就在《走进好莱坞》节目录制的特朗普大谈自

① 1 磅约合 0.45 千克。

己可以“抓女人的下体”的视频曝光后不到一小时，维基解密就开始公布从希拉里竞选团队主席约翰·波德斯塔的电子邮件账户里黑来的邮件。这些邮件将会一点一点地持续公布，直至选举日，这一行为给民主党造成了灾难性后果。曝光邮件揭露了希拉里·克林顿在华尔街演讲的细节，一时间丑闻迭出。另类右翼中的极端分子利用这些邮件为一种疯狂的理论煽风点火，那就是希拉里竞选团队的最高层卷入了华盛顿哥伦比亚特区一个在比萨店里进行的儿童性交易犯罪活动。我的思绪一次次地回到剑桥分析、俄罗斯政府和阿桑奇之间的关系。剑桥分析的脏手似乎染指了这场肮脏竞选的方方面面。

选举日当晚，我在温哥华和一群人一起观看选举。我们在一个大屏幕上播放美国有线电视新闻网，在其他较小的屏幕上收看其他新闻频道，与此同时，我还电话连线来自设得兰群岛的英国议会议员阿利斯泰尔·卡迈克尔。我在伦敦期间和他成了好友。随着希拉里·克林顿的得票数字越来越惨，我实时获悉美国人、加拿大人和英国人的反应。美国有线电视新闻网打出特朗普胜出的字样时，震惊笼罩了整个房间。

我的手机不断响起短信提示声，知道我曾经在剑桥分析供职的人纷纷同我联系。希拉里·克林顿团队蓄势待发的庆功派对上的某些支持者被她的落败弄得不知所措，开始把怒气发泄到我身上。具体细节我记不得了，但他们的情绪主要是愤怒和绝望。不过有一条评论我倒是还记得，因为它戳到了我的痛处。一位同我交好的民主党人写道：“这对你而言可能只是一场游戏，但我们却是要承担结局的人。”

那天晚上和第二天，特鲁多的顾问们崩溃了，因为他们自以为了解的那头南方大象突然之间变得陌生了。特朗普会取消北美自由贸易协定吗？会有暴乱吗？特朗普是俄罗斯的傀儡吗——电影《谍网迷魂》（*The Manchurian Candidate*）的真实版？人们急切地寻求答案，由于史蒂夫·班农现在变得炙手可热，而我是唯一对他有了解的人，所以他们不断问我接下来会发生什么。他们想知道该怎么和这些陌生的另类右翼顾问打交道，因为很快双方就得展开重大国内（和国际）事务的谈判。我满脑子只有一个念头：三年前我在剑桥的酒店客房里见过的那个人现在得到了美国总统的重视。

选举日之后的那天，卡迈克尔打电话给我。听到他那自带镇静作用的苏格兰腔调，我如释重负。“我们得仔细想想你接下来该怎么办。”他说。这些年来，我把有关剑桥分析的一切都告诉了卡迈克尔，他是这世上我绝对信任的少数人之一。他很了解我，知道我不会坐视特朗普和班农在操控选举后又掌控大局。赌注已经太高了，呈指数式增长。那个可笑的电视真人秀明星不再只是一个煽动者，他要领导整个自由的世界了。

整个 11 月和 12 月，我都在思考该说些什么，要向谁说。特朗普的当选依然不像真的，因为奥巴马的总统任期尚未结束。好像全世界都屏住了呼吸，等着看 1 月 20 日之后会发生什么。

大选前，民主党的朋友主动提出帮我搞到希拉里·克林顿就职舞会的门票。但大选后，我没有飞去华盛顿哥伦比亚特区跟那些欣喜若狂的民主党人开派对，而是在美国有线电视新闻网上观看参加者寥寥的特朗普就职典礼。就在那时，我看到了难以置信的一幕。我看到他们了：班农，一副被狂风摧残的精灵模样；我通过默瑟家族认识的凯莉安妮·康韦，穿的衣服像美国独立战争时期的军装；丽贝卡·默瑟，身穿皮毛衬里的大衣，架着一副好莱坞小明星常戴的墨镜。然后我想起了几年前辞职时尼克斯在餐厅里对我说过的话。“只有等到我们大家都坐进了白宫你才会明白，”他说，“我们中的每一个人，除了你。”嗯，尼克斯倒是不在华盛顿，但其他人真的都在。

那年 1 月，班农到国家安全委员会任职。这下，卡迈克尔让我“小心”的告诫更加贴切了，因为班农可以调用全美的情报和安全机构。如果我因为吹哨或其他行为激怒了班农，他有能力毁掉我的人生。

同样令人担忧的是，班农可以帮忙安排剑桥分析承接美国政府的项目。剑桥分析的母公司 SCL 集团早已接过美国国务院的项目。这意味着剑桥分析可以获取美国政府的数据，而美国政府反过来也可以获取剑桥分析的数据。让我惊恐的是，我意识到班农可以建立他自己的情报机构，而且他所效力的政府不信任中央情报局、联邦调查局或者国家安全局。我感觉自己正活在噩梦里。更糟糕的是，我感觉自己正活在尼克松的春梦里。想想看，要是尼克松当年能拿到每个美国公民的私密又细致的数据，他会做什么。他不只会玩弄“老鼠”，还会玩弄整本宪法。

政府机构通常需要先拿到许可令才能收集人们的私人数据，但由于剑桥分析是一家私营企业，所以它不受这种权力制衡机制的约束。我开始回想跟帕兰提尔的员工开过的会议，思考为什么他们当中有些人对剑桥分析这么兴奋。美国没有隐私法来制止剑桥分析随心所欲地收集脸书数据。我意识到，如果班农拥有一个私有化的情报单位，他就可以绕过那些联邦情报机构对美国人隐私的有限保护。我突然想到，暗深势力不只是另外一种另类右翼叙事，它还是班农自我实现的预言。他想要成为暗深势力。

第十一章
曝光

3月17日晚上，《卫报》和《纽约时报》彻夜不眠地准备新闻的曝光工作。《纽约时报》拟定的标题是“特朗普的顾问怎样利用数百万脸书数据”。……这些报道如病毒般迅速传播。……第四频道还播放了2016年落选的民主党总统候选人希拉里·克林顿的采访实录，希拉里认为对剑桥分析的指控“极其令人不安”。……“如果有一个大规模的宣传行动向人民大量灌输虚假信息，导致他们不能清楚地思考……他们使用的每一个搜索引擎，访问的每一个网站，都在重复这些虚假信息，那么的确，它干扰了选民的思维过程。”

特朗普的就职典礼过去了两个月。2017年3月28日早上，我醒来时有点昏昏沉沉的。为了写一份简报，我熬了夜，当时才刚过6点。我只穿了内衣，站着等咖啡煮好，顺手打开脸书，看到一个叫“克莱尔·莫里森”的人给我发来一条私信。我点开这个人的个人资料，没有看到头像。

> 你好，克里斯托弗，希望你不介意我联系你。我其实是记者……叫卡萝尔·卡德瓦拉德。我这段时间一直试图联系剑桥分析/SCL的前员工，想要更加准确地还原这家公司的运作机制等情况。别人对我说你是整个运营的主脑……

这一定是剑桥分析在搞鬼，我心想。不要有下次。我只知道这一定是剑桥分析在捣乱。从来没有记者主动联系过我，我发出的所有警告都无人理睬，而这种私信正是尼克斯喜欢要的花招。我一点都不想理睬这个连头像都没有的“克莱尔·莫里森”，除非她拿出实实在在的身份证明来。于是我回复道，我需要她证明自己真的是《卫报》记者。

就在同一天，卡德瓦拉德用她《卫报》的电子邮件账户给我发来一封长长的邮件。她写到了“投票脱欧”、BeLeave、达伦·格兰姆斯、马克·盖特尔森，还提到她对那些竞选宣传战寻根究底后发现一切似乎都可以追溯到一家叫 AggregateIQ 的加拿大小公司。她听人说我认识这些人和公司。卡德瓦拉德还写道，她一直在调查 AIQ 和英国脱欧的关联。2017 年年初的一个晚上，有个新闻信源给她提供了一条奇特的线索。AIQ 在正式的开支申报表上列出的电话号码跟 SCL 官网上的历史文档中列出的“SCL 加拿大”的电话号码是一样的。那时候，除了 2005 年《石板》(*Slate*) 杂志上的一篇题为《你无法接受真相：心理战宣传成为主流》的文章，卡德瓦拉德没有找到任何有关 SCL 的公开信息。那篇文章一开头就设定了一个场景：一家“神秘的媒体公司介入，精心策划了一场高水平、大规模的欺骗性宣传”。

卡德瓦拉德继续抽丝剥茧，她越是调查，拼凑出来的故事就越是离奇。她找到了一个愿意跟她交谈且住在伦敦的 SCL 的前员工，但她的信源坚持要在某个隐秘的地方见面，而且要求她不得报道任何谈话内容，唯恐被公司发现他们两个有过交流。见面后，卡德瓦拉德听说了 SCL 在非洲、亚洲和加勒比海地区做过的一些疯狂的事情——美人计、贿赂、间谍活动、黑客、酒店住客的离奇死亡，等等。信源让她去找一个叫克里斯托弗·怀利的人，因为就是他把 AIQ 拉进了剑桥分析的“宇宙”。卡德瓦拉德调查了所有这些人和实体之间的复杂关系——“投票脱欧”、AIQ、剑桥分析、史蒂夫·班农、默瑟家族、俄罗斯和特朗普竞选团队，后来发现我处在这张关系网中间。她觉得我无处不在，简直就是2016年版的西力[①]。

一开始，我不想向卡德瓦拉德开口。我无意成为《卫报》某个大规模新闻调查的中心人物。我疲惫不堪。我受伤的次数太多了。我希望我能把剑桥分析带给我的磨难抛在身后。此外，剑桥分析不再只是一家公司。我的老上司史蒂夫·班农在白宫上班，在世界上最强大的国家的国家安全委员会里任职。我目睹了爱德华·斯诺登和切尔西·曼宁等吹哨人的命运，看到他们不得不听任美国政府的摆布。要想改变英国脱欧公投或者美国总统大选的结果也来不及了。此前我努力过，发出过警告，但似乎无人理睬。现在他们为什么要在乎呢？

然而，卡德瓦拉德在乎。我读了她发表的报道，看得出她的确在努力追踪剑桥分析和AIQ，但她还没有挖掘到他们的罪行深处。犹豫了几天后，我给她回复邮件，同意跟她谈谈，不过她绝对不可以在报道里公开这些内容。约定的通话时间快到了，我的心跳加速。我完全预料到了我们的谈话将极其不愉快。她会指责我，然后心不在焉地听我的回应，之后爱怎么写就怎么写。

没想到，电话那头的女人说："哦，是克里斯吗？哦，你好！"我听到电话里传来狗叫的声音，然后她说："对不起，我刚遛狗回来，正在泡茶。"我刚想开口说点什么，就又听到她对狗狗柔声细语地说着什么。我本来打算和卡萝尔聊二十分钟，结果四

① 电影《西力传》中的主角，有着变色龙的特质，每当他遇到不同的人时，他就会根据对方的特征而发生变化，有时是心理的同化，有时是生理的变异。

个小时后我们还在通话。那时候，伦敦一定已经过了午夜，但我们一直在聊，欲罢不能。这是我第一次真正把完整的故事告诉他人。她问我，剑桥分析究竟是做什么的？

“它是史蒂夫·班农的心理操控工具。”我直言不讳地说。

即便是卡德瓦拉德这样见多识广的记者，一开始也很难理解剑桥分析叙事那盘根错节的层次和联系。SCL 是剑桥分析的一部分，还是反过来？AIQ 跟它们又是什么关系？就算她把基本细节弄清楚了，我也还有很多东西没告诉她呢。我跟她说了心理测量画像、信息战和人工智能。我解释了班农扮演的角色，我们怎么利用剑桥分析为他打造文化战争所需要的心理战工具。我讲述了加纳、特立尼达、肯尼亚和尼日利亚的项目，还有那些打造了剑桥分析数据目标定位军火库的实验。终于，她开始明白剑桥分析的邪恶程度了。

2017 年 5 月 7 日，她发表了剑桥分析系列报道的第一篇，题为《英国脱欧大劫案：我们的民主制度怎样遭到劫持》，引起了轰动。该文后来成为当年《卫报》网站阅读人次最多的报道。卡德瓦拉德的报道有料有据，但她才刚刚刮开了一个更阴暗的故事的表面。5 月 17 日，罗伯特·米勒被任命为特别检察官，负责通俄门和特朗普竞选的调查。那时候，民主党人，甚至某些共和党人，都越来越强烈地要求彻底调查为什么特朗普先是命令联邦调查局局长詹姆斯·科米停止调查他的前国家安全顾问迈克尔·弗林，然后又解雇了科米。弗林后来被发现跟剑桥分析签有咨询合同。这整个故事涉及的远远不止英国脱欧，还有班农、特朗普、俄罗斯和硅谷。它揭示了你的身份被何人控制，你的数据被哪些公司拿来交易。

然而有一点比较麻烦。如果我想协助揭露真相，说服剑桥分析的其他人站出来，我就不能待在加拿大。我向贾斯廷·特鲁多团队的一些人吐露了实情，他们立即认识到情况的严峻性，鼓励我挺身而出，去英国协助《卫报》。于是我这么做了。

我没有具体计划，甚至还没有找好住处，所以就飞到了设得兰群岛阿利斯泰尔·卡迈克尔的选区。那是不列颠群岛的最北端，并入苏格兰前曾经是古挪威王国的一部分。降落后，我提着装有重要物品的唯一一个袋子走下一架小小的螺旋桨飞机时，看到卡迈克尔在等我。他已经给我找好了宾馆，不过去那里之前他要先带我兜个风。作为当地议员和无比自豪的苏格兰人，他急切地想带我参观一下这个岛，风雨无阻。在一个峭壁林立、设得兰矮种马和绵羊四下漫步的地方，他问我打算怎么办。

“我还没有计划，”我回答，“下周我会去见卡萝尔……你觉得这是个好主意吗，阿利斯泰尔？”

“不——这是个疯狂的主意！”他大声回答，几乎叫喊起来，然后陷入了沉默，“但它很重要，克里斯。我只能说，我会尽我所能地帮忙。”很少有政治家能让我心甘情愿地陪着走上几英里，冒着严寒穿行在苏格兰北方湿冷的草地上。可一直以来，阿利斯泰尔都是我可以依靠的人。他是我的知己、导师和朋友。

几周后，卡德瓦拉德终于和我在伦敦牛津广场附近的骑楼咖啡馆见面了。这家咖啡馆空间开阔，装潢摩登，窗边摆放着猩红色的沙发，吧台前的高脚凳是鲜艳的绿松石色。卡德瓦拉德在店里等我。她金发蓬乱，戴着墨镜，穿着豹纹无袖衬衫和穿旧了的短皮夹克，看上去像是骑行爱好者。我站在街对面，透过咖啡馆的大玻璃窗观察她。我不确定这个女子就是跟我在电话上交流了几个月的《卫报》记者，于是就在手机上搜索很多卡德瓦拉德的照片，然后把手机举高，拿照片跟坐在店里的女子对比。她一看到我就跳起来大喊："哦，天哪！真的是你！你的个子比我想象中高！"她起身过来拥抱我，告诉我《卫报》希望下一篇报道能写剑桥分析是怎么收集脸书数据的，还询问是否可以在报道里公开我的身份。

这个决定不好做。如果公开我的身份，我就有可能得面对美国总统、他的另类右翼心腹史蒂夫·班农、唐宁街、激进的脱欧支持者，还有反社会人士亚历山大·尼克斯的怒火。如果我揭露剑桥分析背后的全部真相，我就会冒着激怒俄罗斯人、黑客、维基解密和一大批在非洲、加勒比海地区和欧洲等地违过法，却从未良心不安的人的风险。我见过他人受到严重的人身安全威胁；有几名前同事在我离职后警告过我，要万分小心。在我加入 SCL 之前，我的前辈丹·穆雷塞安死在肯尼亚一家酒店的客房里。这不是我能轻易做出的决定。

我告诉卡德瓦拉德我会考虑，随后向她提供了更多信息。然而，《卫报》未能坚持报道真相，毁掉了我对它的信任。在 5 月 7 日那篇报道的开头，卡德瓦拉德写了索菲·施密特——谷歌首席执行官埃里克·施密特的女儿——把尼克斯介绍给帕兰提尔，从而引发一连串事件，导致 SCL 进军数据战场。我知道这件事，但我不是这个情节的来源。是别人告诉卡萝尔的。这篇报道写得很真实。事实上，我手里有邮件可以证明索菲·施密特同 SCL 的关联。这篇报道根本称不上诽谤，可施密特派出一大群律师，威胁《卫报》说要跟它打一场耗时耗钱的官司。虽然这场官司明显假得很，但《卫报》没有应战。报道发表几周后，它同意去掉施密特的名字。

接着，剑桥分析威胁说要就同一篇报道起诉《卫报》。即使《卫报》掌握了能证实我告诉他们的一切的文件、电子邮件和档案，但它再次让步。编辑们同意给报道中的某些段落加上“有争议”的标签，以便安抚剑桥分析，减轻报纸方面的责任。他们给卡德瓦拉德考据翔实的报道注了水。

这时候的我异常沮丧。我想：好吧，我刚搬回伦敦，我还没有工作，有人竟然叫我为一家都不敢捍卫新闻真相的报纸冒生命危险。让事态更复杂的是，之前我签署的那份超级保密协议禁止我透露在剑桥分析工作时的任何细节。剑桥分析让我签它就是为了加大我的法律责任。我相信，要是我违反协议，我的老东家一定会把我告到身败名裂。我的律师们说，我有一个强有力的辩护理由——我向《卫报》提供信息是为了揭露不法行为。然而，辩护理由充足并不能阻止剑桥分析告我，而在法庭上与剑桥分析抗争则意味着我得支付几十万英镑的律师费——我付不起。

尽管如此，我还是决意曝光整件事。我很快发现，我的最佳对策是跑到特朗普的老家去。卡萝尔把我介绍给伦敦著名的御用大律师加文·米勒。他在梅特里克斯律师事务所（Matrix Chambers）工作，承接过《卫报》的爱德华·斯诺登一案。他建议我把实情透露给一家美国报纸。他说，美国宪法第一修正案赋予美国报纸更多强有力的辩护理由，所以后者能更好地抵御诽谤指控。《纽约时报》不太可能会像《卫报》那样退缩，而且它绝对不会在新闻报道发表后删除其中的某些文字。这是个绝妙的建议。此外，这样做可以确保这个故事在美国的曝光率和在英国一样高。

我告诉《卫报》，我打算把故事透露给《纽约时报》。他们不高兴，认为如果我们再等下去，外界对这个故事的兴趣就会淡下去，或者有人会抢先报道。然而，选择权在我，不在他们，而且我坚决不退让。我会向两家报纸的记者提供同样的信息，条件是他们需要在同一天发表——只能在我点头同意后。风险太高了，而且《卫报》在施密特一案中的行为让我开始警惕英国的诽谤法，它对原告极其友好，对我这样的被告就不妙了。我向《卫报》的编辑们重申，除非同《纽约时报》达成协议，否则我不会合作，也不会交出文件。卡德瓦拉德完全支持让《纽约时报》参与进来，而《卫报》没有多大的选择余地，所以勉强同意。想到要同竞争对手共享信息，《卫报》的编辑们觉得有点难堪。不过，我得夸他们一句。他们放下自己的自尊，同《纽约时报》的编辑们在曼哈顿开了一个会，讨论这一切的后续事宜。两家报纸在 2017 年 9 月达成了初步协议，此后不久，我见到了《纽约时报》指定报道此事的记者。

到了约好的同美国记者见面的那一天，我走进位于伦敦肖尔迪奇的霍克斯顿酒店。酒店的大堂酒吧里人声鼎沸，我发现了卡德瓦拉德，她正招手让我去她的餐桌。她对面坐着《纽约时报》

的马修·罗森堡。他的头已经全秃了，身材有点健壮，而且显然离了婚，非常迷人。

“就是你喽？”罗森堡起身同我握手，“我猜的，”他说，“要把手机收起来吗？”

我们都把手机放进自己的法拉第笼里，以此屏蔽手机接收和传送信号。我和记者们的每次见面都从这个仪式开始。接着，我们把法拉第笼放进我特意带来的隔音袋里，拉上拉链。这是为了防止手机上提前安装的恶意窃听软件在没有远程激活的情况下也会自动开启。鉴于我剑桥分析的前同事们目前在特朗普政府就职，以及剑桥分析同黑客和维基解密的往来历史，我们必须非常小心。

我们花了两个多小时讨论我在剑桥分析的经历，然后罗森堡说他已经有足够多的信息来向他的编辑们汇报了。他为大家点了红酒，跟我们聊起他在阿富汗时发生在战场上的一些故事。他看上去直率又正派，我想这一次我们可能会成功。分别前，他给我留了一张名片——“《纽约时报》国家安全记者马修·罗森堡”。他在名片背面写了一个电话号码。“这是我的一次性手机号码，听到拨号音就输入这串数字，可以用几周。”

《纽约时报》加入后，我开始联系其他剑桥分析的前员工。记者们觉得有一个不断出现的主题值得关注：联系到的每个前员工都认为如果记者们能直接找尼克斯谈，他会管不住自己的嘴巴——他那早已过度膨胀的自我需要更多的刺激才能有快感，所以他会吹嘘剑桥分析的各种项目。虽说这话肯定没错，但向尼克斯透露曝光计划似乎并不是一个好主意。

“或许我应该试试去采访他。”卡德瓦拉德有一天下午对我说。

然后她想出了一个更好的点子：抓尼克斯的现行。如果我们让尼克斯以为他面对的是潜在客户，为了给客户留下好印象并达成合作，他一定会透露他那些上不得台面的战术。我自己就目睹过十几次。而且要是我们能录下音的话，就能向世人证明我的指控是真实的。于是，除了《卫报》和《纽约时报》，我们决定去找英国第四频道新闻台。这是一家公共电视频道，依照法律，其节目必须比英国广播公司的节目更多元、更新颖、更独立。英国广播公司在报道新闻方面非常注重规避风险。

9月末的一个下午，卡德瓦拉德和我在伦敦克拉肯威尔离第四频道演播室几条街远的一家空荡荡的酒吧最里面见到了第四频道的新闻调查编辑乔布·拉布金和他的团队。卡德瓦拉德给我们双方做了介绍，然后拉布金谈了他团队的卧底经验。我跟他讲起剑桥分析在非洲做的项目时，拉布金瞪大了双眼。他打断了我，说："这听上去太扭曲了，太殖民主义了。"拉布金是第一个在我面前用到"殖民主义"这个字眼的记者。从我这里听说过剑桥分析的大多数人都被特朗普、英国脱欧或者脸书深深吸引，但每当我谈起非洲，他们通常都会耸耸肩。"天有不测风云，那里毕竟是非洲。"然而拉布金非常犀利。剑桥分析在肯尼亚、加纳和尼日利亚的所作所为属于新殖民主义时代欧洲强国盘剥非洲人的资源。虽然矿产和原油依旧是盘剥重点，但近来它们又开采了一种新资源：数据。

拉布金承诺第四频道调查小组将全力支持我们，而且他的团队愿意冒险进入剑桥分析公司当卧底。我开始和他们一起策划这场行动，要是能成功，我觉得肯定能真正揭发尼克斯恶劣手段的内幕。不过，这场行动非常复杂，牵一发而动全身。如果被尼克斯察觉，后果将是灾难性的。

正因为有这么多变量，吹哨成了一份全职工作。与此同时，我还得做好准备，万一有什么失误，就会迎来狂风暴雨般的法律纠纷。于是我发短信给整个夏天都在帮我忙的律师，他们的答复恰恰是我最不想听到的。我这事太大，他们无法继续提供无偿的法律援助；我要么付钱，要么找新律师。我觉得自己完蛋了。我失业了，处境十分复杂，还面临严重的法律风险，却没有律师。然而，人生往往祸福相依，不幸有时会给你带来惊喜。现在正是如此，没有这些祸，我就不会结识塔姆辛·艾伦。

加文·米勒听说了我的烦恼后，于 2017 年秋季把我介绍给宾德曼斯律师事务所（Bindmans LLP）的艾伦。她是英国一流的媒体律师，擅长诽谤和隐私案件。她的过往客户包括军情五处的前间谍和臭名昭著的新闻集团雇用黑客对付竞争对手一案中手机被黑的名人。她看起来像是帮我走出困局的完美人选，而且见面后我们一拍即合。艾伦小时候曾经因为裸泳被学校开除。20 世纪 80 年代，朋克文化方兴未艾时，她移居伦敦，跟别人一起住在哈克尼非法占据的空房里。“我有许多绝对不能说的故事。”某个深夜我们一起准备证据时，她回忆道。艾伦本人就是叛逆者，所以她能够不动声色地接待我这么一个头发染成粉色、鼻孔上穿着鼻环的家伙，听我讲述间谍、黑客和数据操控之类的诡异故事。在我成为吹哨人的历程中，艾伦是我的头号盟友。

艾伦看出，我和第四频道、《卫报》及《纽约时报》的关注点不完全一致。记者们关心的是抢到年度，甚至是十年内的独家新闻，而我关心的是在不让自己陷入法律险境的同时把这个极其重要的故事公之于世。她建议我聚焦于剑桥分析损害了公共利益上，这样做的一个特别重要的原因是我签署的那份超级保密协议。如果被告必须揭露不法行为，或者被告的行动显然对公众有利，那么英国法律允许被告泄露机密。我们花了很多时间讨论什么是“公共利益”，如何严格保持这一口径的一致性，如何避免透露任何太过八卦的消息或有可能危及英美政府合法的国家安全利益的东西，但是艾伦警告说，即便我们严格遵照法律准绳，剑桥分析还是有可能会起诉我。她告诉我，脸书也可能会起诉，而他们的方法几乎取之不竭。她还说，脸书或剑桥分析有可能会申请禁令，禁止报道发表。这种禁令在美国几乎没人听说过，但在英国却并不鲜见。收到禁令后进行抗辩会花很长时间，而且就算我们最终抗辩成功，英国记者也可能会临阵退缩——艾伦说这种事她见多了。

不过，上述还只是法律方面的场景设想。在我要讲述的故事里，许多人都有过违法行为。艾伦开始担心我的人身安全，我们只见了几次面，她就问我有没有家人在伦敦以及我采取了哪些防范措施。“紧急情况下你会打电话给谁？”她问我。我们必须制订一个计划。然而，随着时间的推移，艾伦和我之间的情谊逐渐加深。我决定一旦事情不妙，就打电话给她。

有了法律后盾的我开始向桑尼了解 BeLeave 和“投票脱欧”之间发生了什么。他非常坦率。他并不是非常理解自己所透露的内容——共谋和欺骗——的深层次意义，于是给我概括介绍了“投票脱欧”通过 BeLeave 给 AIQ 的账户转数十万英镑的安排。在我帮他看清了这一安排的违法之处后，桑尼终于明白自己被利用了。

他之前并不知道 AIQ 是剑桥分析的一部分，而且从我这里听说 AIQ 在尼日利亚的选举中为剑桥分析传播了什么样的视频后明显厌恶不已。

几天后，他给我看了一个存有 BeLeave、“投票脱欧”和 AIQ 战略文件的共享驱动器。按照英国法律，这是非法协作的证据。从活动日志中可以看出，有人曾经用管理员的账号从驱动器里删除了“投票脱欧”领导人的名字。桑尼告诉我，删除行为发生在英国选举委员会发起调查的同一周。“投票脱欧”在事发后坚称这只是数据清理，但在我看来，它似乎在删除经费超支的证据，而且还可能又犯下了一桩罪行：销毁证据。他们有蓄意掩盖罪行的嫌疑。后来桑尼给我看了驱动器上存储的其他人的名字，这一嫌疑就更大了。共享驱动器上有两个账户属于两位目前在首相办公室工作、为英国脱欧谈判提供咨询的高级顾问。我向桑尼强调说，他可能掌握着犯罪证据——事实上，好几桩罪行的证据，而且他必须万分小心，以免陷入危险境地。他早已得知我同《卫报》和《纽约时报》的合作。意识到自己的发现有多重大后，他同意见卡德瓦拉德，把自己知道的情况告诉她。我还让他联系了塔姆辛・艾伦，以寻求独立的法律意见。

一开始，艾伦免费向我提供法律援助。但后来情况越来越复杂，让她免费提供我所需要的充分的咨询时间变得不可行。她还担心万一剑桥分析得知我要曝光他们后抢先把我告上法庭该怎么办。艾伦不肯为了钱将我拒之门外，但我们得开动脑筋另想办法。我们决定接触她的某些关系网雄厚的熟人，因为艾伦知道建立一个后援团非常重要。我们首先联系了休・格兰特——没错，正是出演《四个婚礼和一个葬礼》以及《BJ 单身日记》的影星休·格兰特。吃晚饭的时候，艾伦解释了我的困境。桑尼也来了，和我们一起解释发生在“投票脱欧”的事情。格兰特热情体贴，就像他扮演过的许多角色。格兰特自己的数据也曾经被盗——鲁珀特·默多克旗下的《世界新闻报》（*News of the World*）黑进他的手机，窃取了他的手机短信。他被剑桥分析的活动规模吓呆了，说他会帮我们想想有谁能助上一臂之力。

几周后，我们找到了关键的助力。我们结识了自由民主党的一个上议院议员施特拉斯布格尔勋爵，他同时也是一个名为“老大哥观察”（Big Brother Watch）的隐私维权组织的创始人。他又把我介绍给一个极其富有的人士，后者专门来伦敦见了我。我问他为什么愿意帮忙，他告诉我这是因为他通晓欧洲历史，知道如果每个人都被分门别类管理的话后果会怎样。隐私是保护我们不受日益兴起的法西斯主义的威胁的关键，所以他说他愿意帮助我。几天后，他承诺给我资金，做我的后盾。

这只是助我平安度过吹哨考验的外援中的一部分。我就像《圣经》里的大卫，准备公然反对政界和企业界的巨人歌利亚。现在，我的阵营里有一心一意支持我的律师和记者，有辩护基金，还有大量的精神支持。吹哨人往往被塑造成孤独的积极分子，单枪匹马地对抗巨人，伸张正义。但我这个吹哨人从来就不孤单，而且有好几次都特别走运。没有这些帮助，我永远都不可能站出来。

2017 年 10 月，艾伦和我会见了英国第四频道的新闻制片人、乔布·拉布金，以及他的编辑本·德皮尔。我向他们描述了尼克斯，告诉他们尼克斯经常从事的各种各样的违法活动。他们对偷录尼克斯谈话的想法很感兴趣，但是随后在钓鱼行动的细节的讨论中，他们又怀疑这事太复杂，恐怕做不成。他们必须获得第四频道最高层法律团队的批准，而后者很可能认为万一弄巧成拙，第四频道承担的法律风险和名誉风险都太高。

我们开始同他们的律师一起准备详尽的法律文件。英国有法律保护这类钓鱼行动，但记者必须证明他们的提议有利于公共利益，他们不会故意陷害任何人，以及钓鱼行动会揭露疑似犯罪行为。如果尼克斯提起诉讼，事先准备好的这份文件将保护第四频道。

此次钓鱼行动必须一丝不苟地完成。我打电话给马克·盖特尔森，他毫不犹豫地答应帮忙。我们必须让尼克斯相信他接待的人是客户，对方想委托给他的项目是真的，而且他们的谈话完全私密。扮演“客户”的人必须对尼克斯的行事方式有充分了解。他必须确切知道该张口要什么，还得精通我们选择的“项目”所在国家的政治形势。

出于若干原因，我们决定把场景设在斯里兰卡，其中有两点主要原因。其一，SCL 曾经在印度有业务，在那里设过办事处，所以尼克斯应该会觉得印度的邻国也算熟人。其二，斯里兰卡的政治和历史有如迷宫般复杂，所以在现实基础上虚构一个政治场景比较容易。我们的项目必须包括足够数量的真实人物，这样的话，见面前剑桥分析的助理在谷歌上搜索一番之后仍然会认为这事靠谱，于是我们就能通过他们的尽职调查程序。

第四频道雇了一个斯里兰卡调查员来扮演客户，给他起名为“兰詹”。其后，盖特尔森和我开始指导第四频道的团队，帮助他们了解尼克斯的习惯和癖好，给他们详细介绍剑桥分析筛选潜在客户的流程，向他们出示尼克斯写的电子邮件，好让他们明了他的经营方式和剑桥分析的运作方式。我们计划跟剑桥分析开四次会——三次是同剑桥分析的其他高管开的预备会议，最后一次是跟尼克斯开的成交会议。为了避免可能的诱捕指控，兰詹得让尼克斯主动提出非法运作的点子。

兰詹将扮演一个雄心勃勃的斯里兰卡年轻人，这个年轻人去西方挣了大钱后想返回祖国参选从政。然而，因为家族间的恩怨，他家族的资产被斯里兰卡政府的某位部长下令冻结了。兰詹会说出一位真实存在的部长的名字，然后给出足够多的有关斯里兰卡政坛的事实性细节，让尼克斯和其他高管都信以为真。为此，第四频道必须提前做大量细致入微的研究工作，因为任何失误都有可能导致钓鱼行动失败。如果剑桥分析成功解冻那笔（虚构的）资金，它将会拿到那个人资产总值的5%作为报酬。这就是悬在剑桥分析面前的胡萝卜。我们知道尼克斯无法抵制诱惑。

最初的两次会议，接待兰詹的是剑桥分析的首席数据官亚历山大·泰勒和总经理马克·特恩布尔。他们在英国议会附近一家酒店的包房里见了面。两位高管极力鼓吹剑桥分析的数据分析能力，并提出可以为兰詹收集情报，但是这两次会议并没有取得任何实质性的成果。他们看起来有戒心，对剑桥分析的实际工作闪烁其词。第四频道很受挫，不过我们想到了一个解决办法。

我们意识到，这样的人但凡进入酒店包房，都会想当然地认为房间里有窃听设备，所以第四频道必须想办法把会议安排在公共场所。第四频道的高管不同意，说后勤保障跟不上。如果我们想在餐厅或者酒吧录音，噪声可能会把谈话内容掩盖掉。还有，我们该把摄像机架在哪里才能拍到剑桥分析高管的录像？我们不能直接领着他们走到一张特定的桌子落座，那也太可疑了。

值得赞扬的是，第四频道的团队做了一个大胆的决定。他们把一家餐厅的大部分就餐空间都租了下来，花钱雇人来边吃饭边轻声交谈，然后在隐秘之处安装了几十个隐藏摄像机，覆盖所有餐桌。尼克斯和其他高管可以随意选择座位，这样他们可以没那么多防备。然而，他们周围几乎所有的物品都是伪装过的摄像机，甚至某些餐桌摆设、手提包，还有坐在附近的“食客”都在录下这场谈话。

双方在这家餐厅见了两次面。第一次会面时，特恩布尔为剑桥分析提供的某些比较可疑的服务做了准备。他告诉兰詹，剑桥分析可以挖一挖那位斯里兰卡部长的黑料。他说他们会“不动声色、不露痕迹地找到他所有见不得人的秘密，然后写一份报告给你”。不过，最后他又改了口，说“我们不会派漂亮姑娘去诱惑政治人士，然后录下床戏去曝光。有些公司会这么做，但在我看来，这属于越界”。当然了，通过描述剑桥分析理论上不会做什么，他成功地把这道大菜端到了兰詹面前。

终于，钓鱼行动开始数周后，尼克斯要登台亮相了。为了这第四次会议，第四频道格外谨慎，力争一切都被安排得尽善尽美。所有餐桌都安上了窃听装置，整个餐厅也都覆盖了摄像机，连隔壁桌吃午饭的几名女性的手提包里也隐藏着摄像机。一切就绪，我们屏住呼吸，祈祷尼克斯不要毁约或者改期。

他没有。他掘下了自己的坟墓。兰詹的表现完美无缺，问了所有该问的问题，并在最恰当的时刻表现出兴趣。而亚历山大，多谢他，就那么自投罗网，张开了他的大嘴巴。

第四频道直到两个月后才给我们看在餐厅拍下的录像。11月初的一个早晨，我同艾伦有个约会。那天阳光明媚，天气凉爽，于是我决定走路去。在接待大厅等她的时候，我注意到有一个陌生号码给我连发了好几条短信。我打开一看，不禁叫了起来："可恶！"前台接待人员站起来询问我还好吗，我说不好。这些短信都是我那天早上步行的照片。有人一路跟踪我来到律所，而且还要我明白这一点。

我们怀疑剑桥分析可能已经发现我搬回了伦敦，于是雇了一家公司来刺探我在做什么。从那一刻起，艾伦说我需要改变我的日常活动规律——去哪儿，怎么跟律师见面。几天后，"离开欧盟"在推特上发布了一段截取自电影《空前绝后满天飞》(*Airplane!*)的视频，里面有个"歇斯底里"的女人一再挨揍，只不过这个女人的脸被换成了卡德瓦拉德的脸。视频的背景音乐是俄罗斯国歌。她告诉我，她发现"离开欧盟"可能找了一家私人情报公司来调查她。她还警告我，如果对方正在跟踪她，那他们很可能看到过我，并发觉我们之间的关系。艾伦提醒我，如果剑桥分析发现了我在做什么，它可以去法庭申请禁令，禁止我把更多材料交给《卫报》或《纽约时报》。事态每转变一次，我就越发担心前路。几天后，即 11 月 17 日，也是卡德瓦拉德在《卫报》上发表文章透露她遭到威胁的那天，我在伦敦街头突然惊厥，人事不省，被送进了医院。医生说无法确定病因。

出院后不久，我问艾伦有没有办法保护我拥有的信息，反抗任何阻止将其公之于众的行为。在英国，有没有什么不受禁令制约的可靠途径？她说没有，但刚说完就又顿了顿，说的确有一个例外，但仅适用于英国议会两院。古老的议员豁免权法保护议会议员不受法庭禁令或诽谤索赔的困扰。乍一听，探讨上溯至 17 世纪的法律原则似乎是学术性质的，但艾伦的说法让我想到，阿利斯泰尔·卡迈克尔说愿意帮我忙，这次我该去找他了。我在卡迈克尔位于议会的办公室里见了他，告诉他我可能被人监视，需要他帮我保管一些硬盘。要是将来我无法公布硬盘上的信息，至少能保全证据。卡迈克尔同意了，还说万一有这么一天，他会竭尽所能地公布这些信息，即使动用他的议员豁免权也在所不惜。我交给他几个硬盘。在新闻报道出炉前，我们一直把关键证据存放在他的保险箱里。

我还帮他弄到了一些相当重大的录音。埃玛·布赖恩特博士是一位英国教授暨信息战专家。为北大西洋公约组织研究剑桥分析期间，她数次遇到过剑桥分析的高管。即便她惯于出没军方的宣传圈子，也还是被剑桥分析高管的言论惊到了，并开始对会话进行录音。卡德瓦拉德之所以介绍我俩认识，是因为布赖恩特需要找到像卡迈克尔这样的议会人士对她的信息提供同样的保护。我坐在阿利斯泰尔的办公室里，和他一起听布赖恩特播放一段剑桥分析的母公司 SCL 集团的首席执行官奈杰尔·奥克斯的谈话录音。“希特勒攻击犹太人，倒不是因为他讨厌犹太人，而是因为人们不喜欢犹太人，”奥克斯说，“于是他利用了一个假想敌。嗯，特朗普也是这么做的。他利用了一个穆斯林。”奥克斯的公司正在帮特朗普做希特勒当年做过的事情，但他似乎觉得整件事情很搞笑。在另外一段布赖恩特同“离开欧盟”的公关负责人威格莫尔进行讨论的录音里，后者似乎也有意重温纳粹宣传战的战略性质。在录音里，威格莫尔解释说：“纳粹的宣传机器，打个比方，如果你剔除所有的丑恶、恐怖之类的内容，只看本质，你会发现用它达成目的的手段其实非常高明。从纯粹的市场营销角度来看，他们说什么、为什么这么说、怎么说，还有他们使用的意象……这背后都有逻辑可循。前事不忘，后事之师。咱们现在正站在这次（2016 年脱欧公投）宣传的风口浪尖，回头一看，你会想，哎哟，这可不是什么新鲜玩意，这不就是——手头有什么就用什么的权变之术嘛。”在播放录音的过程中，卡迈克尔一直坐着不吭声。

终于，2018 年 2 月的一天，艾伦和我受邀去英国独立电视新闻公司大楼的放映室观看视频录像。这栋楼正好位于塔姆辛·艾伦办公室的街对面，都在格雷律师学院路上。我看到录像里的尼克斯在那间伪装过的餐厅里的椅子上变换坐姿，努力迎合他客人们的突发奇想和欲望。我听着他说的每一句话，看着他犯下的每一个错误。太疯狂了。我看到尼克斯的真实面目，听到他亲口承认剑桥分析曾经做过的荒唐之事以及剑桥分析未来愿意做什么。尼克斯说，在 2016 年竞选期间，他见过特朗普“很多次”。特恩布尔更进一步，他又揭示了剑桥分析怎样构建“骗子希拉里”

（crooked Hillary）这一叙事。“我们只不过把信息注入互联网的血液，随后观察它的流动和壮大，”他说，“这玩意渗透了网络社群，但它不打品牌，所以没法归因，也没法追踪。”看着看着，我难以自持。我的经历终于被尼克斯本人的言论证实了。

视频可谓完美。尼克斯和特恩布尔被抓了现行，他们大大咧咧地表示愿意去挖那位斯里兰卡部长的黑材料，然后敲诈他。尼克斯跷起二郎腿，啜了一口酒水，说道：“深挖污点很有趣，但是你知道的，还有一个办法，效果一样好。你去找那些在位者，跟他们谈一笔对他们来说划算得不得了的交易，不过要记得录像。你知道，这一类战术很有效，立马就有了腐败的视频证据。把它上传到互联网，这种东西……

“我们会找一个搞房地产开发的富商——找人假扮的……他愿意给候选人一大笔钱，资助他的竞选活动，条件是竞选胜利后要拿到一些土地。这是打个比方。我们会全程录像，我们会遮掉我们这边的人的脸，然后放到网上。”

没错，尼克斯确实在我们这场钓鱼行动中提议了钓鱼行动。我跟艾伦和第四频道的团队坐在一起看他表演，充分体会到其中的讽刺意味。然后，尼克斯又抛出了另外一个建议：“派些女孩子到候选人的住宅附近。我们对此很有经验……我们可以带一些乌克兰女郎一起去斯里兰卡度假，你懂的……她们很漂亮。我发现这么做效果很好……我只是给你举例说明我们能做什么，以前做过什么……我的意思是，虽然听起来可怕，但这些事情不必真的发生，只要有人相信就行。”

几个月的心血和无休无止的争论后，我们终于准备就绪。第四频道的这段录像将成为我们所要曝光的报道的致命一击。彼时彼刻，我终于相信我们真的打算阻止剑桥分析。

我们最后达成一致，纸质版的新闻报道和相应的电视广播调查将在 2018 年 3 月的最后两周出炉。在正式报道几周前，我去英国数字、文化、媒体和体育委员会主席达米安·科林斯的办公室拜会了他。他的办公室设在议会名下的保得利大厦，这是一幢摩登的玻璃幕墙大厦。科林斯已经启动了针对社交媒体不实信息的正式调查，几个同我有过讨论的议员和委员会主席建议我去见他。科林斯是一个彬彬有礼的时髦人士，说话时流露出某种上过预科学校的托利党人的魅力。刚见面时，他就给我留下了深刻的印象。他对剑桥分析的了解超过我此前见过的任何一个议员，而且事实上，他已经在几个月前传唤过尼克斯去做证。尼克斯在委员会面前否认——这可是记录在案的——剑桥分析使用过脸书数据。我告诉科林斯这是假的，尼克斯可能欺骗了委员会。这相当严重，因为它可以被视为藐视议会。我把从卡迈克尔的保险箱里取出来的一个硬盘插入我的笔记本电脑，然后把电脑屏幕转向科林斯。屏幕上是一份关于脸书数据的已被完全履行的合同，上面有尼克斯和科根用明亮的蓝色墨水签下的名字。我们花了几个小时的时间仔细翻阅剑桥分析的内部文件，证实该公司利用了脸书数据，并且同俄罗斯公司有来往。我还给科林斯播放了他们在网上传播过的一些令人毛骨悚然的谋杀视频。后来我把科林斯和委员会的职员指明需要的文件复制在一个硬盘上交给了他。我们达成协议，在计划报道日两周后，他的调查组会传唤我过去公开做证。同一天，他将通过委员会连续公布我提供给他的文件。

与此同时，我还一直在向信息专员办公室——负责数据犯罪调查的政府机构——通报我们收集到的剑桥分析非法活动的证据。看完第四频道的录像后，我告诉伊丽莎白·德纳姆专员，剑桥分析并没有偃旗息鼓，它还在向潜在客户兜售更多犯罪活动。信息专员办公室要求我们推迟报道时间，因为他们想在一切公之于众之前突击搜查剑桥分析。他们不希望剑桥分析有机会销毁证据。我把手头所有的证据都交给了他们，包括剑桥分析高管的文档、项目文件和内部邮件的复件，然后他们又把证据转交给英国的联邦调查局——英国国家犯罪调查局。因为这些数据相当复杂，所以我不得不事先进行梳理，以便信息专员办公室发出正式的突击令。塔姆辛和我还在着手准备证人陈述和一份有关脱欧宣传团队在拉票过程中所犯罪行的完整的意见书，并提交给英国选举委员会。我们几乎不眠不休——又要撰写法律文书，又要给执法部门出谋划策，还要应对记者。那段时间真是筋疲力尽。但终于，一切都准备就绪了。

见报前一周左右，《卫报》向报道中提及的个人和企业发出了意见征询信。这是英国新闻界的传统做法，旨在发表新闻报道前给涉事人回应指控的机会。3 月 14 日，我收到脸书发来的律师函，要求我交出所有电子设备供他们检视，还援引了《计算机欺诈和滥用法》及《加利福尼亚刑法典》中的相关条款，试图用刑事责任威胁我。3 月 17 日，即新闻报道发表的前一天，脸书威胁说，如果真的见报，它就要起诉《卫报》，而且脸书坚称未曾发生过数据泄露。在意识到见报势在必行之后，脸书为了先发制人、转移视线，宣布禁止我、科根和剑桥分析使用脸书平台。《卫报》和《纽约时报》大为光火，因为脸书利用它们本着善意原则发出的事前通知，抢先发表声明，试图破坏我们的报道。

3 月 17 日晚上，《卫报》和《纽约时报》彻夜不眠地准备新闻的曝光工作。《纽约时报》拟定的标题是“特朗普的顾问怎样利用数百万脸书数据”。《卫报》的编辑选了一个更为戏剧性的标题——“‘我制造了史蒂夫·班农的心理战工具’：数据战争吹哨人挺身而出”。这些报道如病毒般迅速传播。当晚，第四频道开始播出系列报道，包括曝光尼克斯、给剑桥分析狠狠一击的钓鱼行动。第四频道还播放了 2016 年落选的民主党总统候选人希拉里·克林顿的采访实录，希拉里认为对剑桥分析的指控“极其令人不安”。在采访中，希拉里说：“如果有一个大规模的宣传行动向人民大量灌输虚假信息，导致他们不能清楚地思考……他们使用的每一个搜索引擎，访问的每一个网站，都在重复这些虚假信息，那么的确，它干扰了选民的思维过程。”卡德瓦拉德的专题报道随即引起轰动。《卫报》的另外两名记者埃玛·格雷厄姆 - 哈里森和萨拉·唐纳森也发表文章解释所有这一切的联系。她们高超的叙事技巧显然让普通的非技术人士都产生了共鸣，社交媒体上议论纷纭，引发了一场大型狂欢（脸书除外，它正忙着在“热点新闻”部分宣传自己的新闻稿）。《纽约时报》报道的重点是脸书数据外泄，认为“这是社交网络史上规模最大的数据泄露案之一”。卡德瓦拉德报道的联名作者马修·罗森堡和尼古拉斯·孔费索雷也另行发表了文章，揭露班农、默瑟和剑桥分析之间的关系，并且详细解释了这三方是怎样利用脸书数据将特朗普推向总统宝座的。

在伦敦，英国当局对剑桥分析和脸书的调查已经进行了几个月，因为我在新闻曝光前就把证据交给他们了。然而，就在英国信息专员办公室向英国法庭申请搜查令，以便搜查剑桥分析的办公室、扣押物证之时，脸书聘用了一家数据取证公司检查剑桥分析的服务器，抢在官方前面进入剑桥分析总部。英国信息专员办公室需要搜查令才能入内，但脸书不需要，因为剑桥分析已经给了它出入权。脸书得知新闻报道即将曝光之时联络了剑桥分析，后者同意向脸书提供其服务器和电脑的访问权，而信息专员办公室还在走申请搜查令的流程。不过，信息专员办公室获悉脸书人员已经进入剑桥分析总部后火冒三丈，他们从来没见过有哪家公司如此厚颜无耻地处理即将成为法庭搜查令搜查对象的证据。更为严重的是，脸书在此事中并非局外人——脸书的数据也是调查的对象，而且脸书进入了疑似犯罪现场处理信息，这也会影响它的法律责任。信息专员办公室派出的工作人员在警察的护送下抵达现场。那天深夜，信息专员办公室的工作人员和英国警察与脸书的取证审计员之间上演了一场激动人心的对峙。脸书的审计员被勒令停止一切行动，立即离开剑桥分析的办公室。他们同意退出。英国信息专员伊丽莎白·德纳姆被脸书的行为大大激怒了，很少出镜的她第二天甚至在英国新闻界露了脸，发表声明说脸书的行动“有可能破坏一项监管调查”。

大西洋两岸反应迅速，议论四起。英国议会传唤我去“假新闻和不实信息”调查组做证。这只是多次公开和非公开听证会里的第一场，听证范围囊括从剑桥分析雇用黑客到脸书的数据外泄，再到俄罗斯的情报行动等林林总总的主题。英国广播公司负责报道听证会的驻议会记者马克·达西说："我认为（由数字、文化、媒体和体育委员会召开的）克里斯·怀利听证会是我在议会见过的最令人震惊的一场听证会。"

在华盛顿，联邦贸易委员会和证券交易委员会发起调查，而英美两国的立法者开始要求脸书的首席执行官马克·扎克伯格宣誓做证。新闻曝光几周后，司法部和联邦调查局的工作人员飞到英国，在一个皇家海军基地同我见面。英国国家犯罪调查局向皇家海军借用了我们见面的大楼。

脸书的股价一路下泻，但扎克伯格不见踪影，直到 3 月 21 日才露面。他在脸书上发帖说自己"一直都在了解实情"，并且认为"科根和剑桥分析对脸书失信了"。"删掉脸书"的标签开始在推特上走红，埃隆·马斯克火上浇油，发推表示他已经删除太空探索技术公司（SpaceX）和特斯拉（Tesla）的脸书页面。在我准备公开听证会证词的时候，我听美国说唱歌手卡迪·B 的歌曲。她的首张专辑在新闻曝光几周后发行，专辑名为（纯属巧合）《侵犯隐私》。社交媒体上旋即开始流传表情包，把马克·扎克伯格的脸粘到这张白金唱片的封面上。这个新闻看似触动了时代思潮，早已对脸书的运作感到不安的人发现他们的恐惧被大张旗鼓地公开证实了。深陷公关噩梦的扎克伯格购买各大报纸的广告空间发表道歉信。这离脸书首次威胁要起诉《卫报》，从而阻止新闻曝光才过去了几周。然而，这封道歉信对平息怒火没起到多大的作用。仅仅两周后，扎克伯格就接受了美国国会领导人长达两天的质询。

在英国，尚待报道的内容还有很多。这次的重点是英国脱欧。

就在美国第一轮新闻曝光正进行得如火如荼之时，又有一批意见征询信被发给“投票脱欧”的涉事人员，多米尼克·卡明斯和斯蒂芬·帕金森也在列。“投票脱欧”的前员工纷纷致电桑尼。那天晚上只有在桑尼抵达我们律师的办公室之后，我们才了解到帕金森的回击。他的回应对人不对事，残忍程度超乎想象。当时帕金森担任首相特雷莎·梅的高级顾问。在《卫报》付印该报道前一天，唐宁街新闻办公室发布了一份正式声明，而我们直到《纽约时报》询问我们对此有何评价时才得知。在声明中，帕金森披露了他和桑尼的关系，声称桑尼对他的指控纯粹是情场失意。桑尼是巴基斯坦的穆斯林教徒，还没有向家人坦白自己的同性恋取向，因为这会让他在巴基斯坦的亲属身陷险境。这一点帕金森完全了解。即便如此，他还是选择把桑尼推到了世界媒体的聚光灯下，让他的这个前实习生独自承担后果。首相新闻办公室出于报复心理公开曝光某人的同性恋身份，这是历史上，至少是当代历史上的第一次。桑尼得知这个声明后，一脸凝重，与在场的人一一对视，然后瘫倒在椅子上。艾伦和卡德瓦拉德后来说服卡明斯删除他为回应这件事写的一篇博文，但伤害已成事实。这正是帕金森的意图。

曝光“投票脱欧”内幕的报道不得不同《每日邮报》（*Daily Mail*）周日版的封面故事争夺眼球。后者的大标题是——“性爱有毒，首相助理因为支持脱欧者所策划的金钱阴谋跟恋人吵翻”。英国右翼媒体一如既往地中伤 LGBTQ 人士，把桑尼和他出具的英国历史上最大规模的竞选经费违规案的证据贬低为“性爱有毒”。这时候，桑尼远在卡拉奇的家人不得不采取安全措施，因为在巴基斯坦，LGBTQ 人士和他们的家人会受到暴力威胁。他的生活，还有他所爱的人的生活，从此变得天翻地覆。我永远都不会忘记那晚午夜钟声敲响后的半小时，我透过窗户看到桑尼孤零零地坐在艾伦的办公室里，拨通他妈妈的电话，告诉她，是的，他是同性恋。彼时彼刻，他作为吹哨人站出来的勇气与这一决定的后果难解难分。接下来几天，桑尼面临更严重的暴力，因为有人拿着隐藏摄像机跟踪他，而我和他在一家同性恋酒吧内的一张照片被传到英国另类右翼的网站上，下面有极其恐同的留言。首相特雷莎·梅本人在议会为帕金森的行为辩护。目睹桑尼的遭遇，我心都碎了，但有他做我的朋友，我也非常自豪。

3 月 20 日晚上，即剑桥分析报道出炉三天后，我和艾伦、桑尼一起去伦敦的前线俱乐部。这是我第一次公开露面。进门时，摄影师们蜂拥而上。会场里挤满了来自世界各地的记者，他们抢夺离我们最近的座位。会场最后面一溜架设着来自二十多个新闻频道的摄像机，屋里人头攒动，温度越来越高。记者兼隐私活动家彼得·朱克斯在众人面前采访我，我接受了提问。后来，问题多到我实在答不完时，我就从一个隐秘的疏散出口离开了。为了不引发混乱，按计划艾伦要比我晚几分钟离场。出门后，我右转沿着诺福克广场前行时，突然有名男子迎上来，举起一部屏幕发亮的手机照花了我的眼睛。我倒退一步，十分困惑，也有点惊恐。我问他想干什么，他让我看一眼他的手机。

视力恢复过来后，我看出手机屏幕上展示的是剑桥分析出具给英国独立党的发票截图。然后他滑动屏幕，上面似乎是“离开欧盟”的公关负责人安迪·威格莫尔写给某个有着俄罗斯人名的收件人的电子邮件。我没有多少时间细看邮件正文，但它讨论的似乎是黄金。“他们跟俄罗斯人勾结。”那人告诉我。这时候，艾伦和其他一些人出来了。一看到这名男子，他们就担心起我的安全，赶快跑过来想要抓住他，不过那人甩开他们跑远了。我对这一切还恍恍惚惚的。那天早些时候，我一直在轮番接受电视台的直播采访，而且还要躲避摄影师。这一天下来，实在是吃不消。坐车回艾伦办公室取我的包时，我告诉她，虽然我不确定那人想做什么，但他手机上的内容应该是真的：我认出了上面的银行账户。那周晚些时候，艾伦收到了一条神秘短信。她打电话给我说她认为那名拦路男子想联系我。

我当时还以为我的吹哨生涯已到此结束，然而，接下来发生的事情将我引向敏感地带，以至于 2018 年 6 月那天我和美国众议院情报委员会的会议不得不在国会大厦地下的敏感信息隔离设施进行。那次秘密听证会之前的两个月里，我同上述男子在伦敦几个随机选择的地点见过面。显然，他有权访问“离开欧盟”的联合创始人阿伦·班克斯和公关负责人安迪·威格莫尔的文件。这些文件记录了英国这家主张脱欧的重要的另类右翼宣传团体和俄罗斯驻英大使馆在英国脱欧公投宣传期间的大量的通信往来。这些文件的真实性得到确认后，艾伦和我联系了军情五处和国家犯罪调查局。

4 月，艾伦前往伦敦某个大型火车站内一间不挂牌的国家犯罪调查局办公室，代表我会见该局官员，因为我们不能确定是否有人跟踪我。我们知道那名男子随身携带着这些可能指证俄罗斯情报行动的文件出行乌克兰和东欧后非常担心，国家犯罪调查局向英国驻基辅大使馆通报了情况。后来那名男子销声匿迹，手机也关机了。我们非常关心他的人身安全。

几周后，那名男子重新现身，要求再次同我见面。艾伦和我决定偷偷录音。我们复制了接下来几次会面的录音，把它们和若干文件的截图都交给了英国当局。我们还告知了美国人，因为我们看到的证据显示，俄罗斯人在剑桥分析的客户们拜会特朗普竞选团队之前和之后都会马上同这些客户取得联系。最终，我们在美国国会大厦南希・佩洛西的办公室里见到了加利福尼亚州众议员亚当・希夫。当时他是众议院情报委员会的首席民主党议员。艾伦和我告知希夫议员，有这么一些文件被保存在卡迈克尔的保险箱里。我同意下次来华盛顿哥伦比亚特区时把它们带来。

此次会见后不久，将克里斯托弗・斯蒂尔撰写的特朗普通俄门的档案拼凑起来的私人情报公司 Fusion GPS 联系了我。斯蒂尔所在的公司从一个英国人那里听说我手头有一些文件和录音，而且 Fusion GPS 告诉我们，他们掌握的文件和信息揭示了相同的关联——俄罗斯人、英国脱欧团体和特朗普竞选团队之间有瓜葛。我们都同意在英国数字、文化、媒体和体育委员会主席达米安・科林斯的办公室见面。科林斯、Fusion GPS 和我就像在玩拼图游戏，我们分别找到了关于同一事件的不同文件，然后就开始把这些“单片”拼成一幅完整的图。艾伦又一次与英国国家犯罪调查局进行接洽，但他们拒绝采取行动，于是我们把一切材料都交给了美国众议院情报委员会，后者同意将材料转交给美国相关的情报渠道。如果英国当局不打算插手我们收集的有关英国脱欧和俄罗斯大使馆之间相互关联的证据，那么我们希望假以时日，美国情报机构在获得这些文件后会向他们的英国同行施加压力，促使后者采取行动。

这些文件揭露了一个不可思议的故事。2015 年，就在我离开剑桥分析后没多久，英国独立党支持的“离开欧盟”宣传团队聘请剑桥分析为其“对英国选民进行详细的分析，研究他们的信念，帮助我们更好地同选民互动”。这段引言成了“离开欧盟”宣传战的启动声明。剑桥分析和英国独立党之间的关系是史蒂夫·班农促成的。班克斯和威格莫尔找班农了解过剑桥分析后，奈杰尔·法拉奇就把他们介绍给他的朋友罗伯特·默瑟。默瑟很乐意帮助他们正在崭露头角的另类右翼运动，但这个美国亿万富翁同所有外国人一样受英国法律的制约，不能向英国的竞选活动捐款，也不得对其进行实质性干预。于是，这个亿万富翁告诉脱欧分子们，剑桥分析的数据和服务可能有用。班农主动提出帮忙，法拉奇和班克斯等人接受了，最终形成方兴未艾的英美另类右翼同盟与数据库和算法之间的联姻。

这个联姻是美国众议院情报委员会关注的焦点，因为俄罗斯大使馆似乎借助这一秘密工具进入了特朗普竞选团队。2015 年 11 月，“离开欧盟”和布里塔尼·凯泽一起为公投宣传战揭幕。后者除了在剑桥分析工作，还被任命为“离开欧盟”的运营总监。在这个团队里，凯泽主要负责部署剑桥分析的微目标定位算法。

就在同剑桥分析一起为脱欧宣传战揭幕前不久，英国独立党和“离开欧盟”的最大金主——阿伦·班克斯和安迪·威格莫尔——开始同俄罗斯政府“调情”。这一切都可以追溯到2015年在唐克斯特召开的英国独立党大会。大会期间，两人见到了俄罗斯外交官亚历山大·乌多德，后者邀请他们去俄罗斯大使馆同大使面谈。几周后，两人先是在伦敦同俄罗斯驻英大使亚历山大·弗拉基米罗维奇·雅科文科吃了一顿在报道中被描述为“长达六小时的酩酊午宴”，之后他们又见了一次面。这次俄罗斯大使给了班克斯和威格莫尔一个让人心动的提议，班克斯转身又邀请了几个熟人加入，其中包括知名投资人暨英国脱欧支持者吉姆·梅隆。俄罗斯驻英大使馆有意推荐一些有望挣大钱的投资项目给他们，班克斯在一封电子邮件里将其称为“俄罗斯黄金交易”。大使做完推荐后把他们介绍给俄罗斯商人西曼·波瓦仁金。波瓦仁金说，俄罗斯有几个金矿和钻石矿即将合并或部分实行私有化。俄罗斯大使馆明确表示，这些交易将受到俄罗斯联邦储蓄银行（Sberbank）的支持，而这家俄罗斯的国有银行受到美国和欧盟的制裁。英国独立党的金主们被告知，通过大使馆和俄罗斯联邦储蓄银行进行投资的好处在于它会“带来某些他人遥不可及的机会”。

在正式宣布剑桥分析会为“离开欧盟”这一宣传团队工作之前，班克斯等人同俄罗斯大使馆的联系一直没有中断。班克斯在一封回复某俄罗斯官员发出的会晤邀请的邮件中写道：“谢谢，安迪和我非常高兴可以参加11月6日的午宴，为大使做介绍。美国对这次公投的兴趣也很大，而我们即将访问华盛顿，介绍脱欧宣传的一些重要的情况。”2015年11月16日，即正式宣布的第二天，班克斯和威格莫尔再次受邀前往俄罗斯大使馆开会。我们不能确切地知道那天大使馆里发生了什么，但我们确实知道的是，会后，脱欧分子飞往美国去见他们的共和党同人，而俄罗斯大使馆对此也知情。我们还知道，班克斯和威格莫尔热衷于向雅科文科报告最新进展。班克斯 2016 年 1 月在发给大使的一条短信中写道："安迪和我本人非常愿意前来向您介绍竞选的近况。赛事正酣。一切顺利，阿伦。"

如果班克斯纯粹出于商业目的同俄罗斯打交道，那他为什么要把自己同美国政界的联系或者英国脱欧公投宣传的情况告诉给俄罗斯大使呢？这一点我们并不清楚，但我们知道，这些会晤确实对脱欧分子产生了影响。在一系列的通信往来中，他们当中的某人讨论了如何在乌克兰协助打造一个类似英国脱欧的运动，以便对抗乌克兰的亲欧盟叙事。俄罗斯一直以来都在努力地把乌克兰控制在自己的势力范围内，不过他们后来还是决定不涉足乌克兰，有一封电子邮件甚至讨论了某篇草拟新闻稿中的一个句子是否"过于亲俄"，但威格莫尔在回复中提议"发一封表示支持的短函给大使"。

班克斯和威格莫尔一直同俄罗斯大使馆保持联系，威格莫尔写信邀请俄罗斯外交官参加"离开欧盟"举办的活动，包括他们在 2016 年 6 月举办的庆祝英国脱欧成功的派对。虽然据报道，班克斯曾经向专家咨询过俄罗斯金矿和钻石矿投资的邀约，但他告诉记者们自己最后全都回绝了。威格莫尔也决定"不再继续推进"投资项目。然而，据报道，英国脱欧宣传战结束后不久，跟英国独立党的大金主之一吉姆·梅隆有关的一家投资基金投资了俄罗斯国有钻石公司阿尔罗萨（Alrosa）。这家公司实现了部分私有化。不过，该基金的代表说，梅隆不知道投资的具体细节，而且该基金早在 2013 年阿尔罗萨第一次公开募股时就对其进行过投资。

2016年7月末，即英国决定脱欧一个月后，也是俄罗斯情报部门黑进美国民主党全国委员会的文档和电子邮件一事被披露几周后，亚历山大·尼克斯同俄罗斯大使雅科文科一起观看马球比赛，还被人拍下同雅科文科共享一瓶俄罗斯伏特加的照片。巧的是，这段时间尼克斯正在想办法为特朗普竞选团队获取维基解密所掌握的信息。

英国成功脱欧后，法拉奇和班克斯把视线转向2016年总统竞选正进行得如火如荼的美国。这些英国人在2016年十分卖力地为特朗普摇旗呐喊。法拉奇参加了为这位共和党候选人举办的大量的公开活动。当时，漫不经心的观察者或许会觉得，宣称自己是“英国脱欧先生”的特朗普邀请英国独立党的首脑们参加他的集会很正常，但许多美国人不了解另类右翼势力内部的互联互通。这是一场步调协同的全球运动，而且它在2016年成了巨大的安全风险。

2016年8月20日，安迪·威格莫尔发给俄罗斯大使馆的三等秘书谢尔盖·费季奇金一封电子邮件，主题栏里写着“转发科特雷尔文件——绝密”。这封邮件有几个附件，还有一行神秘的正文：“收着，阅读愉快。”附件里的是与乔治·科特雷尔被美国联邦探员逮捕相关的法律文件。当时，科特雷尔是奈杰尔·法拉奇的幕僚长，也是英国独立党的筹款负责人。法拉奇后来说他对科特雷尔的违法活动一无所知。科特雷尔和法拉奇飞去美国庆祝他们成功脱欧，顺便参加在2016年共和党全国代表大会期间举办的一场盛大的特朗普集会。其后他们来到芝加哥奥黑尔机场准备返回英格兰。起飞前，几名联邦探员登上飞机，逮捕了科特雷尔，指控他犯下共谋洗钱和电信欺诈等多项罪行。他还同摩尔多瓦工商建设银行（Moldindconbank）有瓜葛。这家摩尔多瓦银行被指控为“俄罗斯洗钱机”（Russian Laundromat）这一俄罗斯洗钱案件的重要参与者。我从熟人那儿获得的电子邮件证明威格莫尔向俄罗斯外交官发送了美国司法部指控的文件副本。辩诉协商后，科特雷尔承认自己犯下了电信欺诈罪。

俄罗斯大使馆对英国脱欧运动中的关键人物同特朗普竞选团队的紧密关系一清二楚，而且一直在培育这种关系，他们甚至从威格莫尔那里收到了关于英国独立党人士被美国联邦探员逮捕的文件。美国人为什么要在乎俄罗斯在英国的活动呢？因为这些英国脱欧分子和特朗普竞选团队共用一家数据公司，即剑桥分析，还共用一个顾问，即史蒂夫·班农，而且他们显然每走一步都告知了俄罗斯人。此外，这些英国脱欧分子正是特朗普在大选中取得让人吃惊的胜利后最早被邀请去特朗普大厦的人。美国当选总统和定期向俄罗斯政府介绍相关情况的英国公民进行会面。

记者们欢欣鼓舞，因为他们曝光了剑桥分析，还把不肯悔改的脸书的股价推向了深渊。但我不觉得开心，我麻木了。这感觉就像旁观一个行将就木的人的最后时刻。这是我经历过的最艰苦、最令人疲惫不堪的事件。几个月后，肾上腺素消退了，我这才开始反思这一切。我意识到自己遭受了很大的心理创伤，但放任自己体会这次经历给我造成的痛苦，因我在这场灾难中所扮演的角色而更加剧烈的痛苦。看到特朗普掌权，看到他禁止穆斯林国家的公民入境美国、为白人至上主义运动辩护，我不禁心生感触，是我播下了这一切的种子。当年我跟“火”一起玩，现在整个世界都着了“火”，熊熊燃烧时，我却袖手旁观。我去议会不只是为了做证，还为了忏悔。

第十二章

启示录

我们都很容易受到操控。我们根据可利用的信息做出判断，但如果信息是经由中转间接获得的话，我们就容易被操控。随着时间的推移，我们的偏见可能不知不觉间就被放大了。我们当中有许多人都忘了这一点：我们在新闻推送和搜索引擎里看到的内容已经被算法挑选过，而算法的唯一动机就是选出能吸引我们，而不是启迪我们的内容。

我不会把我的住址告诉你，至少不会说出确切地址。它在伦敦东区的某个地方，在肖尔迪奇和多尔斯顿之间。我是住在顶层的那个头发染成粉红色的家伙，不过我并不是特别引人注目。如果追本溯源的话，这个街区原属于工人阶级，这里的许多建筑物在当年伦敦还处于工业时代时是工厂。一些烟熏过的砖墙上刷着褪色的广告，广告上的产品都是一个世纪前的，如今早已销声匿迹。在最后一波英联邦国家移民潮期间，印度、巴基斯坦和加勒比海社区在这里形成。后来，因为伦敦市中心的生活成本太高而被迫搬离的艺术家、同性恋者、学生和脏兮兮的怪人也来此落脚。这两类人群之间倒是和平相处。这里有装饰艺术风格的电影院和屋顶花园。每到周末，夜店客蜂拥而至，一罐接一罐地喝红斑纹啤酒，一直喝到凌晨 4 点，喝得酩酊大醉，嘈杂声无休无止。人们经常可以看到从头到脚遮得严严实实的穆斯林妇女和浑身刺青、头发乱糟糟的泡吧小子在同一家无证经营的果蔬店里买东西。在这里，我仍可以外出活动，相对来说也不会吸引太多目光。

我住在一栋老建筑里。它问世的时候，互联网还不可想象，室内管道系统还是新生事物。它的木地板很厚实，但你一脚踩下去往往会嘎吱作响。楼门上安了好几道门闩，这是因为我公开身份后的那周，老是有一群男人上门找我。我的邻居们开始抱怨，直到发现我是谁。现在要是看到周围有人晃荡，他们就会提醒我。

我的住处有许多东西不见了踪影。我起居室最里面的角落里有一个架子，本来是用来摆电视机的，那边的墙面上还垂着几根电线。我曾经有过一台智能电视机，可以连接我的网飞（Netflix）和社交媒体账号，还有内置麦克风和摄像头。我卧室床头柜的一个抽屉里衬着一种特别的金属织物，能防止所有放在抽屉里的电子设备发送或接收信号。作为我就寝仪式的一部分，我每晚都把电子设备放进那里。卧室另一头的壁橱里堆放着我以前用过的电子设备。一台拔掉电源的亚马逊旗下的智能音箱 Echo 形单影只地立在一堆电子废弃物当中——若干台平板电脑和手机，以及一块智能手表，我得妥善地处置它们。另外一个盒子里装着硬盘残片。硬盘上的证据交给当局后，我把它们消磁、砸碎或者酸洗。数据已经永远消失，最好把它们扔掉，但奇怪的是，我舍不得。

我的客厅里摆放着一张从一家老工厂淘来的仿古木书桌，桌上有一台从未连接过互联网的安装了气隙系统①的笔记本电脑。我用它来梳理交给美国众议院情报委员会的证据。书桌抽屉里那台什么文件都没存的笔记本电脑是旅行专用的，以防过境时受到搜查。我的个人电脑也放在客厅里，既加过密也用实物 U2F 安全密

① 完全隔离电脑，使其不与互联网及任何其他的互联网设备连接，以保护数据安全的系统。

钥锁定了。电脑摄像头用胶带盖住了，但内置的麦克风没什么办法可以让它失灵。地板上有一台私人 VPN 服务器，它的线连到了墙上的插头处，然后同其他服务器连接。

我住的那栋楼的入口有一个监控摄像机，数据被传输到一家保安公司。我不知道它是否加密，所以天知道有谁在看。我离家时随身带着一个便携式紧急按钮，但到目前为止还没有用上。英国国家犯罪调查局把我的一个手机号码列入了监察名单。如果我打电话给接线员，即使我一言不发，他们也会优先响应。我的背包里一直放着一台便携式硬件 VPN 路由器，这样我就不必连上不安全的无线局域网，包里还有好几个法拉第笼，都是粉色的，因为我觉得很可爱。我经常戴帽子，但还是有人认出我来，即便过了一年。几乎每天都有人问我“你是……那个吹哨人吗？”。

我现在似乎过着偏执狂的生活，但鉴于我在街上被人殴打过，受到过私人保安公司里小流氓的威胁，睡在酒店客房时深夜有人闯入，过去十二个月里黑客两次试图侵入我的电子邮件，谨慎还是应该的。当初请人检查我住所的安全风险时，他们认为电视机是个风险，因为它可以被控制，用来秘密监视或者监听我。拆电视机的时候，我想到人看电视，但电视也可以反过来看你这一讽刺时冷笑了一下。

新闻曝光之前的那些日子，脸书开始向我发送律师函，委托人逐渐升级到公司副总法律顾问和副总裁。我的律师们意识到该公司认为我的吹哨行为严重危及其业务。他们受理过其他的黑客案件，所以知道走投无路的公司会做什么。但脸书不一样。他们不必黑进我的账号，只需利用我手机上的应用程序追踪我——我在哪儿，我跟谁联络，我跟谁见面。

我处理了原来的手机，我的律师们买来从未安装过脸书、照片墙或 WhatsApp 的没有用过的新手机。脸书手机应用程序的使用条款和条件要求获得麦克风和相机权限。虽然该公司竭力否认自己采集过用户的音频数据用于推送定向广告，但我们的手机里确实有这么一个技术许可，导致该公司可以读取我们的音频。此外，我不是普通用户，我是该公司当时最大的声誉威胁。至少理论上，手机的音频功能是可以被激活的，所以我的律师们担心该公司会窃听我同他们或警方的谈话。脸书早已获得我的照片和相机权限，这样一来，他们不但能监听我，而且还能看到我在哪儿。即使我一个人在浴室洗澡，我也不见得真的是一个人。如果我的手机在浴室里，那么脸书也在。无处可逃。

不过，仅仅处理掉我原来的手机还不够，我妈妈、爸爸和两个妹妹都必须出于同样的原因卸载他们手机里的脸书、照片墙和 WhatsApp。可脸书也早已获悉我的好友们是谁，我们喜欢去哪里玩乐，我们相互发些什么信息，以及我们所有人的住址。甚至连同朋友们一起消磨时间也有风险，因为脸书能访问他们的手机。如果哪个朋友拍了一张照片，脸书就可以访问。而且至少从理论上讲，它的面部识别算法能检测到他人手机照片里的我的脸，即便这些人只是偶然拍到了我。

在我处理原有的电子设备期间，朋友们开玩笑说我就像在驱逐机器里的邪魔。有个朋友甚至给我送来了一些鼠尾草，叫我点燃，以防万一。这当然很好笑，但从某种意义上来说，我真的在驱魔。在我们今天的这个世界上，由代码和数据组成的无形的神灵有法力监视我们，监听我们，考量我们。我要把它们赶出我的生活。

2018 年 3 月 16 日，就在《卫报》和《纽约时报》报道我的故事的前一天，脸书宣布不仅禁止我使用脸书，还禁止我使用照片墙。此前，脸书已经拒绝禁止白人至上主义者、新纳粹分子和其他散布仇恨的人使用它的平台，但它决意禁止我。脸书要求我交出手机和个人电脑，并说我恢复账号的唯一办法就是交出我提供给当局的信息。脸书表现得像一个民族国家，而不是一家公司。它似乎不明白，我不是调查的对象——它才是。我的律师们建议我拒绝脸书的要求，这样才不会妨碍警方及监管当局的合法调查。后来，在我配合官方调查的过程中，脸书的禁令让我交出存在脸书账号里的证据的难度加剧，对英国脱欧公投拉票宣传的调查也因此停滞不前。

他们说，你只有在失去一样东西之后才能体会到它的珍贵，我只有在被脸书禁止进入之后才认识到自己的生活竟然同脸书有这么密切的关系。我手机上有好几个应用程序失灵了—— 一个约会应用，一个呼叫出租车的应用，一个收发信息的应用，因为它们都使用脸书进行身份验证。我在网上的订阅和账号也因为同样的原因而无法使用。人们常常谈起二元世界：网络世界和我们的“真实人生”。可是，在我的大多数数字身份被收缴之后，我可以告诉你这两个世界密不可分。社交媒体一旦把你抹掉，你就失联了。没人请我参加派对——倒不是故意的，而是因为派对邀请往往通过脸书发出或者贴到照片墙上。不知道我新电话号码的朋友几乎找不到我，除非他们试着给我的律师发邮件。吹哨最紧张的阶段过去之后，我只有在夜店或酒吧里才会偶遇已经好几个月没联系过的人。

现在，要是约会应用上对我感兴趣的人想查看我照片墙上的个人资料，我就得尴尬地解释为什么我的账号会被禁用，而且还得向对方保证我不是在诈骗。这就像我的身份被没收了，人们不再相信我的自我介绍。有时候，对方会认出我是“那个人”，然后担心会不会因为跟我见面而遭到监视。我总是告诉他们别担心，因为就算不跟我约会，他们也早就被这些公司全天候跟踪了。这个禁令不过是脸书的下作之举，好比惊慌失措的暴徒只能引发一场骂战。它最多让我因为不便而感到恼火，但相比其他吹哨人经历过的报复，这几乎算不上什么。（更别提这个平台早已为虎作伥，严重残害过现代社会。）不过它让我意识到我的网络身份已经同现实生活的多个方面难解难分，而我的网络身份既没有被赋予正当程序权利，也没有得到公正的裁决。禁令发布四天后，英国文化大臣在议会的一场紧急辩论上说，脸书单方面禁止吹哨者使用其平台的能力“令人震惊”，因为这让人严重质疑一家企业可否行使这种不加制衡的权力。

数亿美国人在使用脸书，可他们不了解这个平台看不见摸不着的架构，以为这是一个分享照片和关注心仪名人的无关痛痒的平台。他们被脸书吸引，因为用它联系朋友很方便，而且无聊时还可以玩游戏或者使用内嵌的应用程序。脸书告诉用户，它的使命是把人们聚到一起。但脸书上的“社群”其实泾渭分明，每个社群都是为相似的人打造的。脸书平台观察用户，浏览他们的发帖，研究他们怎么跟朋友互动，然后由算法决定把他们分类到他们那种人——脸书所谓的“相似人群”——所在的数字社群。当然了，这样分类是为了帮助广告主向同质化的相似人群传播为他们量身定制的叙事。大多数用户不知道自己被分在哪一类，因为他们看不到其他社群里跟自己不相似的人。所以这种以人找人的用户细分方式把广大同胞拆散分割，让他们渐行渐远，真是一点都不奇怪。就是它造成了我们当今的生活氛围。

作为社交媒体诞生地的美国不知不觉地进入了由新闻推送、关注、点赞和转发构成的数字公地。正如我们很难看见气候变化怎样一点一点地影响我们的海岸线、森林和野生动植物那样，我们也很难完全把握裹挟着我们前进的社交媒体对社会的影响。但已经有一些案例显示了社交媒体的重大效应，证实社交媒体有时会突然在某个国家掀起轩然大波。21 世纪第二个十年的中期，脸书进入缅甸，发展迅速。这个国家的总人口为 5300 万人，而脸书的用户数很快就攀升到 2000 万人。该国售卖的许多智能手机都预装了脸书的应用程序，而且市场研究表明脸书是缅甸公民的主要新闻来源之一。

2017 年 8 月，针对罗兴亚族的仇恨言论在脸书上暴增。罗兴亚族是缅甸的一个少数族群，多为穆斯林教徒。要求缅甸“赶走所有穆斯林”的叙事和呼吁进行种族清洗的宣传如同病毒般迅速扩散，它们大都是缅甸军方从事信息战的人员制作并传播的。罗兴亚族武装分子协同攻击警方后，缅甸军方利用他们在网上暴涨的支持率，有组织地杀戮、强奸和致残了数以万计的罗兴亚人。其他群体也加入了屠杀，脸书上不断有人号召群起杀害罗兴亚人。罗兴亚族的村落被焚毁，70 多万罗兴亚族难民被迫越过国境逃往孟加拉国。国际和地方组织一再就缅甸局势警告脸书。脸书禁止一个罗兴亚族抵抗团体使用其平台，但是留下了缅甸军方和亲政府的团体，后者从而得以继续散布仇恨宣传。联合国官员称这场谋杀为“教科书式的种族清洗”，脸书仍对此不管不顾。

2018 年 3 月，联合国得出结论，社交媒体在罗兴亚族遭受种族清洗这一事件中扮演了“决定性角色”。脸书平滑的架构赋能给暴力，推动仇恨言论在人群中扩散，其速度前所未有。脸书的冷漠回应绝对是奥威尔式的。“脸书禁止仇恨言论或倡导暴力的内容，我们会竭尽全力将其排除在平台之外。”这是脸书对其在四万多人种族大屠杀行动中为军方大开方便之门一事发表的声明。看起来，世界上无论哪个政权要想维持高压政权的话都可以找脸书。

互联网一度被人称道，因为有了它，人们之间的壁垒荡然无存，谁都可以同身处任何地方的任何人交流。然而事实上，互联网不过是对席卷一个国家物理空间的潮流趋势进行了放大。人们在社交媒体上一逗留就是几小时，关注相似的人，阅读只追求点击率的算法为他们“精心挑选”过的新闻报道，这些报道唯一的作用就是强化他们已有的偏颇观点，让他们不断点击阅读，走向极端。我们看到的是一种认知隔离，人们存在于他们自己所在的信息贫民窟。我们正在目睹现实生活中的隔离。如果脸书是一个“社群”，那它一定有围墙、有警卫。

共同体验是现代多元民主体制下公民团结的根基，民权运动的一个诉求就是共享空间：要求电影院、饮水机和厕所不再分设黑人和白人专区。美国的种族隔离一向体现在不为人察觉的平凡之处：公共汽车、饮水机、学校、电影票和公园长凳等都黑白分明。而现在，种族隔离可能体现在了社交媒体上。罗莎·帕克斯被勒令给白人让座只是美国白人对黑人采取的无数系统性的隔离措施中的一种，其目的就是要让她的黑皮肤同白皮肤分开，不被人看到；让她继续做他者，不让她加入他们的美国。虽然如今我们不再允许建筑物针对来客的种族分设出入口，但隔离仍然处于互联网架构的中心。

社会隔离产生了阴谋论和民粹主义的原材料：不信任。剑桥分析是这个分裂的网络空间的必然产物。该公司之所以能让目标受众暴怒成瘾，只是因为怒意没有受到任何阻拦。于是剑桥分析通行无阻，把目标受众淹没在不实信息的大旋涡里，其灾难性后果完全可以预测。然而，单单阻拦剑桥分析还不够。如果不改进催生新近出现的认知危机的根本架构，这个危机还将继续恶化。无为的后果会极其可怕。破坏共同体验是他者化的关键性的第一步，是否定其为我们中的一员的关键性的第一步。

史蒂夫·班农认识到互联网上的虚拟世界比大多数人以为的要真实得多。人们平均每天查看手机 52 次，许多人入睡时就把手机放在旁边充电——他们和手机一起入睡的次数多过跟别人一起入睡的次数。他们每天一睁眼就看屏幕，每天合眼睡觉前看的还是屏幕。而人们在那块屏幕上看到的内容会刺激他们表现出仇恨行为，在某些情况下甚至走向极端暴力。没有什么东西只存在于网上，线上信息——抑或线上不实信息——如果攫取了目标受众的注意力，就可能导致可怕的线下悲剧。面对指责，脸书避而不谈道德责任，其回应类似于美国全国步枪协会“枪不会杀人”的论调。他们摊开双手表示爱莫能助，说自己无法控制用户对脸书产品的滥用，即使滥用导致了大规模的杀戮，也不是他们的错。如果种族清洗都不能刺激他们采取行动，那要靠什么才刺激得动？脸书展开又一轮的道歉巡演，高声宣称“我们会更努力”，它那空洞的言辞不过是一家满足于不作为现状中获利的技术公司的“私念和祈求”。在脸书看来，受害者的生命已经成了他们追求“快速行动，破除陈规”的外在因素。

我作为吹哨人站出来之后，另类右翼的数字怒火机器就瞄准了我。在伦敦，怒气冲冲的脱欧分子把我推向迎面而来的车流。另类右翼跟踪狂跟着我，把我和朋友们在夜店的照片放在另类右翼网站上，还注明了在哪里可以找到我。到了我要去欧洲议会做证时，针对脸书批评者策划的阴谋开始渗入另类右翼论坛。在我做证时，后排有人吟唱“索罗斯[①]，索罗斯，索罗斯”。我离开欧盟议会走在街上时，一名男子冲过来朝我大喊“你拿了犹太人的钱！”。那段时间，这类叙事横空出世，源头不明。后来我才发现，脸书面对公关危机惊慌失措，于是雇用了一家名为“定义者公共事务”（Definers Public Affairs）的隐秘的传播公司。这家公司故意流出充斥着反犹太人论调的虚假叙事，声称脸书的批评者均为乔治·索罗斯资助的阴谋的一部分。谣言一旦在互联网上播种，它的目标受众就会将其作为“自己动手”的一个提示。这一点我深有体会。

2013 年 2 月，俄罗斯将军瓦列里·格拉西莫夫撰文挑战盛

① 在匈牙利出生的美籍犹太裔商人，著名的货币投机家、股票投资者和慈善家。

行的战争观念。时任俄罗斯武装力量总参谋长（大致相当于美军参谋长联席会议主席）的格拉西莫夫在《军工信使报》（*Military-Industrial Kurier*）上发表题为《科学的价值在于先见之明》的文章，提出一系列见解，这些见解后来被称为格拉西莫夫主义。格拉西莫夫写道，“战争规则已经改变”“非军事手段在实现政治和战略目标中的作用变大”。他讨论了人工智能和信息在战争中的运用。“信息空间，”他写道，“大大拓宽了减弱敌军战斗实力的非对称的可能性。”从本质上来看，格拉西莫夫汲取阿拉伯之春的教训，敦促军事战略家效仿，将社交媒体上的信息共享作为战争手段。“你当然可以嗤之以鼻地说：‘阿拉伯之春’不是战争，所以我们——军人——没什么可学的。但也许正好相反——这些事件正是典型的 21 世纪战争。”

随后，俄罗斯的 S.G. 切金诺夫上校和 S.A. 波格丹诺夫中尉发表了一篇军事战略论文呼应格拉西莫夫的观点。他们比格拉西莫夫更进一步，两个作者写道，有望通过“脸书和推特这样的公共网络平台的服务器获得信息，进行宣传”，从而攻击对手。他们还写道，在这些“强大的信息技术的武装下，侵略者会竭力扩大攻击面，覆盖进攻目标国的所有公共机构，主要是大众媒体和宗教组织、文化机构、非政府组织、经费来自海外的公共运动和接受外国资助、从事研究的学者”。这在当时是一个激进的新见解。今天再读一遍，就会发现它正是俄罗斯干预 2016 年美国大选的蓝图。

战争史就是发明史和战略史，许多发明和战略都是应运而生的。按照大多数的指标来衡量，俄罗斯的军事力量远弱于美国。美国的军费预算为 7160 亿美元，超出俄罗斯 10 倍还多；美国有

128 万现役军人，俄罗斯有 100 万现役军人；美国有 13,000 架军事飞机，俄罗斯有 4000 架；美国有 20 艘航空母舰，俄罗斯只有 1 艘。如果考虑所有现存的传统标准，莫斯科不可能在大国战争中再次同美国旗鼓相当，而弗拉基米尔 · 普京对此心知肚明。所以俄罗斯人必须想出另外一种占优路径——跟物理作战空间无关的路径。

军事战略家要是把注意力集中在当下，就很难构想出新的作战形式。在飞机问世前，军队指挥员只关心如何在陆地和海上打仗。直到 1915 年法国飞行员罗兰 · 加洛斯驾驶了一架加装应急机关枪的飞机后，军事战略家才意识到原来天上也能打仗。一旦飞机加入了进攻，地面部队也要转向，制造出小型、速射的高射炮。战争就是这样不断演变的。

信息战也经历了类似的演变。起初，谁都想象不到脸书或者推特可以变成战斗工具；战争是在地面、空中、海上打响的，或许也有可能进入太空。然而事实证明，那些有想象力和远见、先于他人利用社交媒体开展信息战的人，在第五战场——网络空间——上成果斐然。你可以画一条直线串联起格拉西莫夫、切金诺夫和波格丹诺夫打下的基础，剑桥分析采取的行动和英国脱欧及特朗普竞选的胜利。在短短五年左右的时间里，俄罗斯军方和政府已经开发出 21 世纪首批破坏力极强的高效新武器。

他们知道这些武器会成功，因为脸书这样的公司从不会采取非美国式的措施来控制用户，所以俄罗斯不必散布宣传材料。他们只需让美国人自己来传播，点击、点赞、转发即可。脸书上的美国用户为俄罗斯人卖力，借助美国宪法第一修正案把后者的宣传洗白。

不过，这个大规模扩散不实信息的新时代并不局限于政坛。星巴克、耐克和其他时尚品牌也已经发觉它们成了俄罗斯发起的不实信息战的目标。这方面已经有好几个经查证的实例。如果品牌发表的声明猛烈抨击现有的社会或种族矛盾，有俄罗斯背景的假新闻网站、僵尸网络和社交媒体运营就会进入活跃状态，把这些叙事转化为武器，挑起社会冲突。2016 年 8 月，橄榄球运动员科林・卡佩尼克为了抗议美国的系统性种族主义和警察对非裔美国人及其他少数族群施暴的行为，拒绝在演奏美国国歌期间起立。作为卡佩尼克的赞助商，时尚品牌耐克对此表示支持，这样的回应引发了争议。但当时许多人都不知道的是，流言蜚语出现后几小时内，跟俄罗斯有关联的社交媒体账号就开始扩散和放大原本就有的号召抵制耐克的话题标签。其中一些内容最终进入主流新闻媒体，抵制耐克的叙事穿上了合法的外衣，变成美国土生土长的抗议运动。网络安全公司还证实，另类右翼群体流出耐克的假优惠券，定向传播给社交媒体上的非裔美国用户。优惠券上写着“有色人种买鞋打二五折”之类的文字。传播这些优惠券的用意在于，不知情的非裔美国顾客会到耐克商店使用优惠券，然后遭到商家的拒绝。在这个病毒视频横行的时代，这个场景如果被拍下来，就能“真实”地展现一个种族主义的观点，那就是“愤怒的黑人”在商店里讨要免费产品。那么，这些不实信息为什么要瞄准时尚企业，化其品牌为武器呢？因为这一恶意宣传的目的并非只是干预我们的政治，甚至损害我们的公司，它的目的是制造社会分裂。他们要我们相互仇恨。如果这些叙事抹黑了我们在日常生活中在意的那些东西——我们穿的衣服，我们观看的体育赛事，我们听的音乐，甚至我们喝的咖啡，那么我们之间的裂痕就会更深。

我们都很容易受到操控。我们根据可利用的信息做出判断，但如果信息是经由中转间接获得的话，我们就容易被操控。随着时间的推移，我们的偏见可能不知不觉间就被放大了。我们当中有许多人都忘了这一点：我们在新闻推送和搜索引擎里看到的内容已经被算法挑选过，而算法的唯一动机就是选出能吸引我们，而不是启迪我们的内容。如今，大多数声誉良好的新闻来源都需要付费才能访问。我们已经看到，在一个假新闻不要钱的市场上，真实信息正在逐渐变成奢侈品。

上一次经济革命期间，工业资本主义拼命盘剥我们身周的自然世界。只有在气候变化到来后，我们才不得不正视这样做所带来的生态外延性。然而，在接下来的这轮资本主义中，原材料不再是石油或矿产，而是商品化的注意力和行为。在这种监视资本主义的新经济里，我们就是原材料。这就意味着，在一种新型经济刺激的驱动下，平台和用户间出现了严重的信息不对称。为了把用户行为转化成利润，平台需要了解用户行为的方方面面，而用户却对平台的行为一无所知。正如剑桥分析发现的那样，这为孵化宣传提供了完美的环境。

随着亚马逊智能音箱和谷歌智能音箱等家居自动化设备的诞生，我们向网络空间与物理现实的最终融合迈出了第一步。5G 移动网络和下一代无线局域网已经开始部署，为物联网成为新常态打下基础。到时候，所有的家用电器都会连上无处不在的高速互联网络。根据设想，这些普通的设备，无论是冰箱、牙刷，还是镜子，届时都会用传感器追踪用户在自己家里的行为，并把数据回传给服务提供商。亚马逊、谷歌和脸书早已为“互联家居”申请了专利，打算把家居物联网传感器和网络市场、广告网络和用户在社交媒体上的个人资料整合到一起。在这种未来世界里，亚马逊会知道你什么时候服用了一片阿司匹林，而脸书会看着你的孩子们在客厅里玩耍。

这个同智能信息网络完全整合的新环境有能力观察我们、思考我们、判断我们，并试图通过介入我们的信息获取渠道来影响我们——“它”能看到我们，但我们看不到“它”。人类有史以来第一次，我们制造出硅片精灵，然后沉浸于受其影响的目标明确的空间。我们的环境将既不消极也不良性，它会有自己的意愿、观点和打算。我们的家将不再是远离尘嚣的避难所，因为有灵异物会出没于每一个联了网的房间。我们正在创造这样一个世界：我们的家居会思考我们，我们的汽车和办公室会评判我们，门会变成看门人。我们创造了未来世界的魔鬼和天使。

这就是硅谷为我们所有人构想的未来——随时随地地包围我们。在剑桥分析追求信息优势的过程中，社交数据集从未能满足过它的欲求，它已经开始同卫星和数字电视节目供应商结交。进入联网电视领域后，剑桥分析还计划寻找途径把传感器和智能家居设备整合起来。想象一下这样的未来：剑桥分析这样的公司可以编辑你家电视机播放的内容，跟你的孩子交谈，还能在你的睡梦中向你低语。

我们的法律体系建立在我们所处的环境是消极的、没有生命力的这样一个概念的基础上。我们身周的世界可能会被动地影响我们的决策，但这种影响背后没有动机。大自然或者上天没有主动选择影响我们。几个世纪以来，法律对人性形成了几个根本性的假设。其中最重要的一个假设是人类的主观能动性在法律上无可辩驳——人类有能力自行做出理性和独立的选择。因此，世界不替人类做决定，但人类在世界里做出决定。

人类的主观能动性构成了刑事归责的哲学基础，而我们惩罚违法者时给出的理由是他们做出了应当定罪的选择。大楼着火的确会伤到人，但法律不惩罚那栋楼，因为它没有主观能动性。因此，人类法律管制的是人类行为，而非人类所处环境的动机或行为。由此衍生出的推论就是我们生而为人的基本权利。启蒙运动时期，人的基本权利被表述为保护人类行使主观能动性的核心权利。生存权、自由权、结社权、言论权、投票权和良知权都建立在人有主观能动性这一假设之上，因为它们都是主观能动性的产物。但主观能动性本身并没有被表述为权利，因为“人在能动性在”是历来的假设。同样，我们也没有可以对抗世界的主观能动性权，也就是说，我们不能违背环境的制约行使主观能动性。我们无法逆天而行，无法对抗有动机、会思考的空间对我们施加过多的影响，从而干预我们行使主观能动性。美国建国时，国父们从未想到过主观能动性会被有动机、会思考的环境操控。在他们看来，这是上帝的专属权力。

算法之间的眼球争夺大战就在我们面前上演。算法不仅能够改变文化，还能重新界定人类存在的体验。经过算法加强的参与度处于当今社会愤怒政治、单挑文化、自拍诱发的虚荣、技术成瘾和受损心理健康的核心。目标用户不断点击阅读，无法自拔。我们一厢情愿地认为自己不受外界影响或者没有认知偏差，因为我们想要可控的感觉，然而酒精、烟草、快餐和游戏等行业都知道我们其实是认知和情绪上的易感动物。技术行业也认识到这一点，所以才会研究“用户体验”“游戏化”“增长黑客”和“参与度”，像吃角子老虎机那样激活我们大脑里的“玩乐回路”和“可变强化程序”。到目前为止，这种“游戏化”尚且限于社交媒体和数字平台，但以后呢？要知道，我们的生活同网络化信息架构的融合日益加深，而设计这些架构的意图就是利用我们认知上的进化缺陷。生活在游戏化的环境里，爱好由它来设计，人生之路在游戏里展开，这真是我们想要的吗？

社交媒体根本的意识形态不是给人更多选择、让人更大程度地发挥主观能动性，而是缩小、过滤和减少选择，为社交媒体的创建者和广告主牟利。社交媒体把公民聚集到受监视的空间，由架构师来追踪他们、将他们分门别类，并利用对他们的了解来影响他们的行为。如果说民主制度和资本主义建立在信息可获得以及选择自由的基础之上，那么我们现在目睹的就是从内而外的颠覆。

我们冒险创造出一个沉迷于记忆的社会，但可能忽视了遗忘、向前看或者未知的价值。人类的成长需要私密的庇护所和自由的空间，这样我们才能在不影响自己公共生活的前提下实验、游戏、涉猎、保守秘密、偷尝禁果、违背诺言、思考未来的自己，直到我们决意改变自己的公共生活。历史证明，个体和社会的解放均始于私下探索。如果我们失去对自己隐私和个人发展的掌控，我们就无法长大成人，走出失败的情感关系的阴影，改正错误，丢掉旧有的观点、身体或偏见。如果我们的选择受到监控并且经过过滤，我们就没有选择自由。如果我们无法摆脱过往的自我、对自我的认知和自我呈现在他人面前的样子，我们就无法成长和改变。如果我们所处的环境一直在观察我们、记录我们，根据不在我们控制范围之内的条件或价值观给我们贴标签，那我们的数据自我可能会把我们束缚在我们更希望抛诸脑后的历史中。隐私权是我们自主决定自己是谁、想做什么样的人的关键。隐私不是隐藏——隐私关系到人类的成长和主观能动性。

不过，这一切不只是关于保护隐私或者要求企业征求用户的同意。这还关于谁影响了我们以为的真理和我们身边人心目中的真理，关于我们正在围绕我们的社会建设的操控性架构。这就是剑桥分析给我们的教训。为了理解社交媒体的危害，我们必须首先理解它是什么。脸书向用户宣传自己是一个“社群”，向监管机构称自己是一个“平台”，但它不是一种服务，正如一栋建筑物不是一种服务那样。即使你无法精确理解网络空间的运作机制，你也得明白你身处它的包围之中。每一台联网设备和电脑都是互联互通的信息架构的一部分，它塑造了你对世界的体验。多数硅谷企业里最常见的职称是工程师和架构师，而不是客户服务经理或客户关系专员。但技术企业的工程师跟其他行业的工程师不一样，他们无须在发布产品前进行安全测试，证明它符合所有的建筑法规。正好相反，平台可以采用暗黑模式设计，蓄意误导用户，使其持续使用该平台并献出更多数据。技术企业的工程师故意在平台上设计出一个又一个的迷宫，让人们不断往迷宫深处走，却不知出口在何方。而用户通过不断点击行走在迷宫中的时候，这些工程师正在因“参与度”的提升而雀跃不已。

社交媒体和互联网平台不是服务，而是架构和基础设施。它们给架构贴上“服务”的标签，是为了让消费者担责，因为后者使用前都点击过“同意”。然而没有任何其他行业会让消费者背负这个重担。航空公司没有要求乘客“接受”飞机的工程设计，酒店没有要求住客“接受”酒店的出口总数，人们也没有在喝饮用水前“接受”过水的纯净度。我以前爱泡吧，所以我有资格告诉你，要是酒吧或音乐会现场的人数超过上限，明显处于不安全的情况下，消防检查员会命令那些同意服务要求的客人离开。

脸书可能会说：要是你不喜欢它，就不要用它。可互联网上除了它们这些巨头，没有可比的替代平台，正如电力、电信和自来水公司往往都被垄断一样。弃用谷歌、脸书、领英和亚马逊这些平台形同将自我放逐到现代社会之外。你怎么找工作？你怎么获取信息？你怎么跟人社交？这些公司老是喜欢谈消费者选择权，但它们对自己的能力心知肚明，它们已经成了大多数人的生活中所不可或缺的一部分。让用户在字数堪比一部中篇小说的密密麻麻的法律措辞（脸书的使用条款和条件有近 12,000 字）下面点击“接受”只不过是强行灌输同意。这些平台都是专门这样设计的，为了把用户同意捣成一团糨糊。没有人选择退出这些平台，因为用户别无选择，只能接受。

脸书禁止我使用其平台时，不仅停用了我的账号，还抹去了我在脸书和照片墙上的所有痕迹。我的朋友们试图查找我发送的历史消息，但什么也查不到：我的名字、我写下的文字——一切的一切——都不见了。我变成了一个影子。古代社会用放逐来惩罚那些危及国家权力或教会权力的罪犯、异教徒和政治激进分子。古雅典可以使用任何理由放逐一个人十年，而这个人没有上诉的机会。在斯大林时期的苏联，国家公敌本人消失还不够，所有他们存在的残余物——照片、信件、新闻报道——都会从官方编年史中删除、清洗。纵观历史，强权者将社会记忆和集体遗忘作为高火力的武器，用于打压异议、篡改历史，从而塑造现实。如果我们想搞懂这些技术企业的行为，就应当听听建造这些公司的人说的话。脸书、帕兰提尔和贝宝（PayPal）背后的风险资本家彼得·蒂尔曾经详细地讨论过他为什么不再相信“自由和民主可以相互兼容”。在阐述他对技术企业的看法时，他解释了首席执行官怎样成了技术封建治理体系下的新君主。他说，我们只是不在公开场合称他们为君主，因为“任何不属于民主体制的东西都会让人不安”。

权威主义的哲学基础在于为社会创造百分之百的确定性。确定性政治把自由这个概念从“摆脱……的自由”重新定位为“从事……的自由”，用严格的规则和法律来强行管理和塑造政体内的行为、思想和行动。权威体制的首选工具历来都是信息控制——这既包括通过监视公众收集信息，又包括利用自有媒体将信息过滤给公众。互联网刚刚起步时似乎对权威体制构成了挑战，但后来降生的社交媒体逐渐发展出各种架构来迎合权威体制的需求：监视和信息控制。只有在大众习惯新常态，并对新常态麻木之后，权威运动才有可能得势。

互联网冲击了有关法律和法律所治理的政体的原有假设。互联网既无所不在，又无影无踪——它依赖服务器和电缆这类实物，但没有一个主要的居住场所。这就意味着在一定程度上，一个数字行动可以同时发生在全球无数个实际位置上，或者发生在一个地方的行动会在另一个地方产生影响。这是因为互联网是一种超级对象，它像气候和生物圈一样包围着我们，而我们就生活在其中。技术社群经常把它们的平台称为“数字生态系统”，这等同于默认这种系统是一个数字容器或王国，我们至少有部分人生在其中展开。我们看不见它，摸不到它，但是因为它的影响，我们知道它就在身边。

我经常听到不熟悉数字犯罪的警方调查人员打错比方，声称他们要找到“凶器”“埋尸地”和线性“因果链”。其实数字犯罪往往不会发生在某一个特定的地点。数字犯罪常常表现得像污染——到处都有它，但又哪里都没它。数据完全可以被替代，完全无形，因为它不过是信息的一种表现形式。它可以被同步存储在世界各地的分布式服务器上；就算它存储在某个地方，也绝不会只有那一个栖身之所。甲国的服务器处理的来自乙国的数据对象可以被丙国的人访问，注册在丁国但资金来自戊国的一家公司发出指令后，这些数据对象又可以被部署到己国。剑桥分析的设置就有这么复杂。即使严重的损害已经造成，例如黑客入侵、数据失窃、恐吓威胁或欺骗，但到底该向谁问责却很难厘清，而我们现有的评估罪责的体系完全爱莫能助。

我们喜欢把我们的政府比作船长，然而在大海本身发生变化之时，我们的船长可能发现他们自己毫无准备，无法继续掌舵航行。2018 年 7 月，英国选举委员会判定“投票脱欧”违法，因为它不顾法律的制约，与 BeLeave 协同拉票。2019 年 3 月 29 日，英国脱欧内幕曝光一年后，“投票脱欧”团队正式放弃对选举委员会的调查结果和罚款决定进行上诉，这等同于承认违法。有人曾经问过：“区区 70 万英镑，为什么我们要这么在意？”这一点我们一定要分清楚：“投票脱欧”所采取的方法是英国历史上已知的规模最大的竞选经费违规行为。即便它的规模不是最大，竞选也还是同奥运会 100 米赛跑一样，是零和博弈，赢家通吃。谁先抵达终点——就算没多出几张选票、没跑快几毫秒，谁就赢得整场比赛。赢家担任公职。赢家拿到金牌。赢家有权任命最高法院大法官。赢家可以让你的国家脱离欧盟。

当然了，竞选和奥运会 100 米赛跑有一个差别。如果你在奥运会上作弊，你的比赛资格会被取消，你拿到的奖牌也得归还。没有所谓的那个服用兴奋剂的运动员“不服药也会赢”的论调——体育诚信要求比赛公平公正。可是在政界，我们从不将诚信假定为民主必要的先决条件。比赛作弊的运动员受到的惩罚比竞选作弊的团体受到的惩罚严重得多。虽然投票脱欧的票数只比投票留欧的票数高出了 3.78%，但英国脱欧分子依然声称他们代表了“民众的全部意志”；而且就算普选票数比希拉里低 2.1%，特朗普也照样宣称自己取得了胜利。尽管作弊行为已经被证实，可“投票脱欧”保住了英国脱欧这块奖牌。没有人被禁选，“投票脱欧”的两位领导人鲍里斯·约翰逊和迈克尔·戈夫均得以竞选英国首相。政治阶层不把破坏我们民主体制的罪行看成“真正的罪行”。他们中有许多人将这些违法行为等同于违章停车罚款，虽然犯罪分子和敌对国因此得以轻易地破坏我们的公民制度，在我们的社会里大搞选举恐怖主义，给我们带来实质性的伤害。当然了，英美两国最有权势的人认为这些罪行根本没有发生过——它们只是“恶作剧”，是因为落败而愤愤不平的对手的把戏。他们把“事实”和“现实”抛到脑后。

你可能以为，蓄意黑进一位世界领导人的私人邮箱和病历、贿赂过政府部长、敲诈过目标对象、用险恶恐怖的谋杀和威胁视频给选民洗脑的公司应当受到法律的制裁。然而，参与剑桥分析非洲项目的人个个都安然无事。建立司法管辖性（jurisdictionality）——某个罪行是否有“可观”比例发生在英国，因而可以在英国法庭起诉——太难了。剑桥分析的服务器遍布世界各地，会议地点在不同的国家，黑客们常住他国。剑桥分析只在伦敦接收黑来的材料，却未曾要求黑客提供在英国黑来的材料。虽然有若干目击证人，但剑桥分析还是逃脱了。事实上，尼日利亚项目的一个经理后来当上了英国内阁外交项目的高官，跻身英国政府最高层。

在美国，剑桥分析也安然无事。该公司明知故犯，任意践踏《外国代理人登记法》。它展开行动压制非裔美国选民。它欺骗脸书用户，用令人作呕的内容恐吓他们。它把美国公民的数亿条私人记录泄露给敌对国。然而，剑桥分析毫发无损，因为它是专门为了司法套利[①]（jurisdictional arbitrage）而建立的。偷税漏税者通

① 转移某间办公室、某家工厂或其他某个实体，以使其处于不同监管机构的管辖下，来获得更宽松的管理，从而获利的行为。

常会在世界各地的热带岛屿上建立空壳公司，通过十分复杂的国家链和公司链来洗钱。由于每个国家和公司都有自己独特的规则，所以官方很难追踪钱的流向。这可能是因为钱和数据一样，是一种完全可以替代的资产，可以在全球金融体系里被瞬间移动。剑桥分析利用复杂的公司设置不只是为了洗钱，还为了洗另外一种越来越有价值的东西：你的数据。

在英国，AIQ 也没有受到制裁。在桑尼和我披露了“投票脱欧”蓄意违反法律规定、利用 AIQ 超出竞选开支上限，并将其用作剑桥分析目标定位的隐秘代理的证据之后，它就成了英国脱欧讨论中明明存在却被刻意回避的问题。英国已经正式发出脱离欧盟的通知。本来就是险胜的脱欧决定可能受到系统欺骗、数据泄露和外国干预的影响，但官方有意忽视这一点，因为如果正视它的话，波及面会广到无法想象。如果同样的事情发生在肯尼亚或尼日利亚，英国观察员早就敦促着重新投票了。

其他的英国制度也失败了。英国广播公司的高管从《卫报》那里得到消息，在《卫报》正式曝光剑桥分析几周前就拿到了所有证据，但他们在《卫报》发表前几天决定放弃报道，唯恐争议太大，转而在第四频道的曝光播出前采访亚历山大·尼克斯，却没有在采访中收录任何来自吹哨人的评论。后来我受邀在英国广播公司的王牌晚间新闻节目《新闻之夜》出镜。主持人想方设法地打断我，因为我说“投票脱欧”的违法行为，包括利用违规资金定向传播几十亿条脸书广告，只是我的众多“指控”之一。但事实上，英国选举委员会早已确认了此事。我屡屡被打断，沮丧不已，困惑不解，就同主持人争论什么是“事实”。我还指出，在英国法律机构已经公开裁决的情况下，英国广播公司还不许我说“投票脱欧”违反法律，也不许我说违法活动就在脸书的眼皮底下展开，这实在是匪夷所思。

英国国家犯罪调查局突然中止了对俄罗斯干预英国脱欧公投的调查，哪怕它已经收到了有关俄罗斯驻英大使馆和“离开欧盟”之间往来的证据。后来，英国首相拒绝否认她下令中止了对英国脱欧的调查。英国议会没有对发生在英国脱欧公投期间的欺骗行为进行质询，而且我在美国国会做证时回答英国脱欧相关问题的时间比在英国议会还长。虽然英国议会没有进行质询，但加拿大国会开始调查 AIQ 在英国脱欧过程中扮演的角色，协助英国官方迫使 AIQ 回答问题。AIQ 是加拿大企业，所以成功避开了英国司法的管辖。

结果证明，欺骗是一种相当不错的制胜战略，因为欺骗的代价非常小。英国选举委员会后来承认，即使是非法数据或违法资金造成了脱欧方取得公投胜利，公投结果也仍然有效。脸书拒绝交出英国脱欧期间发生在其平台上的活动细节，也不肯透露非法竞选团队对多少选民、何种类别的选民进行了画像和定向传播。马克·扎克伯格三次拒绝去英国议会做证。代表六大洲将近十亿人民的十五个国家的议会联合起来要求向扎克伯格发问，电话作答都可以，但他照样拒绝，还拒绝了两次。看来，扎克伯格的时间比代表将近七分之一人类的立法机关的时间还宝贵。脸书发现，除了媒体充满怒气的抨击，对世界各国的议会置之不理并无多少不良的后果，这家公司认识到，它的确可以表现得像个主权国家，不用接受他人的审查。最终，脸书派出首席技术官迈克·斯科洛普夫去接受英国议会的质询，但根据委员会事后发表的声明，他未能提供四十个问题的完整答案。然而，他的表现最能揭示的一点或许就是脸书这家公司并未悔悟。有议员问斯科洛普夫，脸书得知消息后的第一反应是发律师函威胁记者，这种行为算不算霸凌。这名首席技术官回答说："据我的理解，这是英国的惯例。"议员们不敢相信自己的耳朵，在他们的穷追猛打下，斯科洛普夫勉强让步，最终道歉，说他"很遗憾让记者们感到我们正在试图阻止真相大白于天下"。

在这部传奇中，许多人本应受到正式制裁，不过令我伤心的是，只有很少几个人接受了处罚，其中就有"投票脱欧"团队的22岁实习生达伦·格兰姆斯。虽然他身不由己，但根据古老的立法，他对选举违规负有责任。英国选举委员会罚了他两万英镑，并把他的案子移交给警方。他后来上诉成功，但选举委员会还可以反诉。"投票脱欧"团队被罚了61,000英镑，部分原因是他们拒绝同监管机构合作。"投票脱欧"放弃上诉，所以至少这个制裁还在。

目睹格兰姆斯的遭遇让人心痛。因为别人的蓄意谋划，他的人生被撕毁。我们曾经希望他能同桑尼、盖特尔森和我一起站出来，但格兰姆斯始终坚持为别人想出的这个方案辩护。每次桑尼提起这个话题，他就会惊慌失措，情绪失控，不愿意接受他被自己信任的人利用了这一事实。格兰姆斯从一开始就是被内定为替罪羊而参与其中的，他真可谓是"投票脱欧"所需要的理想人选。格兰姆斯之所以为老东家的行为辩护，是因为他是被控制了的受害者。他们以替格兰姆斯支付律师费为由，把这个有天分、有艺术气质的自由派学生改造成了另类右翼事业的“托儿”。

新闻曝光几周后，沙米尔·桑尼供职的智库“纳税人联盟”（TaxPayers' Alliance）在保守党顾问向其施压后解雇了他。该联盟后来向桑尼的律师承认，他们违法解雇桑尼是为了报复他们所谓的桑尼的哲学信仰——“英国民主神圣不可侵犯”。虽然英国议会对帕金森在唐宁街10号任职一事有过几次质疑，但帕金森保住了这份工作，没有为利用首相新闻办公室迫使他的前实习生出柜一事承担后果。特雷莎·梅辞去首相职位之前，把帕金森的名字放在待授勋者名单中，举荐授予他贵族头衔，让他进入上议院。加入上议院后，帕金森将有权投票表决法案并领取终身津贴。向大西洋两岸的当局提供过证据的马克·盖特尔森被迫离开他所供职的手机应用程序公司，因为公司担心他的吹哨行为会影响声誉。

2018年3月，就在剑桥分析员工得知公司即将垮台之前，据称亚历山大·尼克斯清空了公司的银行账户，卷走600万英镑，致使员工领不到遣散费。他后来在议会矢口否认这一点，说取钱是为了支付“已经提供给公司但未入账的服务”，还说他有意归还部分款项。尼克斯许多出没于蓓尔美尔街那些私人俱乐部的前商业伙伴和同侪都回避他，但他很有钱，可以一如既往地住在伦敦荷兰公园的豪宅里，靠遗产生活。除了出席议会公开听证会的难堪，他并没有受到太大影响。在听证会上，他把公司的垮台怪在了“全球自由派媒体”上。

在我站出来曝光剑桥分析后，布里塔尼·凯泽重塑自己的形象，把自己包装成吹哨人，还雇用了一个公关经理为她安排采访。

在英国议会的一次听证会上，她承认参与过尼日利亚项目，说剑桥分析可能保留了脸书数据，还概述了她和朱利安·阿桑奇的关系。（后来我们得知她曾经去厄瓜多尔驻英大使馆拜访过阿桑奇。）凯泽刚做完证，尼克斯就发短信给她："干得漂亮，布里塔尼。看上去很艰难，但你干得不错。"第二天，她飞往纽约，在那里召开新闻发布会，宣传她全新的数据项目，启动了一个据称能给我们带来"数据自由"的叫作"价值互联网总账本"（Internet of Value Omniledger）的东西。

剑桥分析的其他几个高管同凯泽一样，各自创建了他们自己的数据公司。剑桥分析的前产品负责人马特·奥茨科斯基给他的公司起了一个拉丁文名字——Data Propria，意为"个人数据"，还请到了原剑桥分析的首席数据科学家戴维·威尔金森与他共事。这家公司表明将会重点研究动机性行为触发因素，而且已经开始为唐纳德·特朗普2020年的美国总统竞选团队工作。剑桥分析前总经理马克·特恩布尔和公司的另一个前员工艾哈迈德·哈提卜一起创立了"鸟卜者国际"（Auspex International），声称这是一家"遵守道德的""小而精的地缘政治咨询公司"。

最让我感到遗憾的是杰夫·西尔韦斯特。得知他和AIQ做过的事，我愤怒沮丧到无以言表。我十几岁的时候，他是我的导师，还引我进入政界。他支持过我，鼓励过我，培养过我，我才得以成长。我实在不明白他怎么会坚持为如此错误、如此富有殖民主义色彩、如此违法、如此邪恶的事情工作这么久。我试图劝说他，让他向《卫报》敞开心扉，但失败了。他本来可以坦白的。他本来可以同调查人员合作的。他知道AIQ的所作所为是错误的。他知道他的工作对一整个国家的未来和数以百万计的人民的权利产生了深远影响。在深厚友情和举报犯罪行为之间做选择是一种折磨，因为无论你选了哪一个，你都会深感后悔。但我别无选择，只能背叛他。在《卫报》向所有即将在报道中受到指控的当事人发出意见征询信的那一天，我整天都痛苦不已，焦虑不安地等待着最新消息。西尔韦斯特收到意见征询信后才得知我最终做出的选择，开始意识到自己即将面临什么。他最后发给我的短信只有一个字——“哇”。

第一次步入议会听证会，听到频繁按响的快门声和大喊着说出的提问时，我出乎意料地镇静。艾伦坐在我后面，偶尔递给我一张写有法律意见的纸条。我们已经准备了很久，一起检查过所有证据，而且我还有议员特权的特别保护——我在听证会上说的任何话都不会被用在民事或刑事诉讼上。这次听证会引起了全世界立法界的关注。英国数字、文化、媒体和体育委员会主席达米安·科林斯开始安排十五个国家议会的联合听证会。下议院进行了若干次辩论，各党派都支持对社交媒体进行监管。有那么几个月，英国似乎站在挑战硅谷权力的前列。

然而到了 2018 年 10 月，在剑桥分析丑闻震动脸书七个月之后，脸书宣布了一项重大任命：从外界招聘了一个负责向世界各国政府道歉的高管。这个全球公共关系顾问就是尼克·克莱格，自由民主党前党魁，英国前副首相，也是当年我在自由民主党总部工作时的上司。具有讽刺意味的是，克莱格曾经发誓他宁可坐牢也不愿意在一个试点性的全国公民身份数据库里注册。不过，这家伙担任英国副首相的那五年事实上就是接连不断地道歉的五年，因为他违背了许多重要的承诺。我想得越多，就越觉得他和脸书是天作之合。扎克伯格和克莱格的成功事业都建立在违背原则的基础上，这两人都因为忽视对用户或选民的诺言而在公信力方面遭受灾难性打击，而且他们也都在2010年失去人格魅力。克莱格的任命宣布后，第四频道在镜头前采访我的感想，我能想到的只有“这是狗屎”。他们播出了我的评论，不过用“哔”声盖住了我的脏话。

2019年5月24日，首相特雷莎·梅宣布了辞职意向。为了争夺党的领导权，保守党内硝烟弥漫。在英国，如果首相任期未满就辞职，按惯例，不必进行大选，而是由女王陛下直接任命执政党的新领袖为首相。这就意味着党内的幕后人士、金主和交纳党费的党员可以绕过选举，在他们自己人中选出英国的领导人。7月23日，保守党决定英国新首相是前外交部部长、无协议脱欧（常被称作“硬脱欧”）的主要鼓吹者鲍里斯·约翰逊。约翰逊组阁时任命他在“投票脱欧”的前同事多米尼克·卡明斯为唐宁街10号新任高级顾问。似乎无人在意这样一个事实：卡明斯领导的“投票脱欧”通过舞弊影响了英国脱欧公投的结果，而这个结果在约翰逊执政后成为英国几乎不惜任何代价都要脱离欧盟的“民主制度”的基础。从内阁流出的文件披露，约翰逊的顾问们在新政府成立之后立即开始计划暂停议会。暂停之后，议员们就无法彻查他们的脱欧方案了。不过，这种逃避民主审查的做法一点都不让人吃惊。就在宣布卡明斯的任命前几个月，他因为拒绝应召前往议会回答有关在脱欧公投期间作弊和散布假新闻的问题而被判藐视议会。虽然卡明斯是下议院历史上全票通过对其进行正式训诚的极少数对象之一，但议会权威的有限性这次得以暴露。卡明斯似乎没有受到多大影响，甚至在任职高级顾问后还拿到了议会通行证。除了卡明斯，约翰逊政府还任命“投票脱欧”前首席执行官暨纳税人联盟联合创始人马修·埃利奥特为英国财政部特别顾问。纳税人联盟就是那个在桑尼吹哨后为报复而解雇他的游说团体。看起来，“投票脱欧”接手了英国政府。约翰逊首次赴下议院参加首相问答时，反对党议员问他，2016 年 12 月，身为外交部部长的他同剑桥分析首席执行官亚历山大·尼克斯会晤时讨论了什么。约翰逊只回答了一句话：“我不知道。”

在剑桥分析任职期间，我近距离地感受到了贪婪、权力、种族主义和殖民主义。我看到亿万富翁试图把世界塑造成他们想要的样子。我窥见了我们这个社会最离奇、最阴暗的角落。身为吹哨人，我目睹大企业为了保住利润所做的肮脏之事。我看到有人为了维持于己方便的叙事掩盖他人的罪行，没有下限。我看到挥舞“爱国”大旗的人在对一代人来说最重要的宪法问题上无视违反法律的行为。但我也看到还是有人在乎的，他们在同这个失败的体系抗争。我看到《卫报》《纽约时报》和第四频道的记者奋力揭露剑桥分析所犯下的罪行和脸书的无能。我看到我才华横溢的律师运用策略挫败每一个针对我的威胁。我看到站出来支持我但不求回报的人的善意。我看到坐落在威姆斯洛教区小镇的英国信息专员办公室不遗余力地挑战美国的技术巨头，最终对脸书开出与数据泄露相关的法律所允许的最高金额的罚单。

我也看到有国会议员关注我们已经进入的这个美好的新世界，急切地希望了解更多。我同律师和桑尼在美国众议院情报委员会做完证后从敏感信息隔离设施出来的时候，委员们同我握手，亚当·希夫议员及其助理一路送我们到安检入口。他们非常亲切，感谢我飞来美国帮助他们理解剑桥分析以及社交媒体平台对美国选举构成的新兴风险。这是我在美国最后一次做证，但感觉一切都远未结束。

2019 年 7 月 24 日，联邦贸易委员会对脸书开出创纪录的 50 亿美元的民事罚款。同一天，证券交易委员会发出通知，追加一亿美元的罚款。监管机构判定，脸书不仅未能保护用户的隐私，还发布不实声明，在明明已经掌握不正当行为证据的时候声称没有证据，从而误导公众和记者。这是美国政府历史上征收的最大金额的罚款之一。事实上，这是美国企业因为侵犯消费者隐私权而被征收的最大金额的罚款，比此前世界上最大金额的隐私或数据安全罚款高出 20 倍。然而，投资者却认为这是好消息。消息公布后，脸书的股价涨了 3.6%。市场默认，即便是法律，也阻止不了这些技术巨头的增长。

如果我不承认我现在比刚踏上这段旅程时更加愤世嫉俗，那我就是在撒谎，但是我并没有听天由命。如果说有什么区别的话，那就是我比以前还要激进。我曾经以为我们的社会体系基本运转良好。我曾经以为有人制定过预案，万一发生了剑桥分析这样的问题，知道该怎么应对。我错了。我们的体系崩坏，我们的法律失灵，我们的监管机构软弱无能，我们的技术在篡夺我们的民主制度。

所以我必须学着发声，让世人听到我的见闻。我充满希望，因为我已经体会到发声的力量。《卫报》推出系列报道时，许多记者认为这不过是一连串的阴谋论而已。硅谷的技术巨头对他们应当受审查的说法嗤之以鼻。华盛顿和威斯敏斯特的政客说这是“小众”报道。我能成功发声，多亏了负责《卫报》艺术和文化版面的女性团队和同意刊登这一轰动性报道的周日报纸《观察家报》的坚持，多亏了英国信息专员办公室和选举委员会负责调查的女性的关注，多亏了一个女律师坚定不移地站在两名移民身份的同性恋吹哨者身后。在具有奉献精神的女性、移民和同性恋者的引领下，这个新闻报道唤醒了公众，向他们揭示了硅谷和硅谷巨头所创造的包围了我们的数字技术所悄悄推行的殖民主义的力量。我们坚持发声，直到整个世界都彻底醒悟。

作为同性恋者，我们很早就认识到自己存在于常态之外。我们密闭柜中，默默无闻，隐瞒真相，直到有一天再也不能忍受。密闭柜中的体验非常痛苦。这是我们加诸自身的情感暴力，抑制自己，从而不让周围的人不安。同性恋者对权力体系深有体会，而出柜是我们说出真相的变革性行为。出柜让我们认识到，把我们的真相讲给那些不一定愿意听的人非常有用。我们拒绝他们的宽慰，我们让他们倾听。为什么这么多同性恋者在骄傲大游行上吹口哨？是为了引起你的注意，是为了公开宣布我们不再隐藏，是为了对抗强大的霸权。而且和许多在我之前出柜的同性恋者一样，我必须接受我自己的真相，必须坦然面对我永远也符合不了社会对完美男人的期待这一事实。

我是一个同性恋吹哨人，而且这是我第二次出柜。因为保密协议的束缚，我被迫带着那些令人不安、遭人反感的真相再次进柜。这两年，由于强权企业的威压，我被迫过着“不许问，不许说”的生活。只要我不想自食其果，我就不能向他人透露我是谁。我是强权企业的小秘密。但和其他出柜的同性恋者一样，我讲真话，我决定不再捂住这些令人不安的真相，不再三缄其口，不再躲藏，不再当大公司的小秘密，直面后果，向世界喊出这一切。

这个密柜不是字面意义上的空间，它是我们同性恋人士内化并遵守的社会结构。他人强行规定了这个容器的边界，试图控制你的行为和你呈现给世人的面貌。这个密柜看不见也摸不着，作为默认模式强加在你身上，你毫无选择，听凭他人打造出一个更加赏心悦目的你——为了他们的利益，而不是你的。在密柜里长大意味着逐步学会如何在社会上伪装自己——了解哪些走路姿态、语调、表达方式、视角或愿望的表达会违背强加在你身上的社会规范。同性恋小孩慢慢学会了抑制自己的行为，直到这种抑制差不多变成第二天性，直到他们伪装成功。这些改变可谓日积月累，甚至有时候直到你决定出柜那一刻你才注意到自己的行为变化有多大。出柜需要接受这样一个事实：你的自我有很大一部分是在密柜里被动构建出来的，是在你不知不觉或未经你同意就强加给你的。这种醒悟可能让你痛苦。你在密柜里向社会求和，来换取伪装。然而怒火也在密柜里燃烧，社会设定的边界和限制逐渐让你窒息，直到你再也忍受不了这个囚笼。

出柜就是为了摆脱他人强加给我们的定义。自我定义是一种极其强大的能力。不管威胁这种能力的是社交密柜还是算法密柜，任何出于私利而寻求力量来对我们下定义或做分类的人或事，我们都必须抵制。硅谷在为每个人建造个性化空间的同时也冒着创建身份新霸权的风险。这些个性化空间其实就是定义我们身份、表达方式和行为的新密柜。算法在采集并处理你的数据后决定怎么定义你、把你分到哪一类、应该让你注意到什么，以及谁应该注意到你。然而，在一个为了更好地表达你的真我而对你进行界定的算法和一个为了创造自我实现的预言，把你打造成它认为你应该成为的人而对你进行界定的算法之间，只有一线之隔。

人们早已开始按照机器对他们的期许进行变形。我们当中有一些人在社交媒体上精心策划自己的形象，来增加他们粉丝的参与度，以至于真我和网络上展现的我相互交杂，无法分辨。而有的粉丝看多了这些精心策划的身份后，会憎恨自己的身份或样貌，为了让身材符合流行新标准而不惜节食。还有的粉丝点开算法推荐给他们的链接，被那里的内容吸引，在个性化的兔子洞里越坠越深，连世界观都被不知不觉地改变。如今，我们在网上买的东西是某个外物根据我们的画像推荐给我们的。我们求职、买保险、申请抵押贷款能否成功，我们的个人信用分有多高，都是某个外物根据我们的画像决定的。我们看的电视节目、觉得好听的音乐也是某个外物根据我们的画像预先筛选出来的。随着物理世界和数字世界不可避免地融合，我们的人生有越来越大的比例将不受我们自己的控制，而是被某个外物界定。所以，如果我们想抵制由某个外物来界定我们未来的人生，我们可能全部都得“出柜”，否则某人或某物会把我们锁在柜中。

2019 年 5 月 23 日，我清晨 6 点就醒了，这个时间对我来说有点早。房间里亮堂堂的，温度上升，初升的阳光透过窗帘照了进来。我讨厌早起，所以盯着天花板躺了一会儿，然后朝窗外看逐渐有了人气的街头。跟我交往的一个人昨晚留宿了，所以我得小心翼翼地下床，这样才不会发出声音。这天是英国的选举日，或许是英国最后一次参加欧洲议会选举。我的投票卡上写着投票将于早晨7点开始，所以我想悄悄溜出去，跑到我所在选区的社区中心去投票。

我迈着有点夸张的大步轻手轻脚地走到梳妆台旁边，抓起在地上堆成一团的牛仔裤和T恤。这件T恤是英国设计师凯瑟琳·哈姆内特送给我的。柔软的黑色棉布上印着加粗的白色文字："现在就进行第二次公投！"今天必须穿这件T恤，我想。我伸手从抽屉里拿出手机，一有信号，它就响个不停。来了好多信息。

哦，天啊，我心想。我转身去看有没有吵醒他。他呻吟着把脸蒙进枕头里，问我怎么这么早就起了。我只说因为我想去投票。他坐了起来，一边傻笑一边转眼珠，还问今天对我这样的人来说是不是就像圣诞节。我告诉他不是的，我想早点去，在那些记录谁投了什么票的投票监督员抵达前把票给投了。我不想再跟英国独立党或者脱欧分子做斗争。我已经被叫作叛徒，还有人把我推到车流里，但我不愿意投票被人阻挠。

这天并不像圣诞节，而且我一点也不兴奋。这是悲伤的一天，因为我从心底里知道，我参加的不是真正的选举——这只是英国按计划脱离欧盟前的最后一次演出的一部分。虽然选举委员会判定"投票脱欧"违规，国家犯罪调查局还在调查，议会召开过听证会，《卫报》也连续一周曝光了唐宁街内部的掩盖行为，但英国政府仍然拿着欺骗得来的指令决意脱欧。

我的信箱里塞满了传单和小册子。我还以为阿伦·班克斯或者“离开欧盟”会给我寄点荒谬的东西，比如卷好塞进俄罗斯伏特加酒瓶的英国脱欧传单什么的，因为他们很喜欢挑衅我和《卫报》记者卡萝尔·卡德瓦拉德。可是没有，信箱里都是普通的传单。绿党的，自由民主党的，英国独立党的。托利党和工党出于某种原因没有分发传单。我摊开自由民主党的传单，想看看他们这次用了什么数据，有没有向我定向传播什么信息，结果没看出来。这只是又一份瞎扯淡的传单。

我抬头看了看大堂上方正看着我的监控摄像机，然后离开大楼。我步行走过邻近的几条街，古旧的乔治式联排房屋中间夹杂着几栋公寓楼。天气晴好，阳光明媚。清新的晨间空气让人精神一振。我拐进一条商业街，除了一家咖啡馆，别的商店都还没开门。我走进咖啡馆，要了一杯咖啡，上面加一点豆奶。等咖啡的时候，我看了看其他顾客。他们都站着看手机，不断下拉屏幕，查看内容，并与其互动。我就站在他们旁边，可他们人在店堂，心却完全沉浸在数字世界中。老实说，被禁用社交媒体前，我也跟他们一样。但自从没了社交媒体，我发现自己下拉屏幕的次数少了，发帖少了，拍照也少了。我还有一个推特账号，不过很少用。我不再一个人在人群中连续几小时地浏览屏幕。我或许生活在这些数字世界之外，可至少我在这个世界上的存在感更强了。拿好咖啡，我出了店门，走向社区中心。街道两边绿树成荫，树干上挂着白色的大标牌，上面刷着黑色的“投票站”字样。我在离投票站还有一定距离的地方停下脚步，观察四周，但还没有哪个党派的人在社区中心外面徘徊。于是我走进社区中心，跟着指示牌一路沿走廊来到一个朴实无华、未经装饰的房间里。那里面散落着一个个用硬纸板搭起来的投票间，还有一些不带橡皮头的小铅笔。

投票站的书记员抬头看了看我，问我叫什么名字。她快速翻动纸质名单，用铅笔把我的名字画掉。就那么简单——不用看身份证，也没有电子设备。她递给我一张看起来有一米长的候选人名单，让我选伦敦派往欧洲议会的代表。选票只比报纸厚一点点，但我拿着它，想着投票这个举动看起来如此实在，可为了让选民在薄薄的一张纸上打个叉这么一个简单的举动，网上又有过多么复杂的活动。我把选票投进投票箱，希望这不会是最后一次。

后记

对监管的思考：致立法者

如果要防范另一家剑桥分析攻击我们的公民制度，我们必须改进孵化出这家公司的有缺陷的环境。各国的国会和议会长期以来一直错误地认为“法律跟不上技术”。而技术行业很喜欢复述这个观点，因为这常常会让立法者自以为蠢笨脱节，从而不会挑战他们的权力。然而，法律有能力跟上技术，正如它之前驾驭了医药、土木工程、食品标准、能源和无数其他技术性很强的领域那样。立法者不必理解一款抗癌新药里的同分异构体就能创建有效的药物审批流程，不必知晓高压线里铜线的传导性也能制定有效的绝缘安全标准。我们不指望立法者掌握所有领域的专业的技术性知识，因为我们把技术监督的责任移交给监管者。监管之所以有效，是因为我们信任专家，相信作为公共安全守护人的他们能妥善调查相关产业及技术创新。“监管”可能是最不迷人的词语之一。一提起它，人们就联想到一群毫无个性、按部就班、视核查清单为至宝的人，而且我们总是觉得他们制定的规则不完美，挑剔其中的细节，但尽管如此，安全标准总的来说是有用的。你去杂货店买吃的，去医生那里看病，或者登上飞机，飞向几千英尺的高空时觉得安全吗？大多数人会说安全。你觉得自己需要想想其中涉及的化学物质或者工程技术吗？或许不需要。

技术企业不可毫无约束地追求快速行动，破除陈规。公路限速是为了降低行驶速度，保障人身安全。既然制药实验室或航空航天公司不得在通过安全和效力测试之前上市新发明，那为什么数字系统不经审查就能上市？为什么我们允许技术大公司进行大规模的人体实验，结果意识到问题太大，无法掌控？我们已经看到，激进化、大规模枪击案、种族清洗、进食障碍、睡眠习惯改变、对民主的大规模攻击等都受到社交媒体的直接影响。这些可能是看不见摸不着的生态系统，但它们给受害者造成的伤害却是实实在在的。

规模就是房间里的大象，人人都看得到，可人人都避而不谈。硅谷高管为自己找借口，声称他们平台的规模实在太大，所以很难防止有人在平台上传播大规模枪击事件，也很难阻止有人在平台上煽动别人进行种族清洗。这不是借口——他们间接承认了自己创造出来的东西大到他们自己都管不了。然而，这也间接表明了他们相信，他们从这些系统中牟利的权利高于其他人承担的社会代价。有人在脸书平台上直播发生在新西兰的大规模枪击事件，脸书得知后说："我们已经听到了反馈，要求我们做更多。"其实我们应该问脸书这样的公司一个问题：如果这些问题太大，你们一时半会儿解决不了，那为什么要允许你们在没有测试过产品、尚未完全理解产品对社会的潜在影响之前就发布产品呢？

我们需要新规则来指导互联网形成类似减速带的良性摩擦，确保人类在新技术和新生态系统下的安全。我不是监管方面的专家，也不敢宣称自己知道所有的答案，所以别把我的这些话当作真理。我们应当让更多的社群成员参与对话。不过，我想在此提供一些建议以供参考——至少能引发一些思考。我的某些建议可能有用，有些可能不灵，但我们总得找个解决这一艰巨问题的切入点。技术很强大，可以在很多方面促进人类的进步，不过这种强大的力量必须聚焦在建设性的努力上。接下来就是帮助你思考未来该怎么做的一些建议。

1. 一部互联网的建筑法规

建筑法规的起源可以上溯到公元 64 年。当时罗马皇帝尼禄在罗马大火肆虐九天后限制了房屋高度、街道宽度和公共水供给。虽然 1631 年的一场大火促使波士顿禁用木质烟囱和茅草屋顶，但真正意义上的第一部现代建筑法规出台于 1666 年伤亡惨重的伦敦大火之后。跟波士顿一样，伦敦的房屋密集度高，采用木结构和茅草屋顶，导致大火四处蔓延，整整烧了四天。它毁掉了 13,200 个家庭住宅、84 所教堂和全城大部分的政府建筑。其后，国王查理二世宣布，所有人不得“用砖块或石材以外的任何材料建造或大或小的房屋或其他建筑”。他还宣布拓宽主干道，防止火情从街道一侧扩散到另一侧。19 世纪又发生了一系列历史性的火灾，于是许多城市纷纷效仿伦敦，最后决定由公共检验员检验私人物业的建造，以确保居民和公众的安全。新规则不断涌现，终于，公共安全这一概念成为首要原则，以此为由可以无视业主的诉求，甚至居民的同意，推翻不安全或未经检验的建筑。像脸书这样的平台已经起火多年，灾害频发——剑桥分析、俄罗斯干预、缅甸种族清洗、新西兰大规模枪击案，所以就像伦敦大火之后人们做的那样，我们必须开始考虑制定政策，并且思考危及我们社会和谐和公民幸福的根本性的架构问题。

互联网包含着无数不同类型的架构，人们每天，甚至每小时都在同它们互动。随着数字世界和物理世界的融合，这些数字架构对我们生活的影响将会越来越大。隐私权是一项基本的人权，理应得到尊重。然而，隐私权往往因为在一长串难以辨读的条款和条件之下点击了“接受”而烟消云散。正是因为这种强行灌输的同意，大型技术平台才有了为自己的操控手段辩护的理由，虚伪地称自己赋予了用户“消费者选择权”。它们把我们的注意力从这些有缺陷的架构的设计——以及设计师——转移到用户的活动上，但其实后者无济于事，因为用户既不理解，也无法控制系统的设计。我们不让人“选择进入”接错电线或者缺少安全出口的建筑物，因为那样会不安全。此外，也没有什么贴在门上的条款和条件能让设计出有危险空间的建筑师免责。同样的规定为什么不能适用于软件和网络平台的工程师和架构师呢？

从这个角度来看，用户同意不应当是平台运行某个涉及用户基本权利的特性的唯一基础。加拿大和欧洲已经把隐私视为工程和设计问题——一种叫作“隐私设计”的框架，而我们应当拓展这一原则，制定一部完整的工程法规：一部互联网的建筑法规。

这一法规将包括除隐私以外的新原则，如尊重终端用户的主观能动性和人格完整。这样一部法规将创建一个新原则——主观能动性设计，以要求平台使用加强选择权的设计。这一原则还将禁止暗黑模式设计，即常见的通过故意迷惑、欺骗或操控用户来让其同意使用某个产品特性或按某种规定行事的模式设计。主观能动性设计还要求影响成比例，即某种技术对用户的影响必须同该用户的使用目的和所获得的利益成比例。换句话说，应当禁止平台设计的不正当的影响力，这些设计会产生长期且不成比例的影响，例如令人上瘾或造成严重的精神健康问题。

同传统的建筑法规一样，避免损害原则应当是这样一部数字建筑法规的中心特征。这就要求各平台和应用程序在发布、大规模部署一个产品或特性前进行可被滥用性审查和安全测试。技术企业必须承担责任，证明它们的产品在公众大规模使用时是安全的。基于同样的逻辑，必须禁止技术企业让公众使用产品未经测试的新特性，进行大规模的现场试验，必须禁止把公民当作小白鼠。这样就能防止类似缅甸的事件发生。缅甸事件证明，脸书根本就没有提前考虑过自己产品的特性有可能在存在种族冲突的地区引发暴力行为。

2. 一部软件工程师专用的伦理规范

如果你的孩子迷失了，需要帮助，你希望他们向谁求助？或许是医生？或许是老师？有没有考虑过加密货币交易员或者游戏软件开发者？我们的社会尊重某些自带可信度的职业——医生、律师、护士、教师、建筑师，等等，主要原因是他们在工作中必须遵守伦理规范和安全方面的法律。这些职业在社会上的特殊地位意味着我们为这些职业的从业人员的专业行为和注意义务设定了较高的标准。正因为如此，许多国家的法定机构会对这些职业的伦理行为进行监管并强制执行。为了保证社会的良好运转，我们必须相信我们的医生和律师能够自始至终地维护我们的利益，以及我们每天使用的桥梁和楼宇由胜任建筑工作的专业人士按法规建造。在这些接受监管的职业里，有悖伦理的行为会给越界人士带来惨重的损失——从罚款和公开羞辱到暂时吊销从业资格，严重违规者甚至会被终身禁业。

如今，软件、人工智能和数字生态系统渗透了我们的生活。然而，那些设计出我们每天都使用的电子设备和程序的人不受任何联邦法令或可执行的法典的制约，不必充分考虑对用户或整个社会的伦理影响。软件工程这个职业有一个严重的伦理问题需要解决。技术企业不可能变魔术般地凭空创造出有问题或危险的平台——企业内部有专人开发这些技术。但这里有一个显而易见的问题：软件工程师和数据科学家跟使用他们开发出来的产品的用户没有任何利益纠葛。如果某个工程师的雇主下令开发具有操控色彩和伦理问题、草率应用且毫不顾忌用户安全的系统，那他没有拒绝的义务。目前，拒绝从事不道德行为的工程师可能会遭到报复或解聘。即使事后发现某个不道德的设计违背了法规，公司也会承担责任，缴纳罚金，但开发出这一技术的工程师不必像严重违背职业伦理的医生或律师那样承担任何职业后果。别的职业不存在这样一个有悖常理的激励。如果雇主叫一名律师或护士做不道德的事情，他们有义务拒绝，否则自己会失去从业资格。换句话说，他们同用户有利益纠葛，有理由质疑雇主。

如果作为软件工程师和数据科学家，我们自认为对得起社会的尊重和高工资，是值得信赖的专业人士，那我们就必须承担起相应的伦理责任。如果我们不把技术企业的员工的利益跟用户的利益绑定在一起，对技术企业进行监管的效果就不会最好。我们需要让工程师担责，让他们开始关心自己创造的产品可能会带来什么影响。花一个下午的时间组织员工讨论或者让员工学习一个学期的伦理课程完全不足以解决我们目前面临的新兴技术所带来的问题。我们不能延续老路，否则硅谷的技术家长式作风和排外的男性乌托邦会创造出一批毫不顾忌自己的工作所存在的潜在伤害的危险大师。

同生活在全世界多个司法管辖区的土木工程师和建筑师一样，我们的软件工程师或数据科学家也需要一部受到法定机构支持的职业规范。如果他们把才能和专业知识用在开发危险性技术、操控性技术或其他有违伦理的技术上，他们必须承担实实在在的后果。这部规范不应采用不严谨的语言，不应流于抱负和愿景，而应清晰、具体、毫不含糊地规定什么是可以接受的，什么不可以接受。这部规范应当要求软件工程师或数据科学家尊重用户的自主权、识别和记录风险、上交代码以供审查和评议。这部规范还应当要求软件工程师或数据科学家考虑他们的工作对弱势群体的影响，包括对不同种族、性别、能力、性取向或其他受保护群体的用户的不成比例的影响。而且如果在充分考虑后发现雇主下令开发的产品特性有违伦理的话，软件工程师或数据科学家负有拒绝义务和报告义务，不拒绝、不报告者要承受严重的职业后果；拒绝并报告的员工则应当受到法律保护，以免雇主报复。

在所有可能类型的法规中，一部软件工程师专用的规范或许可以在最大程度上防止伤害，因为它会迫使开发者在公开发布任何产品前审慎考虑，而非通过简单地遵照指令进行开发来推卸道德责任。技术往往体现我们的价值观，所以在我们这个社会越来越依赖软件工程师的创造的情况下，我们必须灌输一种伦理文化，这一点至关重要。如果软件工程师担负起应担的责任，那他们将成为我们防止技术滥用的最强防线。此外，作为软件工程师，我们都应该在为社会建设新架构的时候力求赢得公众对我们工作的信任。

3. 互联网公用事业和公共利益

传统上公用事业指那些“受公共利益”影响的物理网络，它们在市场上属于独特的存在，因为它们的基础设施对商业和社会的运转至关重要，所以我们允许它们采用有别于普通企业的运营方式。公用事业行业出现自然垄断往往不可避免。在市场上，势均力敌的竞争一般会催生创新，提高产品质量，为消费者降低购买价格。但在某些行业里，例如能源、水利或公路行业，在相同路线上架设相互竞争的输电线、铺设相互竞争的管道或建设相互竞争的地铁线路毫无意义，这样做只会造成大量的冗余，增加消费者承担的成本。如果一项服务由一家供应商独家提供，功效有所提高，但有不正当的影响和权力滥用的风险，无法转而使用新的输电线、管道或地铁线路的消费者可能会被不讲道德的企业要挟。

互联网上显然存在占有市场支配地位的企业。谷歌占据所有网络搜索流量的90%以上，将近70%活跃在社交媒体上的用户使用脸书，不过这还不足以让这些产品变成通用基础设施。跟断电相比，技术平台出故障时，我们还能活得更久，停用也行（但不能无限期停用）。谷歌搜索引擎偶尔失灵时，用户可以改用其他不太著名的搜索引擎，直到谷歌修复。互联网上走红的企业源源不断，这在基础设施行业里可没有。“我的空间”（MySpace）曾经是出类拔萃的社交媒体平台，后来被脸书打败了。与此相比，我们很少，甚至从未见识到水利或电力行业霸主地位的更替。

即便如此，在互联网上占据支配地位的企业和公用事业企业还是有共同之处的。跟公用事业一样，互联网架构往往是商业和社会的支柱，它们在日常生活中的存在已被视为理所当然。例如，其他企业开始被动依赖谷歌的搜索引擎，员工有什么问题就上谷歌查询。这不是件坏事，网络效应对搜索引擎和社交媒体有利。所谓网络效应，就是使用一种服务的人越多，这种服务的价值就越高。就像公用事业，互联网平台的规模可以为消费者创造巨大的利益，而我们无意阻挠这种公共利益。然而，正如其他的自然垄断[①]企业那样，互联网垄断企业也可能危及消费者。我们必须针对这些潜在危害制定新规则。

所以，充分认识到互联网基础设施同物理基础设施之间存在本质性差异后，我接下来会用“互联网公用事业”来指代同传统

① 由规模经济和市场规模造成的独家垄断。

公用事业既有相似之处又有差别的对象："互联网公用事业"是在互联网上占支配地位的一种服务、一个应用程序或平台因其规模庞大而受到公共利益的影响。对互联网公用事业的监管应当认识到它们在社会和商业中的特殊地位，并强加给用户更高的注意义务标准。这些监管应当体现为法定义务，处罚应当同年利润挂钩，而不是像目前一样，企业违规后还能同监管机构讨价还价，把处罚视作经营成本。

正如我们不会因为电力公司的规模太大而处罚它，我们也不能因为互联网公用事业企业的规模太大就不由分说地加以制裁，而是要看这种规模是否产生了对公众有益的网络效应。换句话说，监管的目的不是拆分规模过大的企业，而是让企业担责。不过，作为保住规模的交换条件，互联网公用事业企业应当采取积极的行动，为最终形成的我们共同拥有的数字公地担任负责任的管理者。它们一定要理解伴随规模而来的固有的公共利益，以及在某些情况下，公共利益必然会取代盈利这一私有利益。同其他公用事业企业一样，它们必须遵守针对软件应用程序的用户所制定的更高的安全标准以及新制定的数字消费者权益规范。这些新拟定的数字消费者权益应当成为通用条款和条件的基础，为技术企业一直未能妥善保护的互联网用户的利益保驾护航。

4. 数字公地的公共管理

目前，互联网公用事业企业可以无节制地影响我们的公共话语、社会团结和精神健康。它们这样做要么是有意而为之，要么是因为无能或者渎职，所以必须对它们公开问责，必须建立一个新的数字监管机构，赋予它制裁权，由它负责这个新数字监管框架的执法工作。特别重要的是，这种数字监管机构里一定要有懂行的调查官，授予他们代表公众主动对平台进行技术审计的权利。我们还应当利用基于市场的强化机制，例如要求互联网公用事业企业为数字滥用造成的损害购买保险。如果要求企业购买数据泄露保险，而保额又同该数据的市场价值挂钩的话，就可以形成纠正性的财务压力，企业从而不得不更精心地保护数据。

我们已经看到个人数据的价值，它为社交媒体公司创建了全新的商业模式，收获了巨额利润。脸书等平台坚称它们是“免费”的服务，而且既然消费者不需要付费，那么平台也不可能串通起来反对竞争。然而，这一论调要求我们接受这么一个前提：用个人数据换得平台使用权不算价值交换。这个前提显然不成立。如今，评估、售卖和许可使用个人数据已经形成产业。当下针对大型技术企业所采取的反垄断措施的缺点在于监管者尚未对消费者的数据进行恰当的估值。

如果我们真的考虑了消费者向平台提供的个人数据的价值，我们就会得出结论：消费者一直以来都遭到了这些平台的盘剥，因为后者并未在个人数据的价值看涨的情况下相应地提高它们为消费者提供的价值。就此而论，消费者以数据形式向这些占支配地位的平台提供的价值高于平台回报给他们的利益。在数据交换中消费者的成本比平台的成本高，这一点或许可以援引美国目前的反垄断法寻求支持。然而，即便如此，用这条标准来衡量消费者是否得到公平合理的待遇仍然过于狭隘。但如果我们创建互联网公用事业这样一个新类别，我们就可以用覆盖面更广的公共利益测试来评估这些企业的运营、发展和并购。

不过，社交媒体和搜索引擎不像公用事业，它们没有重要到不可替代的地步，所以监管还要兼顾该行业的不断演变所带来的益处。我们不希望因为监管而导致当下占支配地位的互联网公用事业企业的地位不可撼动、更新更好的产品无法冒头，但我们也需要摒弃这样一个理念，那就是任何对巨头企业的监管总会这样或那样地妨碍到意欲挑战它们的新生企业。根据这个逻辑，石油行业的安全和环境监管会抑制未来可再生能源的崛起。这可不行。如果我们担心市场演变会受到抑制，那我们可以要求互联网公用事业企业开放它们占支配地位的基础设施，与较小规模的竞争对手共享，从而为消费者提供更好的选择。占支配地位的电信企业已经这样做了，它们允许小电信公司与它们共用通信基础设施。为现有的大企业制定安全和行为标准与不断演进技术并不矛盾。所以，监管应当基于原则，而非基于技术，这样的话，我们就会小心翼翼，不把老旧的技术和过时的商业模式嵌入监管规范。

谢谢，祝各位好运。

致谢

吹哨者常常被定位为单枪匹马挑战巨人歌利亚的大卫，而我从来都不孤独。这一切都是在许多人的通力合作下做到的，从律师到记者，从妹妹到出租车司机——很多人为这个故事做出了重大的贡献。我衷心感谢他们的建议、韧性、耐心和不屈不挠的精神。我要特别感谢这一路上支持过我的所有女性，是女性让这个故事的报道成了可能。

律师们

我首先要感谢我才华横溢的首席律师塔姆辛·艾伦，谢谢你不畏艰险地为我辩护，你是我遇到过的最酷的律师。塔姆辛，你在别人都还不知道我是谁，不知道剑桥分析做过什么的时候就开始帮助我。没有你，我不可能挑战世界上某些最强大的人和企业。

赴华盛顿哥伦比亚特区美国众议院情报委员会做证让我对你有了三点新了解。第一，你害怕飞行。第二，除此之外似乎真的没有什么能难倒你。第三，在越洋飞行之后，你忍着时差带来的不适陪我度过了长达五小时神经高度紧张的国会听证会，而且听证会结束后的那天晚上，你在《时代》杂志举办的“全球最具影响力人物”的庆典上跳舞跳得比詹妮弗·洛佩兹还出色。

许多杰出的律师在幕后不知疲倦地工作，保护我，为这本书保驾护航。刘易斯 - 巴赫 - 考夫曼 - 米德尔米斯律师事务所（Lewis Baach Kaufmann Middlemiss PLLC）的亚当·考夫曼、埃里克·刘易斯、塔拉·普洛考克基及我在美国的整个法律团队，谢谢你们勇敢地接下我的案子，毫不费力地处理跨多个司法管辖区的复杂性问题，让我平安历劫。你们的忠告可以让我在一片混乱中保持头脑清醒。在英国，我还得到了塔姆辛同样杰出的同事的支持。他们是宾德曼斯律师事务所的迈克·施瓦茨和萨利马·布达尼，还有一小队来自梅特里克斯律师事务所的出庭律师，包括御用大律师加文·米勒、御用大律师克莱尔·蒙哥马利、御用大律师海伦·芒特菲尔德、本·西尔弗斯通和御用大律师杰茜卡·希莫尔。西蒙斯·缪尔黑德 - 伯顿律师事务所（Simons Muirhead & Burton LLP）的马丁·索姆斯和埃丽卡·亨谢尔伍德还在我匿名同《卫报》合作时就给了我很大的帮助，他们早期给出的法律意见为事件的后续发展打下了基础。你们都是很棒的律师。多亏了你们的努力，我如今才能平安无事。

吹哨人们

马克·盖特尔森和沙米尔·桑尼，谢谢你们两人做出的重大的个人牺牲，谢谢你们一路与我共患难。你们俩都受到了极其不公的报复，但你们依然选择吹响警哨。马克，从多年前和你第一次相遇到现在，我没有见过几个人有你这般的雄辩、幽默、同理心和才智。沙米尔，谢谢你自始至终和我并肩吹哨，不畏强权，说出真相。我们历经千辛万苦，患难与共。能和你们做朋友，我十分自豪。还有几个希望匿名的吹哨人，谢谢你们的帮助。即使世人不了解你们的贡献，你们也做出了巨大的贡献。

记者们

卡萝尔·卡德瓦拉德，谢谢你相信我的故事，谢谢你相信我。第一次见到你，我就知道你是少有的几个敢把这个故事公之于众，且引起世人瞩目的人之一。你唤醒了世界，撼动了巨人。虽然我把头发染成了粉色，但你才是以笔为枪的人。你不顾另类右翼、私人情报公司和硅谷技术巨头的无情谩骂和威胁，毅然前行。你带我同行，原因只有一个，那就是你愿意为上善献身。对你的新闻工作的所有赞誉都是你应得的。

萨拉·唐纳森和埃玛·格雷厄姆 - 哈里森，谢谢你们在告知世界这个故事的过程中起到的关键性作用。在很大程度上，正是因为你们和卡萝尔并肩作战，我才有信心宣称没有女性的支持就没有今天的我。《卫报》和《观察家报》有你们这样的记者真是幸运。当然了，还有保罗·韦伯斯特、约翰·马尔霍兰和吉莉恩·菲利普斯，谢谢你们坚定不移地在亿万富翁、技术巨头、愤怒的白宫官员、情报机构和几乎每天都向你们涌来的威胁面前捍卫这个故事，马修·罗森堡、尼古拉斯·孔费索雷、加布里埃尔·丹斯、丹尼·哈基姆、戴维·柯克帕特里克和《纽约时报》，谢谢你们把这个故事以他人无法企及的方式传播到美国，谢谢你们在向脸书和其他硅谷巨头问责的过程中发挥的重要作用。乔布·拉布金、本·德皮尔和第四频道，谢谢你们敢于冒着巨大的风险做卧底，谢谢你们在别家电视台不愿报道的情况下曝光这个故事。你们拍摄的视频用公司高管亲口说出的令人寒心的言辞向世人揭露了剑桥分析邪恶运作的真实深度。

议员们

英国议员阿利斯泰尔·卡迈克尔，谢谢你多年来坚定不移地充当我的盟友和顾问，谢谢你留我在办公室谈到深夜，谢谢你在压力倍增的日子里培养出我喝苏格兰威士忌的习惯。故事曝光前你对我的帮助堪称无价。你不求回报，为了保护我和其他几个吹哨人承担了个人风险，还贡献了丰富的议会知识。在你的帮助下，我们保全并发表了具有重大公共利益的证据。英国议员达米安·科林斯及数字、文化、媒体和体育委员会的所有成员，感谢你们在向硅谷问责的过程中发出了最强音。你们在调查不实信息和“假新闻”的过程中放下党派成见，精诚协作，把公共利益放在首位，为政界树立了光辉榜样。经过通力合作，你们挑战了硅谷巨头，团结了很多人支持立法。还有，达米安，我这个软心肠的自由派人士以前从没想过自己会说这样的话，但你让我觉得——或许——有的托利党人真的还挺酷的。

无名英雄们

感谢我的父母凯文和琼无条件的爱、鼓励和智慧。感谢我的两个妹妹杰米和劳伦在我毫无头绪的时候放下手头的一切来帮我，缓解我的压力，在我的冰箱里塞满食物。还要感谢所有其他帮助我发现线索、讲出故事的人。我要特别感谢施特拉斯布格尔勋爵（他偷偷地在暗中帮助我，价值无可估量）、彼得·朱克斯（鼓励我，并在新闻发布会上做了精彩主持）、马克·西尔弗（精彩的影片和长达几小时给我灵感的谈话）、杰斯·瑟奇（明智的建议，呵护我的性取向）、凯尔·泰勒（充满激情的宣传）、伊丽莎白·德纳姆、迈克尔·麦克沃伊和英国信息专员办公室的全体成员（让大家关注数据权利）、美国众议员亚当·希夫和众议院情报委员会（做了大量幕后工作）、格伦·辛普森和 Fusion GPS（精彩的调查工作）、肯·斯特拉斯玛（激发我对数据的兴趣）、基思·马丁博士（培养我的独立精神）、杰夫·西尔韦斯特（我年少时的导师，虽然后事难料）、汤姆·布鲁克斯（自始至终的支持）、戴维·卡罗尔和保罗 - 奥利维尔·德艾（坚持捍卫我们的数据权利）、埃玛·布赖恩特博士（揭露关键证据）、哈里·戴维斯、安·马洛和温迪·西格尔曼（早期的调查工作）、我学术上的前导师卡罗琳·梅尔（审阅这本书，还教了我很多心理学、数据和文化方面的知识)，以及肖莎娜·祖博夫教授(她的监视资本主义研究帮我提炼了许多观点)。或许最重要的是，我要感谢数十万转发这个故事、打电话给他们的议员、走上街头游行示威、举着标语牌、给我发来鼓励信息的人——这一路有这么多我从没见过的人热情高涨地支持我。

本书

最后，我要感谢本书的两名共同作者，莉萨·迪基和加雷思·库克，我的编辑、兰登书屋的马克·沃伦，我的文学经纪人、威廉·莫里斯奋进娱乐公司(William Morris Endeavor)的杰伊·曼德尔和珍妮弗·鲁道夫·沃尔什，为本书核查事实的凯尔西·库达克，还有我的娱乐法律师贾里德·布洛克。你们引导我写完我的第一本书，敦促我落笔成文，帮助我提炼故事的精华，给手稿去芜存菁。

图书在版编目（CIP）数据

对不起，我操控了你的大脑 /（加）克里斯托弗 · 怀利著；吴晓真译 . —北京：民主与建设出版社，2020.11

书名原文：Mindf*ck：Cambridge Analytica and the Plot to Break America

ISBN 978-7-5139-3238-7

Ⅰ . ①对… Ⅱ . ①克… ②吴… Ⅲ . ①纪实文学 – 加拿大 – 现代 Ⅳ . ① I711.55

中国版本图书馆 CIP 数据核字（2020）第 193836 号

著作权合同登记号：图字 01-2020-6472

上架建议：纪实文学 · 信息科技

对不起，我操控了你的大脑
DUIBUQI WO CAOKONGLE NIDE DANAO

著　　者	［加］克里斯托弗 · 怀利（Christopher Wylie）
译　　者	吴晓真
责任编辑	程　旭
监　　制	吴文娟
策划编辑	黄　琰
特约编辑	吕晓如
版权支持	姚珊珊
营销编辑	闵　婕
版式设计	李　洁
封面设计	仙　境
出　　版	民主与建设出版社有限责任公司
社　　址	北京市海淀区西三环中路 10 号望海楼 E 座 7 层
电　　话	（010）59419778　59417747
邮　　编	100142
印　　刷	三河市鑫金马印装有限公司
字　　数	237 千字
版　　次	2021 年 7 月第 1 版
印　　次	2021 年 7 月第 1 次印刷
经　　销	新华书店
开　　本	700mm × 995mm　1/16
印　　张	22
书　　号	ISBN 978-7-5139-3238-7
定　　价	58.00 元

注：如有印、装质量问题，请与出版社联系。